高级财务会计

主编　王爱国　郑　伟

山东人民出版社

前　言

一直以来，在高级财务会计教学中，教材常常是一个令人烦恼而又无法回避的问题。一本好的教材能够起到化繁为简、举一反三、夯实基础、拓展思路的作用，但寻找一本合适教材的愿望最终往往变成教师和学生们的失望。这首先是因为高级财务会计学本身的不够成熟——时至今日，对于这样一门学科或课程应包含的基本内容尚存在很多分歧和争议，更无法奢求理论基础的系统、严谨和完善。这种现象很大程度上源于高级财务会计研究对象的特殊性、复杂性和创新性——对于那些出现时间较短、不适用传统会计确认、计量模式的特殊业务，当然很难在短时间内形成充分合理的认识，而会计实务的发展和相关规范的变化又使这种混乱不断持续甚至强化。一方面，业务创新导致新型交易和事项不断涌现，其中很大一部分因其特殊性突破了传统财务会计的常见范畴，最终往往被置于高级财务会计体系之下，这导致高级财务会计学的内容不断膨胀；另一方面，环境的改变还会导致原已纳入高级财务会计的部分专题出现思路上的更新；此外，内容的特殊性使其很难全面适用那些普通会计业务所普遍依循的一般理论框架，由此常常带来对财务会计学理论基础的冲击和挑战。凡此种种，决定了高级财务会计学的复杂性和不稳定性。在这种情况下，各版本的教材难免出现不同的偏好甚至明显的差异，而且变动也十分频繁。

2006年，财政部颁布了包括基本准则和38项具体准则的新企业会计准则体系，揭开了我国会计发展的崭新一页。作为一项重要的制度演进，这一规则体系的更新体现了后安然时代对会计信息质量的反思、会计国际趋同、IASB改组、我国经济市场化水平提高、知识经济兴起、以资本市场为代表的金融体系快速发展等多元复杂的时代背景，蕴涵了丰富的内涵和广泛而深远的影响，折射出会计学日益繁杂的内容体系和不断增强的理论性，由此将挑战并改变我国会计多年来传统的认识习惯与操作模式。最为典型的就是在财务会计几个基本环节中，由关注会计记录转向关注会计报告及其生成基础——会计确认与计量，与之相适应，对会计职业判断能力和相应理论基础的要求被提高到前所未有的程度。这是当前会计教育改革与发展的基本背景，一方面，为会计教学内容提供了基础和依据，并使其具有了相对稳定性，另一方面，也对教学内容、思路和方法提出了更高的要求。

教材的编写与修订，除了关注上述时代背景，还必须从课程本身的性质和特征出发。本教材对高级财务会计的基本定位是财务会计学中的“高级”部分，也就是相对特殊和复杂的部分。一方面，高级财务会计的研究对象和基本方法都属于财务会计范畴，另一方面，高级财务会计的内容超越了中级财务会计的一般业务。此外，“高级”的意义不仅仅表现在实务的特殊性，还表现在理论方面对传统的反思、突破与创新。也就是说，本教材并不简单根据业务的“常见”与否来认定其是否属于高级财务会计范畴，而是结合理论和实务的特殊性来进行判断。因此，投资性房地产、非货币性资产交换等非一般性业务，并不作为高级会计专题，而所得税、租赁等看似具有普遍性的业务，反倒应当纳入高级财务会计的范畴。

根据对高级财务会计的基本定位和日渐清晰的学科发展脉络，结合特定时代背景的要求，形成了本教材的基本目标和功能定位。从根本上说，教材首先应当满足教学需要，同时体现与实务的衔接，并具有理论深化和引导作用，为此需要体现几个方面的协调：

1.规范性与基础性协调。即以最新会计准则为基本依据，反映当前会计实务处理中的基本原则和方法，但并不局限于对规则的解释，而是对有关规范的背景、理论依据和存在问题等做简要介绍，以便读者能够根据需要进行纵深阅读，以培养扎实的知识基础和学习能力。

2.实务性与理论性协调。即以讲述会计实务处理为主体内容，但不停留在账务处理方法的讲解上，而是充分介绍有关的理论基础、发展脉络及其指导作用，强化对会计确认、计量原理的重视和理解运用，以利于读者培养扎实的理论基础，适应未来会计工作的特点和要求。

3.实用性与前瞻性协调。即在例题讲解和练习中充分借鉴现行会计准则和会计考试的思路，但力求避免简单的重复，同时对会计方法的介绍尽可能全面，不局限于现行规范和实务的内容，特别是不拘泥于具体的会计规则条文，而是力求贴近其精神实质，并考虑学科发展的基本走向，以提高学习者的适应能力。

4.与教学活动协调。为方便教学，将相对分散的各个专题按照内容性质进行了划分，概括为5篇，共11章，每一章内容之前概括了学习目的和要点，每一章之后以复习思考的方式对重点和难点问题进行了小结，同时对主要参考文献做出说明，以方便读者做系统掌握和纵深理解。

5.与相关学科和课程相协调。在教材编写中尽量考虑各相关专业课程的衔接,特别是与中级财务会计和财务管理的相互协调,尽量避免重复和交叉,同时对相关知识的来源和关系做必要的交代,在简洁和清晰之间力求平衡。

由于近些年中国的会计准则体系不断得到完善,一些具体准则的指南和解释陆续出台,因此,我们对本书的部分内容进行了修改和补充,以适应教学与经济实际的需要。本次修订集中在如下几个方面:

1.根据新准则对相关章节加以增删。以某些具体准则的新的相关解释为依据,在所得税会计、租赁会计、合并财务报表和企业合并会计部分,分别有针对性地补充了一些实例;删掉了"独资、合伙企业会计"一章。

2.对第一版中存在的讹误进行更正;为便利教学计,对原有内容进行次序上的调整。另外,为更好地与《中级财务会计》的教学内容相衔接,本书对金融工具会计部分的内容作了较大调整,删减了其与《中级财务会计》重复的部分,突出强调衍生金融工具会计的确认、计量与披露。

本教材内容共分11章,由山东财经大学会计学院教授王爱国博士、郑伟博士主编,主要编写者及其编写内容分别是:王爱国,第1章;隋辉,第2章,第10章;刘源,第3章,第5章,第6章;吴大新,第4章,第8章;初宜红,第7章;郑伟,第9章,第11章。由王爱国、郑伟进行总纂审定,初宜红、隋辉、刘源、吴大新协助总纂。

在本书编写过程中,参考了大量中外学术论文、专著和教材,大部分参考文献都在各章后做出了附注,在此向相关作者表示感谢。受作者水平所限,本教材在内容方面难免存在缺陷甚至错误,敬请读者和专家批评指正。

另需特别说明的是,就在本书修订结束即将付印之际,财政部又颁布了第39号、第40号具体准则,因此本书无法囊括这些新内容;这既反映了高级财务会计学仍处在不断演进发展中的特性,也提出了在将来继续完善本书的新要求。

编　者

2013年12月

目录

CHAPTER 1 第一章 绪论

【学习目标】

1.掌握高级财务会计的定义和本质特征。

2.了解高级财务会计与中级财务会计的主要区别。

3.了解高级财务会计的学科定位和理论基础。

本书与《中级财务会计》相衔接，首先探讨了高级财务会计学的学科定位、研究范畴和理论基础，以求使读者对高级财务会计学的基本理论问题有一个概括的认识。另外，本书还系统阐述了财务会计前沿中的一些亟待解决的问题，这些问题多属于我国会计界面临的现实问题，有些也是国际会计界正在研究的热点问题，起点高、难度大、不易于掌握。

第一节 高级财务会计的学科定位

什么是高级财务会计？一直以来，我国会计学术界对此并未达成一致的看法。这里我们首先把这些看法和认识进行统一梳理，并在此基础上提出我们自己的看法和见解。

一、对高级财务会计的不同理解

从我们目前掌握的情况看，我国现已出版的相关教材对高级财务会计的定义主要有以下几种观点：

1.厦门大学所编的《高级财务会计学》中认为:高级财务会计是“对专门会计领域”及“比较深奥的会计课题”所展开的论述。其内容主要包括股东权益、所得税、清算与重组、合并财务报表、外币折算、物价变动和租赁等几个方面。

2.中国人民大学所编的《高级会计学》中认为:“高级会计是随着社会经济的发展,对原有的财务会计内容进行补充、延伸和拓展的一种会计,即利用财务会计的固有方法,对现有财务会计未包括的业务,以及随着客观经济环境变化而产生的一些特殊业务以新的会计观念进行反映和监督的会计。”其内容主要包括所得税、租赁、期货合约、外币业务、物价变动、分支机构、合并报表、企业合并、企业清算、破产和重组等几个方面。

3.上海财经大学所编的《高级财务会计》中认为:高级财务会计是阐述“各种专题”及其“有关问题”的会计。其主要内容包括不同企业组织形式下有特色的所有者权益、企业合并和合并报表、特殊的财务报告、政府及非盈利组织和一些特殊的财务会计专题(包括寄售与分期收款销售、租赁、房地产、退休金、所得税、期货交易、外币业务、外币报表折算以及公司的重整、改组与破产清算)等几个方面。

4.中南财经政法大学所编的《企业特种会计》中认为:“企业特种会计是指企业一般会计业务以外的特殊业务会计。”并认为:国外的高级财务会计中还包括非企业会计的内容,因此将该书定名为高级财务会计学是不大恰当的。其主要内容包括三大类:①特殊的财务报告问题。如控股公司的合并财务报表,分店经营时的汇编财务报表,有海外分支店和子公司时的外币报表折算,以及通货膨胀情形下对财务报表数据中的通货膨胀影响因素的消除和调整。②企业会计中比较特殊而又比较复杂的问题。如分店经营,合伙会计,外币交易会计,分期收款,专营权及寄代销业务会计,租赁会计,所得税会计等。③企业处于非持续经营等特殊情况下的会计问题。如企业破产、解散和清算以及企业合并的会计处理,资产评估等。

另外,谢诗芬在其主编的《高级财务会计学》一书中认为:高级财务会计是“系统讲授财务会计中的高尖理论与方法”的一门学科;向泽生编写的《高级财务会计学》中则认为:高级财务会计主要针对“财务会计中最核心的问题和经济改革出现的新业务、新问题”加以阐述。

综上所述,我国学者对高级财务会计的认识尚存在较大的差异,还没有达成一致意见。不仅称谓各异——有的称为高级财务会计,有的称为高级会计,还有的称为企业特种会计,等等,而且研究和讲授的内容也很不相同,尤其表现在应否包括非盈利组织会计、人力资源会计等方面。另外,还表现在高级财务会计与中级财务会计的分界方面——哪一些是应内含于中级财务会计的“一般”知识,哪一些是应内含于高级财务会计的“特殊”知识,尚存在很大分歧。可以预见,对高级财务会计的本质和内容的界定，依然是会计理论工作者的一项重要任务，也依然是会计理论研究的一项重要课题。

二、高级财务会计的发展与学科地位

(一)高级财务会计的发展

唯物地看，会计是人类社会发展到一定阶段的产物，是历史的必然。会计的发展总是离不开具体的经济社会环境，又必然反映特定历史时期经济社会发展的要求。高级财务会计的产生与发展亦是如此。

众所周知，会计有着悠久的历史，以复式记账为主要特征的近代会计也有五百多年的历史，但是真正现代意义的会计(后文统称“现代会计”)则诞生于20世纪初，其显著标志是现代会计的基本观念、公认会计原则和系统的会计理论的出现和形成。

20世纪初，伴随工业革命的到来，科学技术迅猛发展，企业规模不断扩大，企业组织形式日趋多样化，尤其是股份制公司的出现，直接导致企业所有权与经营权的分离，进而导致会计功能的分化：一是产生了以公认会计原则为规范的财务会计，也称为对外报告会计；二是产生了以提高决策准确性和科学性为目的的管理会计，也称为对内报告会计。前者主要以定期或不定期地向企业所有者、债权人及其他利益相关者提供通用财务信息为基本任务，后者则根据企业管理当局的需要提供有助于生产、投资、定价和经营等决策的支撑信息。“管理会计”一词是1952年召开的国际会计师联合会年会上正式提出并采用的，从此现代会计分为财务会计和管理会计两大分支。

20世纪60年代，在西方社会出现了企业跨国经营、合并兼并、破产重组的浪潮。经济环境的变化产生了许多新的会计业务，而这些新的会计业务又都突破了当时财务会计和管理会计的范围，会计理论受到了前所未有的冲击和挑战。面对会计领域的诸多新问题，原有财务会计的框架难以容纳，而这些又是财务会计必须应对和解决的问题，因此，必须在原有的财务会计基础上，谋求建立一门新的学科来解决这些特殊的会计问题，于是高级财务会计应运而生。

进入20世纪70年代，在60年代企业兼并的基础上形成了庞大的跨国集团公司。跨国集团公司的出现，不仅引起会计计量单位的多元化(外币和本位币)以及外币汇兑和折算业务，而且还涉及跨国集团公司会计报表的合并问题，这些都是财务会计所无法解决的。为了指导处理此类会计事项，美国财务会计准则委员会(FASB)于1973年发布了第1号财务会计准则公告——外币业务的揭示；1975年又发布了第8号财务会计准则公告——外币交易和外币财务报表折算的会计处理，从此形成了较为成熟的外币业务会计。

20世纪70年代以后，西方国家通货膨胀加剧，形成了许多物价变动会计理论与模式，主要观点有以下几种：一是一般物价水平会计，其奠基人是美国著名会计学家斯威尼。斯威尼提出的等值美元会计思想，在70年代以后得到了广泛的支持与发展。二是现行成本会计模式，主张以现行成本来代替历史成本，以消除各个企业所承受的个别物价变动的影响，其理论创始人为美国著名会计学家爱德华兹。三是变现价值会计，主张以资产的现时价值或变现价值为计价标准，其代表性人物为美国会计学家麦克尼尔。

20世纪80年代以来，世界经济进入了产业结构大调整时期。在这种形势下，西方发达国家掀起了第四次企业兼并浪潮，在此期间，企业的经济业务又发生了许多变化，比如国际间相互投资，母子公司的投资，为了逃避各种税收，利用各国的税法和有关法律，进行内部价格转移和财产转移等，这对原有的所得税会计处理、外币业务的处理以及合并报表的编制形成了很大冲击，为此会计理论界也积极寻求对策，所得税会计、合并报表等新的会计处理方式逐渐形成。这样，高级财务会计的基本内容、指导思想和方法都已基本形成，并逐渐得到了会计职业界的广泛认可与接受，成为一种会计惯例。这就标志着高级财务会计学已逐步成熟，成为一门独立于财务会计和管理会计的新学科出现在会计学科体系之中。

(二)高级财务会计的学科地位

高级财务会计是一门科学，从整个学科体系来看属于管理学范畴，或者说是管理学领域工商管理学科的子学科，是从属于会计学学科体系的。具体而言，高级财务会计是随着社会经济的发展，对原有的财务会计内容进行补充、延伸和拓展的一种会计，其反映的主要是中级财务会计无法反映的新的或特殊经济业务或事项，与中级财务会计互为补充，共同构成了财务会计的完整学科体系。

需要特别指出的是，中级财务会计内容相对稳定、体系相对完善，相反，高级财务会计是开放性的，能够适时反映不断变化的经济环境的客观要求，具有与时俱进的优点和特征。任何有志于投身会计职业的人，都必须以敏锐的眼光观察新的经济现象，积极思考经济现象的本质，深入研究经济环境变化带来的新要求，不断拓展和完善高级财务会计的新研究领域。

三、高级财务会计学的主要特点

(一)财务会计范畴

与管理会计相对应，高级财务会计仍然属于财务会计范畴，因为它具备了财务会计的基本特质和要求。比如,它是以货币为主要计量单位的,它是以合法会计凭证为记录依据的,它是依据会计账簿和相关凭证编制会计报表的。从本质上看它也是以记录经济业务为手段而全面介入企业经营的一种管理活动。

这里需要重点指出的是,不能把高级财务会计等同于管理会计。管理会计是现代会计的又一分支,是企业管理信息系统的重要组成部分,其内容具体包括信息的收集、分类、加工整理、分析报告和信息传递等。管理会计与财务会计不同,其服务对象不是企业外部的有关利益集团或个人,而是侧重于为企业内部的经营管理服务,管理者依据管理会计提供的信息管理和控制企业的经营活动。

与高级财务会计相比,管理会计的特点主要表现在以下几个方面:

1.管理会计的目标——为企业内部的经营管理服务

管理会计的目标是管理会计区别于财务会计的根本标志。从其产生那一天起,管理会计就担负起为企业内部经营管理服务的重任,直到今天,虽然企业经营管理的环境跟过去相比有了非常显著的变化,复杂性和不确定性日益增强,但是管理会计为内部经营管理服务的目标不但没有动摇,反而更加稳固。作业管理、价值链分析、全面质量管理等新观念和新方法的引进,提高了管理会计对内服务的水平。

2.管理会计信息的突出特征——强调信息的预测与决策价值

虽然管理会计信息也具有可靠性、相关性等特征,但与财务会计"中立"的会计信息不同,其信息强调预测与决策价值,这是由管理会计的目标决定的。企业管理的核心是决策,而决策通常不是拍拍脑袋就能做出的,而是至少要立足大量的预测信息,通过严密的计划和预算才可以达到。面对日益复杂的经营环境,决策更加依赖管理会计信息。

3.管理会计的方法——不受公认会计原则约束

在信息的提供方法方面,管理会计不再受会计准则的约束,它突破了传统的会计方法,吸收了经济学、管理学和数学的研究成果,借鉴工程技术研究和统计分析等方法,表现出方法的灵活多样,比如边际分析、差量分析、本量利分析等都广泛应用于管理会计领域,这使得它与财务会计的总括性静态描述的方法有着根本不同。

因此,高级财务会计不是中级财务会计,也不是管理会计。

(二)财务会计的特殊门类

前已述及,高级财务会计仍然属于财务会计范畴,但又与中级财务会计有着显著的区别。二者的区别主要体现在以下几个方面:

1.二者的业务范围不同

高级财务会计的内容当中有些是中级财务会计所不包括、或者不经常发生的业务事项，主要是一些特殊经济业务和特殊经营方式企业的特殊会计事项（比如所得税会计、分支机构会计等，这些内容我们将在本章的第二节中加以详述）。

2.对会计业务反映的连续性、系统性和全面性程度不同

高级财务会计反映的业务有些只发生于某一特定时期，且既可能发生于所有企业，也可能发生于部分企业（比如重组与破产清算会计、物价变动会计等），属于中级财务会计所不能完全包括的业务事项。将这样的业务归为高级财务会计的内容，可以给中级财务会计以完整的外延范围，使其有更为完整、清晰的体系，也使高级财务会计在核算范围、内容方面的特殊性得以明确体现。

3.具有不同的发展预期

随着经济社会环境的不断变化和新的经济事项的出现，中级财务会计所不能准确反映和表达的内容都应包括在高级财务会计中。

四、高级财务会计学的定义

综上所述，我们可以将高级财务会计学定义为：是专门研究高级财务会计业务的一门学科，它是随着经济社会环境的发展变化，利用财务会计的固有方法，对原有的财务会计的内容进行补充、延伸和拓展的一种会计。高级财务会计仍然属于财务会计范畴，它与中级财务会计互相补充、相得益彰，共同构成了财务会计的完整体系。

第二节 高级财务会计的研究范围

一、对高级财务会计内容的不同认识

前已述及，高级财务会计是中级财务会计的延伸和补充，是把那些不能或不便纳入中级财务会计的特殊或个别的会计业务加以系统研究和讲解的课程，因此高级财务会计的内容应该是中级财务会计范围之外的内容。但是，对高级财务会计研究范围具体应该包括哪些内容尚没有统一的认识，其分歧主要集中在以下几个方面：

第一，是否应该包含一般企业的特殊业务会计问题，比如，所得税会计、租赁会计、金融工具会计等等。

第二，是否应该包含特殊类型主体的会计业务问题，比如，特定股权形式、非单一主体、特殊行业、非盈利组织和政府会计等等。

第三，是否应该包含跨国经营业务的会计问题，比如，外币业务会计、企业合并与合并会计报表等等。

第四，是否应该包含特殊会计报告与信息披露问题，比如，关联方关系及其交易披露、上市公司信息披露等等。

第五，是否应该包含特殊经营阶段的会计问题，比如，企业重组、破产清算、物价变动会计等等。

二、高级财务会计的研究范围

在接下来的章节中，我们将详细介绍下列高级财务会计的研究内容，这里仅作提示性介绍。

按照我们对高级财务会计的理解，高级财务会计的研究范围应该至少包括以下几个方面：

（一）一般企业的特殊业务会计

一般企业的特殊业务会计主要包括所得税会计、租赁会计、金融工具会计等等。

诚然，任何企业都会涉及所得税业务，从这个意义上讲，所得税会计似乎不是一项特殊业务，因而不应包括在高级财务会计的研究范畴中。然而，在我国，企业会计标准与所得税法的目标和要求是不同的，因而企业的税前会计利润和应税所得之间必然存在差异，而对于这些差异的会计处理则构成了一般企业的特殊业务。

而租赁会计和金融工具会计对于大多数企业来说就不是那么普遍了，因而我们将其归入高级财务会计的研究范畴。

（二）特殊类型主体的会计业务

由于这类业务在很大程度上突破了中级财务会计的会计主体假设，还考虑到中级财务会计主要介绍公司制企业的会计业务处理，因此我们把特殊类型主体的（比如特定股权形式、非单一主体、特殊行业、非盈利组织等）会计业务纳入高级财务会计的研究范畴。

（三）跨国经营业务会计

外币业务、企业合并与合并报表作为跨国经营业务，也不是任何企业都会涉及的，而且国际上对此类业务还有着不同的理论基础和处理方式，这里我们把该类业务也纳入高级财务会计的研究范畴。

（四）特殊会计报告与信息披露

特殊会计报告与信息披露主要包括关联方关系及其交易披露、上市公司信息披露等。在我国，相对企业总体数量来讲，上市公司的数量还是少数，因此，对该类企业的该类业务也理应纳入高级财务会计的研究范畴，而不是作为一项一般业务来介绍。

(五)特殊经营阶段会计

特殊经营阶段会计主要包括企业重组与破产清算会计和物价变动会计，前者突破了持续经营的会计基本假设，而后者则突破了货币计量的会计假设，因而也应属于高级财务会计的研究范畴。

第三节　高级财务会计的理论基础

一、高级财务会计理论的基本特点

(一)财务会计学的理论框架

要讨论高级财务会计学的基本特点，我们必须首先了解财务会计学的理论框架。根据我国《企业会计准则——基本准则》(2006)，我国财务会计理论框架的基本结构大致如下：

1.会计目标

向财务会计报告使用者提供与企业财务状况、经营成果和现金流量等有关的会计信息，反映企业管理层受托责任履行情况，有助于财务会计报告使用者做出经济决策。

2.会计信息质量特征

有关会计信息质量特征的要求具体体现在《企业会计准则——基本准则》(2006)第二章的第十二条至十九条，主要有：客观性、相关性、明晰性、可比性、实质重于形式、重要性、谨慎性和及时性等八项。

客观性是指企业应当以实际发生的交易或者事项为依据进行会计确认、计量和报告，如实反映符合确认和计量要求的各项会计基本要素及其他相关信息，保证会计信息真实可靠、内容完整。

相关性是指企业提供的会计信息应当与财务会计报告使用者的经济决策需要相关，有助于财务会计报告使用者对企业过去、现在或者未来的情况做出评价或者预测。

明晰性是指企业提供的会计信息应当清晰明了，便于财务会计报告使用者理解和使用。

可比性是指同一企业不同时期发生的相同或者相似的交易或事项，应当采用一致的会计政策,不得随意变更;不同企业发生的相同或者相似的交易或事项,应当采用规定的会计政策,确保会计信息口径一致、相互可比。

实质重于形式是指企业应当按照交易或者事项的经济实质进行会计确认、计量和报告,不应仅以交易或者事项的法律形式为依据。

重要性是指企业提供的会计信息应当反映与企业财务状况、经营成果和现金流量等有关的所有重要交易或者事项。

谨慎性是指企业对交易或者事项进行会计确认、计量和报告应当保持应有的谨慎,不应高估资产或者收益、低估负债或者费用。

及时性是指企业对于已经发生的交易或者事项,应当及时进行会计确认、计量和报告,不得提前或者延后。

3.会计基本假设

会计基本假设包括会计主体、持续经营、会计分期、货币计量假设和权责发生制。

4.会计基本要素

会计基本要素是会计核算对象的具体化。在我国,会计基本要素包括资产、负债、所有者权益、收入、费用和利润。

资产是指企业过去的交易或者事项形成的、由企业拥有或者控制的、预期会给企业带来经济利益的资源。负债是指企业过去的交易或者事项形成的、预期会导致经济利益流出企业的现时义务。所有者权益是指企业资产扣除负债后由所有者享有的剩余权益。收入是指企业在日常活动中形成的、会导致所有者权益增加的、与所有者投入资本无关的经济利益的总流入。费用是指企业在日常活动中发生的、会导致所有者权益减少的、与向所有者分配利润无关的经济利益的总流出。利润是指企业在一定会计期间的经营成果。

5.会计计量

会计计量主要解决某项经济业务事项在会计上"反映多少"的问题。要如实反映某项经济业务的原貌,离不开合理运用各种会计计量属性。会计的计量属性包括:

(1)历史成本。在历史成本计量下,资产按照购置时支付的现金或者现金等价物的金额,或者按照购置资产时所付出的对价的公允价值计量。负债按照因承担现时义务而实际收到的款项或者资产的金额,或者承担现时义务的合同金额,或者按照日常活动中为偿还负债预期需要支付的现金或者现金等价物的金额计量。

(2)重置成本。在重置成本计量下,资产按照现在购买相同或者相似资产所需支付的现金或者现金等价物的金额计量。负债按照现在偿付该项债务所需支付的现金或者现金等价物的金额计量。

(3)可变现净值。在可变现净值计量下,资产按照其正常对外销售所能收到现金或者现金等价物的金额扣减该资产至完工时估计将要发生的成本、估计的销售费用以及相关税费后的金额计量。

(4)现值。在现值计量下,资产按照预计从其持续使用和最终处置中所产生的未来净现金流入量的折现金额计量。负债按照预计期限内需要偿还的未来净现金流出量的折现金额计量。

(5)公允价值。在公允价值计量下,资产和负债按照在公平交易中,熟悉情况的交易双方自愿进行资产交换或者债务清偿的金额计量。

按照我国《企业会计准则——基本准则》(2006)的相关表述,可以看出,我国是以财务会计目标为会计理论研究的逻辑起点的,这种方式是上世纪中叶美国会计界首先提出的,其理论成果已经为国际会计界所认可。其主要内容是以财务会计目标、会计报表构成要素、会计信息质量特征、会计确认、会计计量、资本保全为核心的会计理论框架结构。这一理论成果充分反映了西方的实用主义哲学理念,对于不断变化的经济环境有着很强的适应能力。

在上述财务会计学的理论框架中,会计目标是最根本的导向,会计基本要素为经济事项的如实反映提供了合理的分类依据,而会计信息质量特征则是为达到会计目标而对反映有关会计基本要素的会计信息提出的最基本的要求。在这三个层次上没有中级财务会计和高级财务会计之分,它们是不同层次的财务会计得以统一的基础。那么,高级财务会计理论的特点究竟体现在哪些方面呢?

(二)高级财务会计理论的基本特点

会计基本假设和会计计量属性是以客观社会经济环境为依托,随着客观社会经济环境的发展而不断完善和拓展,以适应会计目标、会计信息质量特征和会计基本要素的要求。因此,它们的放宽与拓展,构成了中级财务会计和高级财务会计的分界线。也就是说,高级财务会计理论的基本特点就在于以会计目标、会计信息质量特征和会计基本要素为基础,对会计基本假设加以放宽与拓展,以及对多种会计计量属性的综合运用。

1.对会计假设的放宽与拓展

(1)对会计主体假设的放宽与拓展。会计主体假设主要是设定会计为之服务的对象,即限定会计核算的空间范围。中级财务会计学只对单一会计主体的业务进行核算反映,而高级财务会计则要侧重特殊会计主体即超越法人地位的会计主体和其他超越单一会计主体的业务。比如,已构成母、子公司关系的企业集团出现后,会计为之服务的主体已具有双重性,会计核算的空间范围该如何确定?企业组织形式的巨变带来的冲击,比如事业部制的组织形式,其会计核算的空间范围该如何确定?还有，基金单位会计、非盈利组织会计、以自然人为主体形成的个人独资、合伙企业的会计处理是怎样的？中级财务会计无法给出明确的答案。在此情况下，会计主体假设已随客观经济环境的变化而有了新的更丰富的内容，实践促使会计主体假设有了松动，在此基础上产生的超越该前提条件的特殊类型主体的会计业务（分支机构会计、合并报表、分部报告、基金会计等）理应归为高级财务会计学的研究内容。

(2)对持续经营假设的放宽与拓展。持续经营假设假定企业在未来的一定时期内不会进行解体清算，但是，随着我国社会主义市场经济的不断深入，企业面临的经济环境越来越复杂，现代市场经济中存在的越来越多的不确定性可能随时导致企业破产、解散或者重组。很显然，无论何种原因形成的此类情况，都是对持续经营假设的否定。因此，持续经营假设的松动，即非持续经营而形成的会计业务，就理所当然地成了高级财务会计学的研究内容。

(3)对会计分期假设的放宽与拓展。会计分期假设把经营活动人为地划分为相等的会计期间，为分期确定企业经营损益设定了前提条件，它是权责发生制的基础，也是会计确认、计量的依据。但是，随着客观经济环境变化而出现的新的经济业务也波及了这一假设，从而形成了依赖这一假设不能解决的一些会计事项。比如，由于企业有特殊的跨期摊配事项，由此而形成了所得税费用的跨期摊配；由于只以会计年度为对外报告的期间而提供的会计信息不能满足报表使用者的需要，由此而有了中期会计报告和以企业清算期为特殊报告期的特有报告事项；另外，期货业务、衍生金融工具的出现与发展，已使现行的定期财务报告制度难以及时提供有效的信息，这些业务都要求依据各类事项而确定出独特的损益确认期限，因此也就有了对期货、期汇等业务进行核算和报告的专门规定等。可见，会计分期假设的松动，也形成了一些中级财务会计难以容纳的会计业务，它们也是高级财务会计的内容。

(4)对货币计量假设的放宽与拓展。随着经济全球化的迅猛发展，货币计量的含义已由同一企业拥有不同货币转化为“记账本位币假设”；而一国经济运行中的通货膨胀或紧缩使得币值不变的假设不再合理，最终导致陆续出现了几种物价变动会计的模式。在此情况下，货币兑换和物价变动对建立在货币计量假设基础之上的历史成本原则的冲击，使新的会计计量方式的出现成为可能。这样，外币业务会计和物价变动会计就自然而然地成为高级财务会计的研究内容。

(5)将权责发生制作为第五个会计假设。将权责发生制作为会计假设之一并不是我们的首创，国际会计准则理论框架中只将权责发生制和持续经营作为基础性假定，在《国际会计准则第1号——会计政策的说明》中也只承认继续经营、一致性、权责发生制三个基本会计假定，同样是使财务会计适应环境变化而对会计理论进行的必要修订。这也就是国际会计准则规范的业务事项中很少有一般财务会计业务而多数属于特殊会计业务的根本原因之一。

2.多种会计计量属性的综合运用

在中级财务会计学中,我们已经接触到了几种不同的计量属性,比如对存货、固定资产进行后续计量时,需要运用可变现净值这一计量属性;在非货币性资产交换时,需要运用公允价值计量属性等等。然而在高级财务会计中,将会更多地运用多种计量属性,比如期货、期汇、衍生金融工具、融资租赁、破产清算等经济业务的计量显然不是一个简单的历史成本就能反映的,这里可能涉及历史成本、现值、公允价值等不同的计量属性。在接下来的学习中,我们将会更深刻地体会这一特点。

二、高级财务会计的初步理论框架

高级财务会计理论是建立在财务会计理论基础上,以会计目标为导向、以会计假设松动为分界,并将二者有机结合的会计理论体系。按照我们的设想,高级财务会计的初步理论框架包括如下三部分内容:

(一)核心理论基础

由于高级财务会计和中级财务会计有着共同的理论基础,即会计目标、会计基本要素和会计信息质量特征,我们把这三部分内容作为高级财务会计的核心理论基础。所谓核心是指无论中级财务会计还是高级财务会计都属于财务会计范畴,都是为财务会计的目标服务的,而会计目标是财务会计的出发点和归宿,因此,把共同的理论基础作为高级财务会计的核心理论基础是合适的。

(二)直接理论基础

由于高级财务会计产生的直接原因就是新的经济业务突破了原有的基本会计假设,从而使多种计量属性的综合运用成为可能,因此,我们把松动的会计基本假设和灵活的计量属性作为高级财务会计的直接理论基础。

(三)研究范畴

如前所述,高级财务会计的研究范畴包括一般企业的特殊业务会计、特殊类型主体的会计业务、跨国经营会计业务、特殊会计报告与信息披露业务以及特殊经营阶段会计业务。我们认为这种划分是比较贴近当前实际的,但是随着经济社会环境的不断发展变化,新的经济业务可能会出现,到那时,这种划分很可能不再适合形势的需要,所以这里仍需再次强调,由于高级财务会计理论的开放性特点,其研究范畴也是应该不断调整以适应经济社会环境的变化。

CHAPTER 2 第二章 所得税会计

【学习目标】

1.了解所得税会计形成的原因。

2.理解会计准则和税收法规差异的原因和性质。

3.掌握资产和负债的计税基础与暂时性差异的计算。

4.掌握资产负债表债务法的运用。

第一节 所得税会计概述

一、所得税会计产生与发展

所得税会计就是研究如何对按照会计制度计算的税前会计利润(或亏损)与按照税法计算的应税所得(或亏损)之间的差异进行会计处理的理论和方法。

所得税会计产生的根本原因是会计收益与应税收益之间存在着差异。在我国目前的经济领域中,会计和税法是两个不同的范畴,是分离模式,分别遵循不同的原则,规范不同的对象,导致了资产、负债、收入和费用等方面的确认、计量规定有所不同,存在差异。所得税是国家对企业的经营所得以及其他所得征收的一个税种。所得税会计是企业对有关的所得税业务进行的会计处理。如何在财务报表上反映与所得税有关的会计信息就成为重要的问题。税法上,企业即纳税人在计算应交所得税时,应当按照国家有关税收的规定计算应交纳的所得税。而会计上,因为在我国所得税费用是利润表中重要的构成项目,企业不仅要正确核算出企业的应交所得税,同时由于差异的存在，也要正确地核算出企业的所得税费用。

具体地讲，在我国，会计的确认、计量、报告应当遵从企业会计准则的规定，目的在于真实、完整地反映企业的财务状况、经营成果和现金流量等，为投资者、债权人以及其他会计信息使用者提供对其决策有用的信息。税法则是以课税为目的，根据国家有关税收法律、法规的规定，确定一定时期内纳税人应缴纳的税额，从所得税的角度，主要是确定企业的应纳税所得额，以对企业的经营所得征税。

企业的应纳税所得额，通常来自企业的财务会计记录，但它又往往与企业的税前会计利润不相一致。这是因为应纳税所得额必须根据税法的规定，而税法对企业的各项资产、负债、收入、支出等事项都有严格的界定或限制，为正确计算企业所得税提供依据，其目的是为了调节国家和企业的分配关系，聚集财政资金。但企业财务核算的资产、负债、收入、支出，则根据企业会计准则的规范要求，按会计核算的原则和会计核算业务的处理方法计算取得资产、负债的账面价值和企业的经营成果。虽然目前我国由财政部制定的会计准则也体现了国家宏观管理的需要，但它不能替代税收法规。因此，会计反映的资产、负债的账面价值与税法规定的计税基础之间的差异是客观存在的，它决定了所得税会计处理的必要性。

总之，所得税会计的形成和发展是所得税法规和会计准则规定相互分离的必然结果，两者分离的程度和差异的种类、数量直接影响和决定了所得税会计处理方法的改进。目前，我国所得税会计采用了资产负债表债务法，要求企业从资产负债表出发，比较资产负债表上列示的资产、负债按照会计准则规定确定的账面价值与按照税法规定确定的计税基础，两者之间的差异分别是应纳税暂时性差异与可抵扣暂时性差异，据此确认相关的递延所得税负债与递延所得税资产，并在此基础上确定每一会计期间利润表中的所得税费用。

二、所得税会计的理论基础

我国所得税会计起步较晚，但是随着经济的快速发展，我国的所得税会计理论也经历了不断地变化，并且逐渐与国际会计理论趋同。具体来讲，我国的所得税会计理论经历了从收入费用观到资产负债观的转变。

（一）收入费用观

收入费用观是指根据收入和费用来确认与计量企业收益，这种观念认为收益是收入与费用直接配比所得出的结果。因此在这种观念指导下的计量收益方法又被称为收益表法。这种方法的核心是对费用、收入等会计要素进行确认和计量，在此影响下的财务报告体系中的核心内容是收益表。在这种观念指导下的会计处理方法的缺陷在于具有很大的主观性，当会计主体发生收益平滑或盈余管理行为时，可能会导致账面收益与实际业绩完全脱离，甚至连对收益的反映也不够准确。收入费用观要求准则制定者在准则制定中，首先考虑与某类交易相关的收入和费用的直接确认和计量。

(二)资产负债观

资产负债观认为，某类交易发生首先要确认与计量相关的资产和负债，然后，再根据所定义的资产和负债的变化来确认收益。即收益的确认和计量取决于资产和负债的确认和计量。企业的收益是企业期末净资产比期初净资产的净增长额。当然，所有者投资或向所有者分配利润而造成的净资产变动，不包括在收益之中。资产负债观不考虑实现问题，只要企业的净资产确实增加了(不包括所有者投资及分配部分)，就应该作为收益的内容予以确认。对收益的确认比收入费用观更加全面。资产负债观以决策有用这一目标为指导，从导致未来经济利益流入和流出企业的角度确认、计量资产和负债，收益的计量取决于资产和负债的计量，使得资产负债表不仅能反映公司在某一会计期间的全部收益，还能向投资者提供与其决策密切相关的未来收益情况的信息。资产负债观更为注重交易和事项的实质，要求首先界定每笔交易或事项发生后企业资产和负债的变化，确保了企业各时点上的资产和负债存量的真实准确。

所得税会计理论基础的变化发展，导致了所得税会计核算方法的发展变化，由原先的应付税款法逐渐过渡到现在的资产负债表债务法。2006 年 2 月 15 日财政部颁布的《企业会计准则第 18 号——所得税》中规定，我国企业对所得税的核算采用资产负债表债务法。

三、所得税会计的基本问题：纳税差异及其分类

(一)从收入费用观的角度分析会计准则与税收法规之间的差异

从收入费用观的角度，即从利润表的角度分析会计准则与税收法规之间的差异，可分为永久性差异和时间性差异。

1.永久性差异

指某一会计期间，由于会计准则和税法在计算收益、费用或损失时的口径不同，所产生的税前会计利润与应税所得之间的差异。这种差异在本期发生，不会在以后各期转回。例如购买国债的利息收入，会计核算时，作为当期收益计入税前会计利润，计算纳税时不计入应纳税所得额；违法经营的罚款、被没收的财物损失，各项税收

的滞纳金、罚金和罚款，企业支付的上述款项按照财务制度规定，可以全部列入营业外支出，但上述支出在计算应纳税所得时则不允许扣除等。这都体现了会计准则与税收法规在确认方面的差异。

2.时间性差异

指税法与会计制度在确认收入、费用或损失时的时间不同而产生的税前会计利润与应纳税所得额的差异。该差异发生于某一或多个会计期间，但在以后一期或若干期内转回。时间性差异可分为以下两种：即某些收入按会计法规规定计入会计利润的期间，要迟于或早于按税法规定计入应纳税所得额的期间；某些费用按会计法规规定计入会计利润的期间，要迟于或早于按税法规定计入应纳税所得额的期间。例如固定资产折旧。会计上采用的折旧方法可能与税法的规定不同，或者折旧方法相同但所确定的折旧年限不同，因而在特定的期间按两种标准计算的折旧额不同，每年的会计折旧额和税法规定的折旧额之间的差异就是一种时间性差异。又如采用权益法核算的对外投资收益。企业对外投资中的股票投资和其他投资，在采用权益法核算的情况下，投资收益会随着被投资企业净资产的增减而增减，并相应增加或减少税前会计利润，不论企业是否收到该项投资收益。而按照税法规定，如果企业所得税税率高于被投资企业所得税税率，企业需要补交所得税的投资收益是指企业投资分回的税后利润、股息和红利收入。在权益法下，企业按被投资企业净资产增加而增加的投资收益，并不是企业分回的利润或股息、红利收入，因此，不应计入企业的应纳税所得。如果收到分回的利润，虽然不再增加投资收益，但应计算补交所得税。所以，对外投资中的股票投资和其他投资，在采用权益法核算的情况下，其投资收益计入税前会计利润的时间早于计入纳税所得的时间，也是一种时间性差异。

（二）从资产负债观的角度分析会计准则与税收法规之间的差异

从资产负债观的角度，即从资产负债表的角度，分析会计准则与税收法规之间的差异，就是暂时性差异。暂时性差异是由于按会计准则计算的资产和负债的账面价值与按税法规定计算的资产和负债的计税基础不同形成的差异。

时间性差异与暂时性差异既有联系也有区别。联系是时间性差异是从利润表角度进行定义的，而暂时性差异是从资产负债表角度进行定义的。两者的内在联系是：在一般情况下，如果税法与会计确认某项收入或支出的时间不同，则必然产生一项时间性差异，同时也会使一项（或几项）资产或负债的账面价值与计税基础产生差额，即产生一项暂时性差异。但两者又有着明显的区别：(1)确认基础不同。会计核算强调权责发生制和配比原则，而税法对收入费用的核算则强调收付实现制，因此，会计上所提供的资产、负债、收入、费用与税法所确认的资产、负债、收入、费用不可能完全一致，表现为差异。时间性差异强调的是差异的形成与转回，而暂时性差异强调差异的内容。某一期间可能存在暂时性差异，但不一定存在时间性差异；如果存在时间性差异，则必然存在暂时性差异。(2)包含的内容不同。时间性差异是由于对收益、费用和损失项目的财务会计确认和税法确认的期间不同造成的，包括同一期间确认金额不同、分布期间长短不同；而暂时性差异是由于资产负债表上资产和负债的计税基础与账面价值不同造成的，这使得时间性差异范围小于暂时性差异，暂时性差异包括时间性差异。

第二节　所得税会计的基本方法：应付税款法与纳税影响会计法

一、应付税款法

应付税款法是将本期税前会计利润与应税所得之间的差异在当期确认所得税费用的会计处理方法。该方法不确认时间性差异对所得税的影响金额，按照当期计算的应交所得税确认当期所得税费用。在这种方法下，当期所得税费用等于当期应交的所得税。此法简便、易懂，但不符合配比原则。

[例 2－1] 某企业 2006 年年底购入一台价值 120 000 元不需要安装的设备，该设备预计使用 4 年。会计上采用加速折旧法的年数总和法计提折旧，无残值；假设税法规定应采用直线法计提折旧，也无残值。2007～2010 年该企业利润表上反映的税前会计利润均为 400 000 元，该企业适用的所得税税率 2007 年和 2008 年为 25%，2009 年起改为 20%。要求：用应付税款法做出该企业 2007 年至 2010 年有关所得税的会计处理。分析见表 2－1：

表 2－1

年数	会计折旧	税法折旧	时间性差异
2007	48 000	30 000	18 000
2008	36 000	30 000	6 000
2009	24 000	30 000	(6 000)
2010	12 000	30 000	(18 000)

会计处理：

2007 年应交所得税＝(400 000＋18 000)×25%＝104 500

借：所得税费用　　104 500

　贷：应交税费——应交所得税　　104 500

2008 年应交所得税 = (400 000 + 6 000) × 25% = 101 500

借:所得税费用　　101 500

　　贷:应交税费——应交所得税　　101 500

2009 年应交所得税 = (400 000 - 6 000) × 20% = 78 800

借:所得税费用　　78 800

　　贷:应交税费——应交所得税　　78 800

2010 年应交所得税 = (400 000 - 18 000) × 20% = 76 400

借:所得税费用　　76 400

　　贷:应交税费——应交所得税　　76 400

[例 2-2]A 公司所得税处理方法采用应付税款法,20×8 年度利润表中利润总额为 1 200 万元,该公司适用的所得税税率为 25%。A 公司 20×8 年发生的有关交易和事项中,会计处理与税务处理存在的差别有:

(1)20×8 年 1 月开始计提折旧的一项固定资产,成本为 600 万元,使用年限为 10 年,净残值为零,会计处理按双倍余额递减法计提折旧,税务处理按直线法计提折旧。假定税法规定的使用年限及净残值与会计规定相同。

(2)向关联企业提供现金捐赠 200 万元。假定按照税法规定,企业向关联方的捐赠不允许税前扣除。

(3)违反环保法规定应支付罚款 100 万元。

(4)期末对持有的存货计提了 30 万元的存货跌价准备。

(5)期末确认国债利息收入 20 万元。

要求:计算 A 公司 20×8 年度当期应交所得税并作出所得税费用确认的会计分录。

20×8 年应纳税所得额 = 12 00 + 60 + 2 00 + 1 00 + 30 - 20 = 1570(万元)

20×8 年应交所得税 = 1570 × 25% = 392.5(万元)

借:所得税费用　　3925000

　　贷:应交税费——应交所得税　　3925000

二、纳税影响会计法

纳税影响会计法是指企业确认时间性差异对所得税的影响金额,按照当期应交所得税和时间性差异对所得税影响金额的合计,确认为当期所得税费用的方法。在这种方法下,时间性差异对所得税的影响金额递延到以后各期;在时间性差异发生相反变化时,再予以转销。纳税影响会计法又分递延法和债务法(利润表债务法)。在所得税税率不变的情况下,两种方法的处理结果相同,但在所得税税率变化时,处理结果不尽相同。如果税前会计利润与应纳税所得额有时间差异，则计算得到的所得税费用与应交所得税金额不一致。纳税影响会计法只适合时间性差异，对永久性差异的处理与应付税款法相同。

第一，采用递延法核算情况下，当税率发生变动或开征新税时，不需要对原已确认的时间性差异对所得税的影响金额进行调整。但在转回时间性差异对所得税的影响金额时，也按原税率计算。这导致递延税款的账面余额不能真实反映企业未来收款的权利或付款的义务，不符合资产或负债的定义。

第二，采用债务法（利润表债务法）核算情况下，当税率发生变动或开征新税时，应当对原已确认的时间性差异对所得税的影响金额，即递延税款的账面余额，按现行税率进行调整，使之能真正反映未来收款的权利或付款的义务。在转回时间性差异对所得税的影响金额时也按现行税率计算。

［例 2-3］接［例 2-1］，分别用递延法和债务法做出会计处理。

1. 递延法

（1）2007 年应交所得税 =（400 000 + 18 000）× 25% = 104 500

递延资产 = 18 000 × 25% = 4 500

借：所得税费用　　100 000

　　递延资产　　4 500

　　贷：应交税费——应交所得税　　104 500

（2）2008 年应交所得税 =（400 000 + 6 000）× 25% = 101 500

递延资产 = 6 000 × 25% = 1 500

借：所得税费用　　100 000

　　递延资产　　1 500

　　贷：应交税费——应交所得税　　101 500

（3）2009 年应交所得税 =（400 000 − 6 000）× 20% = 78 800

因为时间性差异开始转回，所以仍然采用原所得税税率。

递延资产（贷方）= 6 000 × 25% = 1 500

借：所得税费用　　80 300

　　贷：应交税费——应交所得税　　78 800

　　　　递延资产　　1 500

（4）2010 年应交所得税 =（400 000 − 18 000）× 20% = 76 400

递延资产（贷方）= 18 000 × 25% = 4 500

借：所得税费用　　80 500

　　贷：应交税费——应交所得税　　76 400

递延资产　　4 500

2.债务法(利润表债务法)

前两年的会计处理与递延法下的会计处理相同,第3年开始处理不同。

(1)2007年应交所得税=(400 000+18 000)×25%=104 500

递延资产=18 000×25%=4 500

借:所得税费用　　100 000

递延资产　　4 500

贷:应交税费——应交所得税　　104 500

(2)2008年应交所得税=(400 000+6 000)×25%=101 500

递延资产=6 000×25%=1 500

借:所得税费用　　100 000

递延资产　　1 500

贷:应交税费——应交所得税　　101 500

(3)2009年应交所得税=(400 000-6 000)×20%=78 800

由于所得税率变更要对原先的递延资产按新税率进行调整。

调整的递延资产(贷方)=(18 000+6 000)×(25%-20%)=1 200

2008年的时间性差异产生的递延资产(贷方)= 6 000×20%=1 200

因此,2008年所得税会计分录中递延税款发生额为1 200+1 200=2 400

借:所得税费用　　81 200

贷:应交税费——应交所得税　　78 800

递延资产　　2 400

(4)2010年应交所得税=(400 000-18 000)×20%=76 400

递延资产(贷方)=18 000×20%=3 600

借:所得税费用　　80 000

贷:应交税费——应交所得税　　76 400

递延资产　　3 600

第三节　所得税会计处理方法:资产负债表债务法

目前,我国规定企业所得税费用的会计处理一律采用资产负债表债务法。资产负债表债务法是从资产负债表出发,通过比较资产负债表上按照企业会计准则确定的资产和负债的账面价值,与按照税法确定的计税基础之间的差异,来确定所得税费用。

一、资产负债表债务法的理论基础

资产负债表债务法的理论基础是资产负债观。企业在一定期间实现的利润或亏损,必然表现为资产或负债的变动,收入会引起资产的增加或负债的减少,成本费用则会导致资产的减少或负债的增加,企业所得税费用的发生意味着经济利益的流出,代表着企业资产的减少或负债的增加,把所得税费用与企业的资产和负债联系起来,比用收入和费用计算所得税更能体现资本保全的原则。

资产负债表债务法较为完全地体现了资产负债观,在所得税的会计核算方面贯彻了资产、负债的界定。例如,从资产负债表角度考虑,资产的账面价值代表的是企业在持续持有及最终处置某项资产的一定期间内,该项资产为企业带来的未来经济利益,而其计税基础代表的是在这一期间内,就该项资产按照税法规定可以税前扣除的金额。一项资产的账面价值小于其计税基础的,表明该项资产于未来期间产生的经济利益流入低于按照税法规定允许税前扣除的金额,产生可抵减未来期间应纳税所得额的因素,减少未来期间以应交所得税的方式流出企业的经济利益,应确认为资产。反之,一项资产的账面价值大于其计税基础的,两者之间的差额将会于未来期间产生应税金额,增加未来期间的应纳税所得额及应交所得税,对企业形成经济利益流出的义务,应确认为负债。

二、资产负债表债务法下所得税会计核算的一般程序

采用现行的资产负债表债务法核算所得税的情况下,企业一般应于每一资产负债表日进行所得税的核算。发生特殊交易或事项时,如企业合并,在确认因交易或事项取得的资产、负债时即应确认相关的所得税影响。企业进行所得税核算一般应遵循以下程序:

第一步,按照相关会计准则规定,确定资产负债表中除递延所得税资产和递延所得税负债以外的其他资产和负债项目的账面价值。其中资产、负债的账面价值,是指企业按照相关会计准则的规定进行核算后在资产负债表中列示的金额。例如,企业持有的应收账款账面余额为 2 000 万元,企业对该应收账款计提了 100 万元的坏账准备,其账面价值为 1 900 万元,即为该应收账款在资产负债表中的列示金额。

第二步,确定资产负债表中有关资产、负债项目的计税基础。

第三步,比较资产、负债的账面价值与其计税基础。对于两者之间存在差异的,分析其性质,除准则中规定的特殊情况外,区分应纳税暂时性差异与可抵扣暂时性差异,乘以所得税税率,确定资产负债表日递延所得税负债和递延所得税资产的应有金

额,并与期初递延所得税负债和递延所得税资产的余额相比,确定当期应予进一步确认的递延所得税资产和递延所得税负债金额或应予转销的金额,作为构成利润表中所得税费用的其中一个组成部分——递延所得税。

第四步,按照适用的税法规定计算确定当期应纳税所得额,将应纳税所得额与适用的所得税税率计算的结果确认为当期应交所得税,作为利润表中应予确认的所得税费用的另外一个组成部分——当期所得税。

第五步,确定利润表中的所得税费用。利润表中的所得税费用包括当期所得税和递延所得税两个组成部分,企业在计算确定了当期所得税和递延所得税后,两者之和(或之差),就是利润表中的所得税费用。

三、资产的计税基础

资产负债表债务法下所得税会计处理的关键在于确定资产、负债的计税基础。在确定资产、负债的计税基础时,应严格遵循税收法规中对于资产的税务处理以及可税前扣除的费用的规定进行。

资产的计税基础,是指企业收回资产账面价值过程中,计算应纳税所得额时按照税法规定可以自应税经济利益中抵扣的金额,即某一项资产在未来期间计税时按照税法规定可以税前扣除的金额。

资产在初始确认时,其计税基础一般为取得成本,即企业为取得某项资产支付的成本在未来期间准予税前扣除。

在资产持续持有的过程中,其计税基础是指资产的取得成本减去以前期间按照税法规定已经税前扣除的金额后的余额,该余额代表的是按照税法规定,所涉及的资产在未来期间计税时仍然可以税前扣除的金额。如固定资产、无形资产等长期资产在某一资产负债表日的计税基础是指,其成本扣除按照税法规定已在以前期间税前扣除的累计折旧额或累计摊销额后的金额。

(一)固定资产

以各种方式取得的固定资产,初始确认时按照会计准则规定确定的入账价值基本上是被税法认可的,即取得时其账面价值一般等于计税基础。固定资产在持有期间进行后续计量时,会计准则规定按照“成本—累计折旧—固定资产减值准备”进行计量,税收是按照“成本—按照税法规定已在以前期间税前扣除的折旧额”进行计量。由于会计与税收处理规定的不同,固定资产的账面价值与计税基础的差异主要产生于折旧方法、折旧年限的不同以及固定资产减值准备的提取。

1.折旧方法、折旧年限的差异

会计准则规定,企业应当根据与固定资产有关的经济利益的预期实现方式合理选择折旧方法,如可以按直线法计提折旧,也可以按照双倍余额递减法、年数总和法等计提折旧,前提是有关的方法能够反映固定资产为企业带来经济利益的消耗情况。税法一般会规定固定资产的折旧方法,除某些按照规定可以加速折旧的情况外,可以税前扣除的基本上都是按照直线法计提的折旧。另外,税法还就每一类固定资产的折旧年限做出了规定,而按照会计准则规定折旧年限是由企业根据固定资产的性质和使用情况合理确定的。会计处理时确定的折旧年限与税法规定不同,也会产生固定资产持有期间账面价值与计税基础的差异。

2.因计提固定资产减值准备产生的差异

持有固定资产的期间内,在对固定资产计提了减值准备以后,因税法规定按照会计准则规定计提的资产减值准备在资产发生实质性损失前不允许税前扣除,也会造成固定资产的账面价值与计税基础的差异。

会计账面价值:固定资产原价 - 累计折旧 - 固定资产减值准备

税收计税基础:固定资产原价 - 税收累计折旧

[例 2-4] 某项机器设备,原价为 1 000 万元,预计使用年限为 10 年,会计处理时按照直线法计提折旧,税收处理允许加速折旧,企业在计税时对该项资产按双倍余额递减法计提折旧,预计净残值为零。计提了 2 年的折旧后,会计期末,企业对该项固定资产计提了 80 万元的固定资产减值准备。

账面价值 = 1 000 - 100 - 100 - 80 = 720(万元)

计税基础 = 1 000 - 200 - 160 = 640(万元)

(二)以公允价值计量且其变动计入当期损益的金融资产

按照会计的规定,对于以公允价值计量且其变动计入当期损益的金融资产,其于某一会计期末的账面价值为该时点的公允价值,如果税法规定资产在持有期间市价变动损益在计税时不予考虑,即有关金融资产在某一会计期末的计税基础为其取得成本,会造成在公允价值变动的情况下,该类金融资产的账面价值与计税基础之间的差异。

企业持有的可供出售金融资产计税基础的确定,与以公允价值计量且其变动计入当期损益的金融资产类似,可比照处理。

[例 2-5] 20×6 年 10 月 20 日,A 公司自公开市场取得一项权益性投资,支付价款 1 600 万元,作为交易性金融资产核算。20×6 年 12 月 31 日,该项权益性投资的市价为 1 760 万元。

假定税法规定对于交易性金融资产,持有期间公允价值的变动不计入应纳税所得额，待出售时一并计算应计入应纳税所得额的金额，该项交易性金融资产的期末市价为1 760万元，则按照会计准则规定核算，其20×6年资产负债表日的账面价值为1 760万元。

因税法规定交易性金融资产在持有期间的公允价值变动不计入应纳税所得额，其在20×6年资产负债表日的计税基础应维持原取得成本不变，即为1 600万元。该交易性金融资产的账面价值1 760万元与其计税基础1 600万元之间产生了160万元的暂时性差异，该暂时性差异在未来期间转回时会增加未来期间的应纳税所得额，导致企业应交所得税的增加。

（三）其他资产

因会计准则规定与税收法规规定不同，企业持有的其他资产，可能造成其账面价值与计税基础之间存在差异，如无形资产、采用公允价值模式计量的投资性房地产以及其他计提了资产减值准备的各项资产，如应收账款、存货等。

[例2-6] A公司20×6年购入原材料成本为4 000万元，因部分生产线停工，当年未来领用任何该原材料，20×6年资产负债表日考虑到该原材料的市价及用其生产产成品的市价情况，估计其可变现净值为3 200万元。假定该原材料在20×6年的期初余额为零。

该项原材料因期末可变现净值低于其成本，应计提存货跌价准备，其金额=4 000-3 200=800万元。计提该存货跌价准备后，该项原材料的账面价值为3 200万元。

因计算应交所得税时，按照会计准则规定计提的资产减值准备不允许税前扣除，该项原材料的计税基础不会因存货跌价准备的提取而发生变化，其计税基础应维持原取得成本4 000万元不变。该存货的账面价值3 200万元与其计税基础4 000万元之间产生了800万元的暂时性差异，该差异会减少企业在未来期间的应纳税所得额和应交所得税。

[例2-7] A公司20×6年12月31日应收账款余额为6 000万元，该公司期末对应收账款计提了600万元的坏账准备。适用税法规定，按照应收账款期末余额的5‰计提的坏账准备允许税前扣除。假定该公司期初应收账款及坏账准备的余额均为零。

该项应收账款在20×6年资产负债表日的账面价值为5 400万元(6 000-600)。其计税基础为账面余额6 000万元减去按照税法规定可予税前扣除的坏账准备30万元，即为5 970万元。计税基础5 970万元与其账面价值5 400万元之间产生570万元的暂时性差异，在应收账款发生实质性损失时，会减少未来期间的应纳税所得额和应交所得税。

四、负债的计税基础

负债的计税基础，是指负债的账面价值减去未来期间计算应纳税所得额时按照税法规定可予抵扣的金额。用公式表示，即：

负债的计税基础 = 账面价值 - 未来期间按照税法规定可予税前扣除的金额

负债的确认与偿还一般不会影响企业的损益，也不会影响其应纳税所得额，未来期间计算应纳税所得额时按照税法规定可予抵扣的金额为零，计税基础即为账面价值。例如企业的短期借款、应付账款等。但是，某些情况下，负债的确认可能会影响企业的损益，进而影响不同期间的应纳税所得额，使得其计税基础与账面价值不同，产生差额，如按照会计规定确认的某些预计负债和预收账款等。

（一）企业因销售商品、提供售后服务等原因确认的预计负债

按照或有事项准则规定，对于企业预计提供售后服务将发生的支出，在满足有关确认条件时，销售当期即应确认为费用，同时确认预计负债。税法规定，与销售产品相关的支出应于发生时税前扣除。因该类事项产生的预计负债在期末的计税基础为其账面价值与未来期间可税前扣除的金额之间的差额，因此有关的支出实际发生时可全部税前扣除，则计税基础为 0。

[例 2 - 8] 甲企业 20×6 年因销售产品承诺提供 3 年的保修服务，在当年度利润表中确认了 400 万元的销售费用，同时确认为预计负债，当年度未发生任何保修支出。假定按照税法规定，与产品售后服务相关的费用在实际发生时允许税前扣除。

该项预计负债在甲企业 20×6 年 12 月 31 日资产负债表中的账面价值为 400 万元。

因税法规定与产品保修相关的支出在未来期间实际发生时允许税前扣除，则该项负债的计税基础 = 账面价值 - 未来期间计算应纳税所得额时按照税法规定可予抵扣的金额 = 400 万元 - 400 万元 = 0。

但要注意因其他事项确认的预计负债，应按照税法规定的计税原则确定其计税基础。某些情况下，因有些事项确认的预计负债，税法规定其支出无论是否实际发生均不允许税前扣除，即未来期间按照税法规定可予抵扣的金额为零，则账面价值等于计税基础。

[例 2 - 9] 假如企业因债务担保确认了预计负债 500 万元，但担保发生在关联方之间，担保方并未就该项担保收取与相应责任相关的费用。

会计：按照或有事项准则规定，确认预计负债 500 万元。

税收：与该预计负债相关的费用不允许税前扣除。

预计负债的账面价值 = 500 万元

预计负债的计税基础 = 账面价值 500 万元 - 可从未来经济利益中扣除的金额 0 = 500 万元

(二)预收账款

企业在收到客户预付的款项时,因不符合收入确认条件,会计上将其确认为负债。税法中对于收入的确认原则一般与会计规定相同,即会计上未确认收入时,计税时一般亦不计入应纳税所得额,该部分经济利益在未来期间计税时可予税前扣除的金额为零,计税基础等于账面价值。

某些情况下,因不符合会计准则规定的收入确认条件,未确认为收入的预收款项,按照税法规定应计入当期应纳税所得额时,有关预收账款的计税基础为零,即因其产生时已经计算应交所得税,未来期间可全额税前扣除。

[例 2-10] A 公司于 20×6 年 12 月 20 日自客户收到一笔合同预付款,金额为 2 000万元,因不符合收入确认条件,将其作为预收账款核算。假定按照适用税法规定,该款项应计入取得当期应纳税所得额计算应交所得税。

该预收账款在 A 公司 20×6 年 12 月 31 日资产负债表中的账面价值为 2 000 万元。因假定按照税法规定,该项预收款应计入取得当期的应纳税所得额计算应交所得税,与该项负债相关的经济利益已在取得当期计算应交所得税,未来期间按照会计准则规定应确认收入时,不再计入应纳税所得额,即其于未来期间计算应纳税所得额时可予税前扣除的金额为 2 000 万元,计税基础 = 账面价值 2 000 万 - 未来期间计算应纳税所得额时按照税法规定可予抵扣的金额 2 000 万 = 0。

该项负债的账面价值 2 000 万元与其计税基础零之间产生的 2 000 万元暂时性差异,会减少企业于未来期间的应纳税所得额,使企业未来期间以应交所得税方式流出的经济利益减少。

五、暂时性差异的定义及分类

暂时性差异是指资产、负债的账面价值与其计税基础不同产生的差额。由于资产、负债的账面价值与其计税基础不同,产生了在未来收回资产或清偿负债的期间内,应纳税所得额增加或减少并导致未来期间应交所得税增加或减少的情况,形成企业的递延所得税资产和递延所得税负债。

应予说明的是,资产负债表债务法下,仅确认暂时性差异的所得税影响,原按照利润表下纳税影响会计法核算的永久性差异,因从资产负债表角度考虑,不会产生资产、负债的账面价值与其计税基础的差异,即不形成暂时性差异,因此对企业在未来期间计税没有影响，不产生递延所得税。

根据暂时性差异对未来期间应纳税所得额的影响，分为应纳税暂时性差异和可抵扣暂时性差异。除因资产、负债的账面价值与其计税基础不同产生的暂时性差异以外，按照税法规定可以结转以后年度的未弥补亏损和税款抵减，也视同可抵扣暂时性差异处理。

(一)应纳税暂时性差异

应纳税暂时性差异，是指在确定未来收回资产或清偿负债期间的应纳税所得额时，将导致产生应税金额的暂时性差异，该差异在未来期间转回时，会增加转回期间的应纳税所得额，即在未来期间不考虑该事项影响的应纳税所得额的基础上，由于该暂时性差异的转回，会进一步增加转回期间的应纳税所得额和应交所得税金额。在应纳税暂时性差异产生当期，应当确认相关的递延所得税负债。应纳税暂时性差异通常产生于以下情况：

1.资产的账面价值大于其计税基础。一项资产的账面价值代表的是企业在持续使用或最终出售该项资产时将取得的经济利益的总额，而计税基础代表的是一项资产在未来期间可予税前扣除的金额。资产的账面价值大于其计税基础，该项资产未来期间产生的经济利益不能全部税前抵扣，两者之间的差额需要交税，因此产生应纳税暂时性差异。例如，一项无形资产账面价值为200万元，计税基础如果为150万元，两者之间的差额会造成未来期间应纳税所得额和应交所得税的增加。在其产生当期，符合确认条件的情况下，应确认相关的递延所得税负债。

2.负债的账面价值小于其计税基础。一项负债的账面价值为企业预计在未来期间清偿该项负债时的经济利益流出，而其计税基础代表的是账面价值在扣除税法规定未来期间允许税前扣除的金额之后的差额。因负债的账面价值与其计税基础不同产生的暂时性差异，本质上是税法规定就该项负债在未来期间可以税前扣除的金额(即与该项负债相关的费用支出在未来期间可予税前扣除的金额)。负债的账面价值小于其计税基础，则意味着就该项负债在未来期间可以税前抵扣的金额为负数，即应在未来期间应纳税所得额的基础上调整，增加应纳税所得额和应交所得税金额，从而产生应纳税暂时性差异，因此应确认相关的递延所得税负债。

(二)可抵扣暂时性差异

可抵扣暂时性差异，是指在确定未来收回资产或清偿负债期间的应纳税所得额时，将导致产生可抵扣金额的暂时性差异。该差异在未来期间转回时会减少转回期间的应纳税所得额，减少未来期间的应交所得税。在可抵扣暂时性差异产生当期，应当确认相关的递延所得税资产。

可抵扣暂时性差异一般产生于以下情况：

1.资产的账面价值小于其计税基础，从经济含义来看，资产在未来期间产生的经济利益少，按照税法规定允许税前扣除的金额多，则就账面价值与计税基础之间的差额，企业在未来期间可以减少应纳税所得额并减少应交所得税，符合有关条件时，应当确认相关的递延所得税资产。例如，一项资产的账面价值为 200 万元，计税基础为 260 万元，则企业在未来期间就该项资产可以在其自身取得经济利益的基础上多扣除 60 万元。从整体上看，未来期间应纳税所得额会减少，应交所得税也会减少，形成可抵扣暂时性差异，符合确认条件时，应确认相关的递延所得税资产。

2.负债的账面价值大于其计税基础，负债产生的暂时性差异实质上是税法规定就该项负债可以在未来期间税前扣除的金额。

负债产生的暂时性差异 = 账面价值 - 计税基础 = 账面价值 -（账面价值 - 未来期间计税时按照税法规定可予税前扣除的金额）= 未来期间计税时按照税法规定可予税前扣除的金额

一项负债的账面价值大于其计税基础，意味着未来期间按照税法规定与该项负债相关的全部或部分支出可以自未来应税经济利益中扣除，减少未来期间的应纳税所得额和应交所得税。例如，企业对将发生的产品保修费用在销售当期确认预计负债 200 万元，但税法规定有关费用支出只有在实际发生时才能够税前扣除，其计税基础为零。企业确认预计负债的当期相关费用不允许税前扣除，但在以后期间有关费用实际发生时允许税前扣除，使得未来期间的应纳税所得额和应交所得税减少，产生可抵扣暂时性差异，符合有关确认条件时，应确认相关的递延所得税资产。

（三）特殊项目产生的暂时性差异

1. 未作为资产、负债确认的项目产生的暂时性差异。某些交易或事项发生以后，因为不符合资产、负债的确认条件而未体现为资产负债表中的资产或负债，但按照税法规定能够确定其计税基础的，其账面价值与计税基础之间的差异也构成暂时性差异。如企业在开始正常的生产经营活动以前发生的筹建等费用，会计准则规定应于发生时计入当期损益，不体现为资产负债表中的资产。按照税法规定，企业发生的该类费用可以在开始正常生产经营活动后的 5 年内分期摊销，自税前扣除。该类事项不形成资产负债表中的资产，但按照税法规定可以确定其计税基础，两者之间的差异也形成暂时性差异。

[例 2 - 11] A 公司在开始正常生产经营活动之前发生了 1 000 万元的筹建费用，在发生时已计入当期损益。按照税法规定，企业在筹建期间发生的费用，允许在开始

正常生产经营活动之后5年内分期税前扣除。

该项费用支出因按照会计准则规定在发生时已计入当期损益，不体现为资产负债表中的资产，即如果将其视为资产，其账面价值为零。

但按照税法规定，该费用可以在开始正常的生产经营活动后5年内分期税前扣除，假定企业在20×6年开始正常生产经营活动，当期税前扣除了200万元，其于未来期间可税前扣除的金额为800万元，即其在20×6年12月31日的计税基础为800万元。该项资产的账面价值零与其计税基础800万元之间产生了800万元的暂时性差异，该暂时性差异在未来期间可减少企业的应纳税所得额，为可抵扣暂时性差异，符合确认条件时，应确认相关的递延所得税资产。

2.可抵扣亏损及税款抵减产生的暂时性差异。对于按照税法规定可以结转以后年度的未弥补亏损及税款抵减，虽不是因资产、负债的账面价值与计税基础不同产生的，但本质上可抵扣亏损和税款抵减与可抵扣暂时性差异具有同样的作用，均能够减少未来期间的应纳税所得额和应交所得税，视同可抵扣暂时性差异，在符合确认条件的情况下，应确认与其相关的递延所得税资产。

［例2-12］甲公司于20×6年因政策性原因发生经营亏损4 000万元，按照税法规定，该亏损可用于抵减以后5个年度的应纳税所得额。该公司预计其于未来5年期间能够产生足够的应纳税所得额利用该经营亏损。

该经营亏损虽不是因比较资产、负债的账面价值与其计税基础产生的，但从其性质来看可以减少未来期间的应纳税所得额和应交所得税，视同可抵扣暂时性差异。在企业预计未来期间能够产生足够的应纳税所得额利用该可抵扣亏损时，应确认相关的递延所得税资产。

企业在计算确定了应纳税暂时性差异与可抵扣暂时性差异后，应当按照所得税准则规定的原则确认与应纳税暂时性差异相关的递延所得税负债以及与可抵扣暂时性差异相关的递延所得税资产。

六、递延所得税资产、负债的确认和计量

（一）递延所得税资产的确认

1.确认的一般原则

递延所得税资产产生于可抵扣暂时性差异。资产、负债的账面价值与其计税基础不同产生可抵扣暂时性差异的，在估计未来期间能够取得足够的应纳税所得额用以利用该可抵扣暂时性差异时，应当以很可能取得用来抵扣可抵扣暂时性差异的应纳税所得额为限，确认相关的递延所得税资产。

同递延所得税负债的确认相同,有关交易或事项发生时,对税前会计利润或是应纳税所得额产生影响的,所确认的递延所得税资产应作为利润表中所得税费用的调整。有关的可抵扣暂时性差异产生于直接计入所有者权益的交易或事项的,确认的递延所得税资产也应计入所有者权益。企业合并中取得的有关资产、负债产生的可抵扣暂时性差异,其所得税影响应相应调整合并中确认的商誉或是应计入合并当期损益的金额。确认递延所得税资产时,应关注以下问题:

(1)递延所得税资产的确认应以未来期间很可能取得的用来抵扣可抵扣暂时性差异的应纳税所得额为限。在可抵扣暂时性差异转回的未来期间内,企业无法产生足够的应纳税所得额用以利用可抵扣暂时性差异的影响,使得与可抵扣暂时性差异相关的经济利益无法实现的,则不应确认递延所得税资产;企业有明确的证据表明其于可抵扣暂时性差异转回的未来期间能够产生足够的应纳税所得额,进而利用可抵扣暂时性差异的,则应以很可能取得的应纳税所得额为限,确认相关的递延所得税资产。在判断企业于可抵扣暂时性差异转回的未来期间是否能够产生足够的应纳税所得额时,应考虑以下两个方面的影响:

一是通过正常的生产经营活动能够实现的应纳税所得额,如企业通过销售商品、提供劳务等所实现的收入,扣除有关的成本费用等支出后的金额。该部分情况的预测应当以经企业管理层批准的最近财务预算或预测数据以及该预算或者预测期之后年份稳定的或者递减的增长率为基础。

二是以前期间产生的应纳税暂时性差异在未来期间转回时将增加的应纳税所得额。考虑到可抵扣暂时性差异转回的期间内可能取得应纳税所得额的限制,因无法取得足够的应纳税所得额而未确认相关的递延所得税资产的,应在会计报表附注中进行披露。

(2)对与子公司、联营企业、合营企业的投资相关的可抵扣暂时性差异,同时满足下列条件的,应当确认相关的递延所得税资产:一是暂时性差异在可预见的未来很可能转回;二是未来很可能获得用来抵扣可抵扣暂时性差异的应纳税所得额。

对联营企业和合营企业等的投资产生的可抵扣暂时性差异,主要产生于权益法下被投资单位发生亏损时,投资企业按照持股比例确认应予承担的部分相应减少长期股权投资的账面价值,但税法规定长期股权投资的成本在持有期间不发生变化,造成长期股权投资的账面价值小于其计税基础,产生可抵扣暂时性差异。可抵扣暂时性差异还产生于对长期股权投资计提减值准备的情况下。

(3)对于按照税法规定可以结转以后年度的未弥补亏损(可抵扣亏损)和税款抵减,应视同可抵扣暂时性差异处理。在预计可利用可弥补亏损或税款抵减的未来期间内很可能取得足够的应纳税所得额时,应当以很可能取得的应纳税所得额为限,确认相应的递延所得税资产,同时减少确认当期的所得税费用。应予说明的是,可抵扣亏损是指企业按照税法规定计算确定准予用于以后年度的应纳税所得弥补的亏损。在确定可抵扣亏损时,一般应以适当方式与税务部门沟通,取得税务部门的认可。与可抵扣亏损和税款抵减相关的递延所得税资产,其确认条件与其他可抵扣暂时性差异产生的递延所得税资产相同,在估计未来期间是否能够产生足够的应纳税所得额用以利用该部分可抵扣亏损或税款抵减时,应考虑以下相关因素的影响:

①在可抵扣亏损到期前,企业是否会因以前期间产生的应纳税暂时性差异转回而产生足够的应纳税所得额。

②在可抵扣亏损到期前,企业是否可能通过正常的生产经营活动产生足够的应纳税所得额。

③可抵扣亏损是否产生于一些在未来期间不可能重复发生的特殊原因。

④是否存在其他的证据表明在可抵扣亏损到期前能够取得足够的应纳税所得额。

企业在确认与可抵扣亏损和税款抵减相关的递延所得税资产时,应当在会计报表附注中说明在可抵扣亏损和税款抵减到期前,企业能够产生足够的应纳税所得额的估计基础。

2.不确认递延所得税资产的特殊情况

某些情况下,如果企业发生的某项交易或事项不属于企业合并,并且交易发生时既不影响会计利润也不影响应纳税所得额,且该项交易中产生的资产、负债的初始确认金额与其计税基础不同,产生可抵扣暂时性差异的,所得税会计中规定在交易或事项发生时不确认相关的递延所得税资产。其原因同该种情况下不确认递延所得税负债相同,如果确认递延所得税资产,则需调整资产、负债的入账价值,对实际成本进行调整将有违会计核算中的历史成本原则,影响会计信息的可靠性。

[例2-13]甲企业当期以融资租赁方式租入一项固定资产,该项固定资产在租赁日的公允价值为4 000万元,最低租赁付款额的现值为3 920万元。租赁合同中约定,租赁期内总的付款额为4 400万元。假定不考虑在租入资产过程中发生的相关费用。

租赁准则中规定承租人应当将租赁开始日租赁资产的公允价值与最低租赁付款额现值两者中较低者作为租入资产的入账价值,即甲企业该融资租入固定资产的入账价值应为3 920万元。税法规定融资租入资产应当按照租赁合同或协议约定的付款额以及在取得租赁资产过程中支付的有关费用作为其计税成本,即其计税成本应为4 400万元。

租入资产的入账价值3 920万元与其计税基础4 400万元之间的差额,在取得资产时既不影响会计利润,也不影响应纳税所得额,如果确认相应的所得税影响,直接结果是减记资产的初始计量金额,因此该种情况下不确认相应的递延所得税资产。

(二)递延所得税资产的计量

1.适用税率的确定。确认递延所得税资产时,应当以预期收回该资产期间的适用所得税税率为基础计算确定。另外,无论相关的可抵扣暂时性差异转回期间如何,递延所得税资产均不要求折现。

2.递延所得税资产的减值。所得税准则规定,资产负债表日企业应当对递延所得税资产的账面价值进行复核。如果未来期间很可能无法取得足够的应纳税所得额用以利用可抵扣暂时性差异带来的经济利益,应当减记递延所得税资产的账面价值。

同其他资产的确认和计量原则相一致,递延所得税资产的账面价值应当代表其为企业带来未来经济利益的能力。企业在确认了递延所得税资产以后,因各方面情况变化,导致按照新的情况估计,在有关可抵扣暂时性差异转回的期间内,无法产生足够的应纳税所得额用以利用可抵扣暂时性差异,使得与递延所得税资产相关的经济利益无法全部实现的,对于预期无法实现的部分,应当减记递延所得税资产的账面价值。除原确认时记入所有者权益的递延所得税资产,其减记金额亦应记入所有者权益外,其他的情况应减记当期的所得税费用。

因无法取得足够的应纳税所得额利用可抵扣暂时性差异而减记递延所得税资产账面价值的,继后期间根据新的环境和情况判断能够产生足够的应纳税所得额利用可抵扣暂时性差异,使得递延所得税资产包含的经济利益能够实现的,应相应恢复递延所得税资产的账面价值。

(三)递延所得税负债的确认

递延所得税负债产生于应纳税暂时性差异。因应纳税暂时性差异在转回期间将增加企业的应纳税所得额和应交所得税,导致企业经济利益的流出,在其发生当期,构成企业应支付税金的义务,因此应作为负债确认。确认应纳税暂时性差异产生的递延所得税负债时,交易或事项发生时影响到会计利润或应纳税所得额的,相关的所得税影响应作为利润表中所得税费用的组成部分;与直接计入所有者权益的交易或事项相关的,其所得税影响应减少所有者权益;与企业合并中取得资产、负债相关的,递延所得税影响应调整购买日应确认的商誉或是计入合并当期的损益。

企业在确认因应纳税暂时性差异产生的递延所得税负债时,应遵循以下原则:

1. 除所得税准则中明确规定可不确认递延所得税负债的情况以外,企业对于所有的应纳税暂时性差异均应确认相关的递延所得税负债。基于谨慎性原则,为了充分反映交易或事项发生后,对未来期间的计税影响,除特殊情况可不确认相关的递延所得税负债外,企业应尽可能地确认与应纳税暂时性差异相关的递延所得税负债。

2.不确认递延所得税负债的特殊情况。有些情况下,虽然资产、负债的账面价值与其计税基础不同,产生了应纳税暂时性差异,但出于各方面考虑,所得税准则中规定不确认相应的递延所得税负债,主要包括:

(1)商誉的初始确认。非同一控制下的企业合并中,企业合并成本大于合并中取得的被购买方可辨认净资产公允价值份额的差额,按照会计规定应确认为商誉。因会计与税收的划分标准不同,按照税收法规规定作为免税合并的情况下,计税时不认可商誉的价值,即从税法角度,商誉的计税基础为零,两者之间的差额形成应纳税暂时性差异。对于商誉的账面价值与其计税基础不同产生的该应纳税暂时性差异,准则中规定不确认与其相关的递延所得税负债,原因在于:

一是确认该部分暂时性差异产生的递延所得税负债,则意味着购买方在企业合并中获得的可辨认净资产的价值量下降,企业应增加商誉的价值,商誉的账面价值增加以后,可能很快就要计提减值准备,同时其账面价值的增加还会进一步产生应纳税暂时性差异,使得递延所得税负债和商誉价值量的变化不断循环。

二是商誉本身即是企业合并成本在取得的被购买方可辨认资产、负债之间进行分配后的剩余价值,确认递延所得税负债进一步增加其账面价值会影响到会计信息的可靠性。

(2)除企业合并以外的其他交易或事项中,如果该项交易或事项发生时既不影响会计利润,也不影响应纳税所得额,则所产生的资产、负债的初始确认金额与其计税基础不同,形成应纳税暂时性差异的,交易或事项发生时不确认相应的递延所得税负债。该类交易或事项在我国企业实务中并不多见,一般情况下有关资产、负债的初始确认金额均会为税法所认可,不会产生两者之间的差异。

(3)与子公司、联营企业、合营企业投资等相关的应纳税暂时性差异,一般应确认相关的递延所得税负债,但同时满足以下两个条件的除外:一是投资企业能够控制暂时性差异转回的时间;二是该暂时性差异在可预见的未来很可能不会转回。满足上述条件时,投资企业可以运用自身的影响力决定暂时性差异的转回,如果不希望其转回,在可预见的未来该项暂时性差异则不会转回,从而对未来期间不会产生所得税影响,无须确认相应的递延所得税负债。

企业在运用上述条件不确认与联营企业、合营企业等投资相关的递延所得税负债时,应有明确的证据表明其能够控制有关暂时性差异转回的时间。一般情况下,企业对联营企业的生产经营决策仅能够实施重大影响,并不能够主导被投资单位包括利润分配政策在内的主要生产经营决策的制定,因此其满足所得税准则规定的能够控制暂时性差异转回时间的条件一般是:通过与其他投资者签订协议等,达到能够控制被投资单位的利润分配政策。

[例2-14] 甲公司持有乙公司30%的股权,因能够参与乙公司的生产经营决策,对该项投资采用权益法核算。购入投资时,实际支付价款5 000万元,取得投资当年年末,乙公司实现净利润600万元,假定不考虑相关的调整因素,甲公司按其持股比例计算应享有180万元。甲公司适用的所得税税率为33%,乙公司适用的所得税税率为15%。乙公司在会计期末未制定任何利润分配方案,除该事项外,不存在其他会计与税收的差异。递延所得税资产及负债均不存在期初余额。

1.按照权益法的核算原则,取得投资当年年末,甲公司长期股权投资账面价值增加180万元,确认投资收益180万元。税法规定长期股权投资的计税基础在持有期间不变,产生应纳税暂时性差异180万元。甲公司应按适用税率的差额确认相应的递延所得税负债38.1176万元(600÷85%×30%×18%)。

借:所得税费用　　381 176

　贷:递延所得税负债　　381 176

2.如果甲公司取得乙公司股权的目的并非为从乙公司分得利润,而是希望从乙公司持续得到原材料供应,同时与其他投资者签订协议,在被投资单位制定利润分配方案时做相同的意思表示,控制被投资单位利润分配的时间,从各方的协议情况看,不希望被投资单位在可预见的未来进行利润分配。因符合不确认递延所得税负债的条件,对该部分180万元的应纳税暂时性差异不确认相关的递延所得税负债。

(四)递延所得税负债的计量

1.所得税会计规定,资产负债表日,对于递延所得税负债,应当根据适用税法规定,按照预期清偿该负债期间的适用税率计量。即递延所得税负债应在相关应纳税暂时性差异转回期间按照税法规定适用的所得税税率计量。

在我国,除享受优惠政策的情况以外,企业适用的所得税税率在不同年度之间一般不会发生变化,企业在确认递延所得税负债时,可以现行适用税率为基础计算确定。对于享受优惠政策的企业,如经国家批准的经济技术开发区内的企业,享受一定期间的税率优惠,则所产生的暂时性差异应以预计其转回期间的适用所得税税率为基础计量。

2.无论应纳税暂时性差异的转回期间如何,准则中规定递延所得税负债不要求折现。如果对递延所得税负债进行折现,需要确定其具体的转回时间表,并在此基础上,按照一定的利率折现后确定递延所得税负债的金额。实务中,要求企业进行类似的分析工作,企业需要对相关的应纳税暂时性差异进行详细的分析。因为分析量较大、包含的主观判断因素较多，且很多情况下无法合理确定暂时性差异的具体转回时间，所以会计法规定递延所得税负债不予折现。

另外，应当说明的是，无论是递延所得税资产还是递延所得税负债的计量，均应考虑资产负债表日企业预期收回资产或清偿负债方式对所得税的影响，在计量递延所得税资产和递延所得税负债时，应当采用与收回资产或清偿债务的预期方式相一致的税率和计税基础。

除直接计入所有者权益的交易或事项产生的递延所得税资产及递延所得税负债，相关的调整金额应计入所有者权益以外，其他情况下产生的递延所得税资产及递延所得税负债的调整金额应确认为变化当期的所得税费用(或收益)。

第四节　资产负债表债务法的具体运用

企业核算所得税，主要是为确定当期应交所得税以及利润表中应确认的所得税费用。按照资产负债表债务法核算所得税的情况下，利润表中的所得税费用由两个部分组成：当期所得税和递延所得税。

一、当期所得税的计算

当期所得税是指企业按照税法规定计算确定的，针对当期发生的交易和事项，应交纳给税务部门的所得税金额，即应交所得税。当期所得税应以适用的税收法规为基础计算确定。

企业在确定当期所得税时，对于当期发生的交易或事项，会计处理与税收处理不同的，应在会计利润的基础上，按照适用税收法规的规定进行调整，计算出当期应纳税所得额，按照应纳税所得额与适用所得税税率计算确定当期应交所得税。一般情况下，应纳税所得额可在会计利润的基础上，考虑会计与税收之间的差异，按照以下公式计算确定：

应纳税所得额 = 会计利润 + 按照会计准则规定计入利润表但计税时不允许税前扣除的费用 + (－)计入利润表的费用与按照税法规定可予税前抵扣的费用金额之间的差额 + (－)计入利润表的收入与按照税法规定应计入应纳税所得额的收入之间的差额 － 税法规定的不征税收入 + (－)其他需要调整的因素

当期所得税 = 当期应交所得税 = 应纳税所得额 × 适用的所得税税率

二、递延所得税的计量

递延所得税是指按照所得税准则规定应予确认的递延所得税资产和递延所得税负债在期末应有的金额相对于原已确认金额之间的差额，即递延所得税资产及递延所得税负债当期发生额的综合结果。用公式表示即为：

递延所得税 =（期末递延所得税负债 - 期初递延所得税负债）-（期末递延所得税资产 - 期初递延所得税资产）

应予说明的是，企业因确认递延所得税资产和递延所得税负债产生的递延所得税，一般应当记入所得税费用，但以下两种情况除外：

一是某项交易或事项按照会计准则规定应计入所有者权益的，由该交易或事项产生的递延所得税资产或递延所得税负债及其变化亦应计入所有者权益，不构成利润表中的递延所得税费用（或收益）。

[例 2 - 15]企业持有的某项可供出售金融资产，成本为 400 万元，会计期末，其公允价值为 480 万元，该企业适用的所得税税率为 33%。除该事项外，该企业不存在其他会计与税收之间的差异，且递延所得税资产和递延所得税负债不存在期初余额。

会计期末在确认 80 万元的公允价值变动时：

借：可供出售金融资产　　800 000

　　贷：资本公积——其他资本公积　　800 000

确认应纳税暂时性差异的所得税影响时：

借：资本公积——其他资本公积　　264 000

　　贷：递延所得税负债　　264 000

二是企业合并中取得的资产、负债，其账面价值与计税基础不同，应确认相关递延所得税的，该递延所得税的确认影响合并中产生的商誉或是记入合并当期损益的金额，不影响所得税费用。

三、所得税费用的计量

计算确定了当期所得税及递延所得税以后，利润表中应予确认的所得税费用为两者之和，即：

所得税费用 = 当期所得税 + 递延所得税

四、所得税会计处理

(一)所得税税率不变情况下的会计处理举例

[例 2－16]接[例 2－2]假设 A 公司所得税处理方法采用资产负债表法,20×8 年递延所得税资产和递延所得税负债账户期初余额均为 0,预计未来期间能够产生足够的应纳税所得额以抵扣可抵扣暂时性差异。要求计算 A 公司 20×8 年度当期应交所得税并作出所得税费用确认的会计分录。

20×8 年度当期应交所得税

应纳税所得额:12 00＋60＋2 00＋1 00＋30－20＝1570(万元)

应交所得税:1570×25%＝392.5(万元)

递延所得税资产:90×25%＝22.5(万元)

借:所得税费用　　3 700 000

　递延所得税资产　　225 000

　贷:应交税费——应交所得税　　3 925 000

[例 2－17]甲公司 2008 年度、2009 年度实现的利润总额均为 8 000 万元,所得税采用资产负债表债务法核算,适用的所得税税率为 25%。2008 年递延所得税资产期初余额和递延所得税负债期初余额均为 0。甲公司 2008 年度、2009 年度与所得税有关的经济业务如下:

(1)甲公司 2008 年发生广告费支出 1 000 万元,发生时已作为销售费用计入当期损益。甲公司 2008 年实现销售收入 5 000 万元。

2009 年发生广告费支出 400 万元,发生时已作为销售费用计入当期损益。甲公司 2009 年实现销售收入 5 000 万元。

税法规定,该类支出不超过当年销售收入 15%的部分,准予扣除;超过部分,准予在以后纳税年度结转扣除。

(2)甲公司对其所销售产品均承诺提供 3 年的保修服务。甲公司因产品保修承诺在 2008 年度利润表中确认了 200 万元的销售费用,同时确认为预计负债。2008 年没有实际发生产品保修费用支出。

2009 年,甲公司实际发生产品保修费用支出 100 万元,因产品保修承诺在 2009 年度利润表中确认了 250 万元的销售费用,同时确认为预计负债。

税法规定,产品保修费用在实际发生时才允许税前扣除。

(3)甲公司 2007 年 12 月 12 日购入一项管理用设备,取得成本为 400 万元,会计上采用年限平均法计提折旧,使用年限为 10 年,预计净残值为零,企业在计税时采用

5年计提折旧,折旧方法及预计净残值与会计相同。

2009年末,因该项设备出现减值迹象,对该项设备进行减值测试,发现该项设备的可收回金额为300万元,使用年限与预计净残值没有变更。

(4)甲公司2008年购入一项交易性金融资产,取得成本500万元,2008年末该项交易性金融资产公允价值为650万元,2009年末该项交易性金融资产公允价值为570万元。

其他相关资料:

(1)假定预计未来期间甲公司适用的所得税税率不发生变化。

(2)甲公司预计未来期间能够产生足够的应纳税所得额以抵扣可抵扣暂时性差异。

要求:

(1)计算甲公司2008年末应交所得税、递延所得税资产、递延所得税负债以及利润表中确认的所得税费用,并编制会计分录。

(2)计算甲公司2009年末应交所得税、递延所得税资产、递延所得税负债以及利润表中确认的所得税费用,并编制会计分录。

(1)①计算2008年的应交所得税

应纳税所得额 = 8 000 + (1 000 - 5 000 × 15%) + 200 - (400/5 - 400/10) - 150 = 8 260(万元)

应交所得税 = 8 260 × 25% = 2 065(万元)

②计算2008年末递延所得税资产和递延所得税负债

事项一,产生的可抵扣暂时性差异 = 1 000 - 5 000 × 15% = 250(万元)

应确认的递延所得税资产 = 250 × 25% = 62.5(万元)

事项二,预计负债的账面价值 = 200万元,计税基础 = 200 - 200 = 0

产生的可抵扣暂时性差异 = 200万元

应确认的递延所得税资产 = 200 × 25% = 50(万元)

事项三,固定资产的账面价值 = 400 - 400/10 = 360(万元),计税基础 = 400 - 400/5 = 320(万元)

产生的应纳税暂时性差异 = 360 - 320 = 40(万元)

应确认的递延所得税负债 = 40 × 25% = 10(万元)

事项四,交易性金融资产的账面价值 = 650万元,计税基础 = 500万元

产生的应纳税暂时性差异 = 650 - 500 = 150(万元)

应确认的递延所得税负债 = 150 × 25% = 37.5(万元)

因此2008年应确认的递延所得税资产 = 62.5 + 50 = 112.5(万元)(借方)

2008 年应确认的递延所得税负债 = 10 + 37.5 = 47.5(万元)(贷方)

③计算 2008 年所得税费用

所得税费用 = 应交所得税 + 递延所得税 = 2 065 + (- 62.5 - 50 + 10 + 37.5) = 2 000(万元)

④编制会计分录

借:所得税费用　　　　20 000 000

　递延所得税资产　　　1 125 000

　贷:应交税费——应交所得税　　　20 650 000

　　递延所得税负债　　　475 000

(2)①计算 2009 年的应交所得税

应纳税所得额 = 8 000 - (1 000 - 5 000 × 15%) + (250 - 100) + [20 - (400/5 - 400/10)] + 80 = 7 960(万元)

应交所得税 = 7 960 × 25% = 1 990(万元)

②计算 2009 年末递延所得税资产和递延所得税负债

事项一,因 2009 年实际发生的广告费支出为 400 万元,而税前允许扣除限额为 5 000 × 15% = 750(万元),差额为 350 万元,所以 2008 年发生的但当年尚未税前扣除的广告费支出 250(1 000 - 5 000 × 15%)万元可以在 2009 年全部税前扣除。

期末可抵扣暂时性差异 = 250 - 250 = 0

递延所得税资产期末额 = 0 × 25% = 0(万元)

事项二,预计负债的账面价值 = 200 - 100 + 250 = 350(万元),计税基础 = 0

期末可抵扣暂时性差异 = 350 万元

递延所得税资产期末额 = 350 × 25% = 87.5(万元)

事项三,计提减值准备前固定资产的账面价值 = 400 - (400/10) × 2 = 320(万元),所以应计提减值准备 20 万元。计提减值准备后固定资产的账面价值 = 300 万元,计税基础 = 400 - (400/5) × 2 = 240(万元)

期末应纳税暂时性差异 = 300 - 240 = 60(万元)

递延所得税负债期末额 = 60 × 25% = 15(万元)

事项四,交易性金融资产的账面价值 = 570 万元,计税基础 = 500 万元

期末应纳税暂时性差异 = 570 - 500 = 70(万元)

递延所得税负债期末额 = 70 × 25% = 17.5(万元)

因此 2009 年递延所得税资产的发生额 = (0 + 87.5) - 112.5 = - 25(万元)(贷方)

2009 年递延所得税负债的发生额 = (15 + 17.5) - 47.5 = - 15(万元)(借方)

③计算 2009 年所得税费用

所得税费用 = 应交所得税 + 递延所得税 = 1 990 +(62.5 - 37.5 + 5 - 20)= 2 000(万元)

④编制会计分录

借:所得税费用　　20 000 000

　递延所得税负债　　150 000

　贷:应交税费——应交所得税　　19 900 000

　　递延所得税资产　　250 000

(二)所得税税率变化情况下的会计处理举例

[例 2 - 18] 接[例 2 - 1]要求用资产负债表债务法做出会计处理。

分析如下表 2 - 3:

表 2 - 3

年度	会计折旧	税法折旧	账面价值	计税基础	暂时性差异
2007	48 000	30 000	72 000	90 000	18 000
2008	36 000	30 000	36 000	60 000	24 000
2009	24 000	30 000	12 000	30 000	18 000
2010	12 000	30 000	0	0	0

(1)2007 年应交所得税 = (400 000 + 18 000) × 25% = 104 500(元)

固定资产的账面价值 72 000 < 计税基础 90 000,所以暂时性差异 18 000 是可抵扣暂时性差异,应计入递延所得税资产。

递延所得税资产 = 18 000 × 25% = 4 500(元)

借:所得税费用　　100 000

　递延所得税资产　　4 500

　贷:应交税费——应交所得税　　104 500

(2)2008 年应交所得税 = (400 000 + 6 000) × 25% = 101 500(元)

年末的递延所得税资产 = 24 000 × 25% = 6 000(元)

因年初递延所得税资产 = 4 500(元)

所以本年递延所得税资产借方发生额 = 6 000 - 4 500 = 1 500(元)

借:所得税费用　　100 000

　递延所得税资产　　1 500

　贷:应交税费——应交所得税　　101 500

(3)2009 年应交所得税 = (400 000 - 6 000) × 20% = 78 800(元)

年末的递延所得税资产 = 18 000 × 20% = 3 600(元)

因年初递延所得税资产 = 6 000(元)

所以本年递延所得税资产贷方发生额 = 6 000 - 3 600 = 2 400(元)

借:所得税费用　　　　81 200

　贷:应交税费——应交所得税　　　　78 800

　　递延所得税资产　　　　2 400

(4)2010 年应交所得税 = (400 000 - 18 000) × 20% = 76 400(元)

年末的递延所得税资产 = 0 × 20% = 0

因年初递延所得税资产 = 3 600(元)

所以本年递延所得税资产贷方发生额 = 3 600 - 0 = 3 600(元)

借:所得税费用　　　　80 000

　贷:应交税费——应交所得税　　　　76 400

　　递延所得税资产　　　　3 600

五、所得税的列报与披露

企业对所得税的核算结果,除利润表中列示的所得税费用以外,在资产负债表中形成的应交税费(应交所得税)以及递延所得税资产和递延所得税负债应当遵循准则规定列示。其中,递延所得税资产和递延所得税负债一般应当分别作为非流动资产和非流动负债在资产负债表中列示,所得税费用应当在利润表中单独列示,同时还应在附注中披露与所得税有关的信息。

一般情况下,在个别财务报表中,当期所得税资产与负债及递延所得税资产及递延所得税负债可以抵消后的净额列示。在合并财务报表中,纳入合并范围的企业中,一方的当期所得税资产或递延所得税资产与另一方的当期所得税负债或递延所得税负债一般不能抵消,除非所涉及的企业具有以净额结算的法定权利并且意图以净额结算。

【本章小结】

所得税会计的形成和发展是所得税法规和会计准则规定相互分离的必然结果,两者分离的程度和差异的种类、数量直接影响和决定了所得税会计处理方法的改进。企业的会计核算和税收处理分别遵循不同的原则,服务于不同的目的。在我国,会计的确认、计量、报告应当遵从企业会计准则的规定,目的在于真实、完整地反映企业的财务状况、经营成果和现金流量等,为投资者、债权人以及其他会计信息使用者提供对其决策有用的信息。税法则是以课税为目的,根据国家有关税收法律、法规的规定,确定一定时期内纳税人应交纳的税额。从所得税的角度,主要是确定企业的应纳税所得额,以对企业的经营所得征税。

所得税会计处理方法分为应付税款法、纳税影响会计法和资产负债表债务法等。我国目前所得税会计采用了资产负债表债务法，要求企业从资产负债表出发，比较资产负债表上列示的资产、负债，按照会计准则规定确定的账面价值与按照税法规定确定的计税基础，对于两者之间的差异分别应纳税暂时性差异与可抵扣暂时性差异，据此确认相关的递延所得税负债与递延所得税资产，并在此基础上确定每一会计期间利润表中的所得税费用。采用正确的方法计算企业的所得税费用是非常重要的。

【复习思考题】

1.所得税会计核算方法有哪些，各自特点是什么？

2.暂时性差异与时间性差异的联系和区别是什么？

3.资产负债表债务法下所得税会计的计算过程是什么？

4.甲企业2007年12月31日购入价值10 000元的设备，预计使用期为5年，无残值。采用直线法计提折旧，税法允许采用双倍余额递减法计提折旧。该企业2010年前适用的所得税税率为25%，从2010年起适用的所得税税率为30%，假定各年的税前会计利润均为700 000元，无其他纳税调整事项。要求用资产负债表债务法做出相关年度有关所得税的会计处理。

5.甲企业2007年利润表中的利润总额为1 000万元，预计该企业能持续经营，能够获得足够的应纳税所得额。适用的所得税税率为25%，且三年内税率不变。有关资料如下：(1)收到被投资单位分来的现金股利30万元，被投资单位通用的所得税税率与甲企业相同。(2)企业因违法经营已支付罚款50万元。(3)2007年11月31日取得的交易性金融资产，成本为240万元，2007年12月31日的公允价值为300万元。(4)2004年12月购入一项设备，成本为800万元，会计上规定的使用年限是8年，净残值为零，采用直线法计提折旧。税法规定按照10年计提折旧。(5)期末对存货计提了20万元的存货跌价准备，未计提减值前存货的余额为100万元。假设该企业期初递延所得税资产和递延所得税负债无余额。根据以上资料，分别用应付税款法、纳税影响会计法与资产负债表债务法对甲企业进行相关所得税的会计处理。

CHAPTER 3 第三章

租赁会计

【学习目标】

1. 熟悉租赁的概念与性质。
2. 了解租赁的分类。
3. 熟练掌握经营租赁出租人和承租人的会计处理。
4. 熟练掌握融资租赁出租人和承租人的会计处理。
5. 掌握售后回租业务的会计处理。
6. 了解转租赁。

第一节 租赁概述

一、租赁的概念

租赁是至少两方当事人签订的一项契约,契约中约定在一定期间内当事人一方将其拥有的资产交予另一方使用,而另一方以支付租金作为代价。其中拥有资产的一方为出租方(Lessor),使用资产的一方为承租方(Lessee)。《企业会计准则第21号——租赁》中给出了租赁的定义:在约定的期间,出租人将资产使用权让予承租人,以获取租金的协议。从租赁的定义可以看出,租赁是承租方和出租方之间签订的一项契约,承租方在该契约中以支付租金为代价获得一定期间内标的资产的使用权。

二、租赁的分类

(一)根据租赁的性质分类

根据租赁的性质可将租赁分为融资租赁(Financing Lease)和经营租赁(Operating Lease)。我国《企业会计准则第 21 号——租赁》中认为,融资租赁是一种实质上转移了与资产所有权有关的主要风险与报酬的租赁,其所有权最终可能转移,也可能不转移。相应的,经营租赁则为没有实质上转移与资产所有权有关的风险与报酬的租赁,即与融资租赁相对应的一种租赁形式。从定义中可以看出两种租赁方式的本质差异在于出租方是否将与租赁资产相关的风险与报酬转移给承租方。与租赁资产相关的风险主要体现在由资产闲置或技术更新等原因所带来的损失;与租赁资产相关的收益主要体现为资产在其经济寿命内的获利水平、资产的价值增值以及残值收益的实现。为了便于会计人员对两种租赁形式的区分,企业会计准则规定了实务中融资租赁的具体判断标准:(1)在租赁期届满时,租赁资产的所有权转移给承租人;(2)承租人有购买租赁资产的选择权,所订立的购买价款预计将远低于行使选择权时租赁资产的公允价值,因而在租赁开始日就可以合理确定承租人将会行使这种选择权;(3)即使资产的所有权不转移,租赁期仍占租赁资产使用寿命的大部分;(4)承租人在租赁开始日的最低租赁付款额现值,几乎相当于租赁开始日租赁资产的公允价值;出租人在租赁开始日的最低租赁收款额现值,几乎相当于租赁开始日租赁资产的公允价值;(5)租赁资产性质特殊,如果不做较大改造,只有承租人才能使用。企业会计准则规定,符合上述判断标准中的一项或数项的,应当认定为融资租赁。

上述准则的规定中使用了“远低于”、“大部分”、“几乎相当于”等判断标准。在实务中应当如何具体掌握呢?结合《企业会计准则第 21 号——租赁》应用指南给出进一步判断的参考要求。

针对第一条,在租赁期届满时,租赁资产的所有权转移给承租人。这种情况是指在租赁合同中已经约定或者在租赁开始日根据相关条件做出合理判断,租赁期届满时出租人能够将资产的所有权转移给承租人。

针对第二条,承租人有购买租赁资产的选择权,所订立的购买价款预计将远低于行使选择权时租赁资产的公允价值,因而在租赁开始日就可以合理确定承租人将会行使这种选择权。关于“远低于”,《企业会计准则第 21 号——租赁》应用指南没给出明确的数量判断标准,可在实务中根据具体情况判断。比如:租赁双方在租赁合同中约定,租赁期届满时承租人有权以 100 元价格购买租赁资产,预计租赁期届满时该租赁资产的公允价值为 2 000 元,如果没有特殊情况,基本可以判断承租人会选择购买该租赁资产。

针对第三条，即使资产的所有权不转移，租赁期仍占租赁资产使用寿命的大部分。何谓“使用寿命的大部分”？通常认为租赁期占租赁资产使用寿命的75%以上（含75%）即为使用寿命的大部分。若租赁开始日，租赁资产已使用期限超过资产总使用寿命的75%以上，该判断标准则不再适用。假设华龙公司向成方公司租赁一台设备，租赁期为8年，假设该设备的使用寿命为10年，则租赁期占该设备使用寿命的80%（8/10），符合租赁期占租赁资产使用寿命大部分的标准。但是若设备已使用8年，租赁期为该设备的全部剩余使用期限2年，由于设备已使用期限超过使用寿命的80%（8/10），即使租赁期为全部剩余使用寿命，该项租赁也不能判断为融资租赁。

针对第四条，承租人在租赁开始日的最低租赁付款额现值，几乎相当于租赁开始日租赁资产的公允价值；出租人在租赁开始日的最低租赁收款额现值，几乎相当于租赁开始日租赁资产的公允价值。其中的“几乎相当于”为90%以上（含90%）。

针对第五条，租赁资产性质特殊，如果不做较大改造，只有承租人才能使用。这一条主要是指租赁资产是出租人针对承租人的需要，专门为其购买或建造的专用设备。

需要注意的是，正常情况下租赁双方对租赁类型的区分是一致的，但是，当存在独立于承租人和出租人的第三方对出租资产的担保余值时，可能会出现承租人和出租人对租赁类型的判断不同的情况。

（二）根据租赁物的来源分类

依据租赁物的来源可将租赁分为：直接融资租赁（Direct Financing Lease）、销售型租赁（Sales – type Leases）和杠杆租赁（Leveraged Leases）。直接融资租赁是出租方使用自筹资金从制造商或经销商处购买资产，将其作为租赁资产以供出租的租赁方式。销售型租赁是制造商或经销商以自己的产品作为租赁资产的租赁方式。此和类型的租赁，承租方除了可以获取租金收益外，还可以获得销售商品的损益。杠杆租赁是出租方自筹资金不足以购买租赁资产，以拟购买的租赁资产作为抵押，以租金作为偿还贷款的保证，从银行等金融机构处筹集长期贷款购买租赁资产，以使租赁业务得以实现的租赁方式。此种类型的租赁至少涉及三方当事人：出租人、长期贷款人和承租人。上述三种类型的租赁中，直接融资租赁是最基本的一种租赁方式，本章主要介绍此种租赁方式下的会计处理。对于销售型租赁和杠杆租赁不再进行介绍。

（三）根据租赁的形式分类

依据租赁的形式可以将租赁分为：售后回租（Sale and Lease – back）和转租赁（Sublease)。售后回租是一种承租人由于资金或其他原因将自己的设备卖给出租方再将其租回使用的租赁形式。转租赁则是交易的一方先作为承租人从出租方处租赁资产,然后再作为出租人将该资产租出的一种租赁形式。本章最后将介绍这两类租赁形式的会计处理。

三、租赁会计的理论基础

由于租赁业务转让的仅仅是租赁资产的使用权,而不是所有权,因此,从形式上看,租赁资产应当属于出租方的核算范围,并由出租方对其计提折旧。但是,融资租赁业务的实质并不是简单地解决承租方对租赁资产的临时需要,而是承租方进行的一种融资活动。从融资租赁的概念中就可以看到融资租赁业务中与租赁资产相关的主要风险与报酬已经转移给了承租方,也就是说,与租赁资产相关的实质控制权已经转移给了承租方,所以在融资租赁业务中,租赁资产应当纳入承租方的核算范围并对其计提折旧。

由于两种租赁方式的实质不同,因而两种租赁方式对租赁收入与租赁费用的确认方式也不同。所以在租赁会计中,首要问题是根据实质重于形式原则,合理判断租赁的性质,并据以对租赁资产、负债、收入和费用等做出恰当的处理。同时,在租赁收入和费用的确认中,需要注意遵循权责发生制的要求。

经营租赁的实质就是出租方通过转让租赁资产的使用权获取相应的租赁收入,承租方为了获得租赁资产的使用权而支付相应的租赁费用的一项交易。因此这种租赁方式下要确定租赁费用和租赁收入。那么,出租方和承租方应当如何确定租赁收入和租赁费用呢?按照实际收到或支付租金的时间?如果答案是"是"的话,那么当租赁合同中规定各期支付的租金不一致时,各期应确认的租赁收入或租赁费用也就不一致了。这样的结果肯定不正确。租赁期间,出租方提供的是同一资产,承租方使用的也是同一资产,同一资产在租赁期间给出租方带来的收入、需要承租方承担的费用不应不同。从而,在确认租赁收入和租赁费用时不应该依据租金的支付时间确认相应的租赁收入和租赁费用,而是应按照直线法在整个租赁期平均分配全部租赁收入和租赁费用。当然对于特殊的资产可以特殊对待。

融资租赁是企业由于资金不足或其他原因无法购买资产,而以分期支付租金的方式,获得与租赁资产相关控制权的一种方式,可以看出融资租赁的实质是"融资"。因此,出租人应将此业务视为贷款给承租人,在租赁期间依据相应的投资额即贷款额和实际利率计算并确认获得的收益。相应的,承租人将此业务视为取得融资,在租赁期间依据相应的融资本金和实际利率确认各期的贷款费用,计入"财务费用"。

需要注意的是,租赁双方可能会在租赁开始之前发生一些签订租赁合同的手续费、律师费等初始直接费用。由于经营租赁的本质是"租赁",所以这些费用属于为了使交易达成而发生的日常管理费用,从而将其计入发生时的期间费用毋庸置疑。如果是融资租赁,对出租方而言,这些初始直接费用是为了达成交易而发生的必要支出,应将其作为租赁投资总额的组成部分。对承租方而言,初始直接费用为其在使该租赁资产达到预定可使用状态之前发生的必要支出,应当记入融资租入固定资产的成本之中。

本章第二节和第三节将分别介绍经营租赁和融资租赁的会计处理。

第二节　经营租赁的会计处理

一、经营租赁会计处理的基本要求

(一)出租人会计处理的基本要求

1.初始直接费用的处理

出租人发生的初始直接费用,应当在发生时,按照实际发生金额,记入"管理费用"等当期损益。金额较大的应当资本化,在整个经营租赁期内按照与确认租金相同的基础,分期记入当期损益。

2.租金的处理

出租人应将协议约定的全部租金采用直线法平均分摊至租赁期内各期间,并依据出租人的主营业务类型确认收入。若出租人为主营出租的租赁公司,则确认为"租赁收入",若出租人为兼营出租的制造企业或经销商,则确认为"其他业务收入"。若针对某些特殊资产存在比直线法更系统合理的方法,也可以采用其他方法确定各期的收益。比如租赁资产为汽车时,若按照汽车里程分配各期租金就会较直线法平均分配租金更加合理。

3.租赁资产折旧的计提

出租人应当对经营租赁的固定资产按照类似资产的折旧政策计提折旧,再依据出租人的业务类型将折旧费用计入"主营业务成本"或"其他业务成本"。若租赁资产为其他资产,如周转材料,则采用相应的方法摊销相关成本。

4.或有租金的处理

由于或有租金需要依据某些特定前提而定,具有很强的不确定性,从而应在或有租金实际发生时,直接作为当期收益,依据出租人的业务类型确认为"租赁收入"或

"其他业务收入"。

(二)承租人会计处理的基本要求

1.初始直接费用的处理

承租人在经营租赁中发生的初始直接费用应当记入当期的"管理费用"等当期损益。

2.租金的处理

与出租人相对应,承租人应将协议约定的全部租金采用直线法平均分摊至租赁期内各期间,依据租赁资产的用途确认租赁费用,记入"管理费用"、"制造费用"、"在建工程"、"无形资产"等等。若针对某些特殊资产存在比直线法更系统合理的方法,也可以采用其他方法确定各期的租赁费用。再如,租赁资产为汽车时,按照汽车里程分配各期租金就会较直线法平均分配租金更加合理。

3.或有租金的处理

承租人在或有租金实际发生时确认租赁费用,依据租赁资产的用途确认"管理费用"、"制造费用"等。

二、经营租赁的会计核算

[例 3-1] 2008 年 1 月 1 日,华达公司与专营租赁的兴隆公司签订了租赁合同,向兴隆公司租赁一项管理用设备,租赁期为 5 年,合同约定 5 年租金共 60 000 元,其中 2008 年 1 月 1 日支付 15 000 元,2008 年 12 月 31 日支付 12 000 元,2009 年 12 月 31 日支付 10 000 元,2010 年 12 月 31 日支付 8 000 元,2011 年 12 月 31 日支付 5 000 元,2012 年 12 月 31 日支付剩余的 10 000 元。合同还规定若华达公司的营业收入超过 100 000 元,当期按照超出部分的 3% 支付租金。在租赁期间,华达公司只有 2010 年的营业收入超过 100 000 元,为 150 000 元。此外,华达公司与兴隆公司在谈判和签订租赁合同过程中,分别用银行存款支付初始直接费用 500 元和 1 000 元。该租赁设备是兴隆公司 2007 年 12 月投入使用的一台价值 150 000 元的全新设备,按照年限平均法计提折旧,其预计使用年限为 15 年,为了简化会计处理,假设该设备到期无残值,按年计提折旧。假设银行 5 年期贷款利率为 10%。

(一)出租人的会计核算

1.租赁类型的判断

本例中,租赁合同没有规定优惠购买或租赁的选择权,租赁期占租赁资产全部使用寿命的 33.33%(5/15),不足 75%。此外,租赁开始日的最低租赁付款额的现值为

49 807.6 元，占租赁资产总价值的 33.21%(49 807.6/150 000)，不足 75%。最后，该租赁资产也不是为承租人专门定制的专用资产。综上，该租赁不符合判断为融资租赁的任何一项标准，从而此项租赁为经营租赁。

2. 初始直接费用的处理

2008 年 1 月 1 日租赁开始日，兴隆公司支付了初始直接费用 1 000 元，应将其直接确认为当期损益。相应会计分录为：

借：管理费用　　1 000

　　贷：银行存款　　1 000

3. 租金的处理

出租人应将协议约定的全部租金采用直线法平均分摊至租赁期内各期间，而不是按照租赁合同中约定的收取租金的时间确认收入，即兴隆公司在租赁期间各期期末应确认的租赁收入为：

(15 000 + 12 000 + 10 000 + 8 000 + 5 000 + 10 000)/5 = 12 000(元)

兴隆公司在 2008 年 1 月 1 日收到华达公司支付的第一期租金时，应当将其冲减"应收账款"。相应会计分录为：

借：银行存款　　15 000

　　贷：应收账款　　15 000

2008 年 12 月 31 日，兴隆公司收到华达公司支付的租金 12 000 元，同时确认租赁收入 12 000 元。相应会计分录为：

借：银行存款　　12 000

　　贷：租赁收入　　12 000

2009 年 12 月 31 日，兴隆公司收到华达公司支付的租金 10 000 元，应确认租赁收入 12 000 元，同时确认"应收账款"2 000 元。相应会计分录为：

借：银行存款　　10 000

　　应收账款　　2 000

　　贷：租赁收入　　12 000

2010 年 12 月 31 日，兴隆公司收到华达公司支付的租金 8 000 元，应当确认租赁收入 12 000 元，同时确认"应收账款"4 000 元。相应会计分录为：

借：银行存款　　8 000

　　应收账款　　4 000

　　贷：租赁收入　　12 000

2010 年华达公司的营业收入为 150 000 元，超出合同中规定的营业收入基础 50 000(150 000 - 100 000)元，从而华达公司还应当按照 50 000 元的 3% 支付租金 1 500

元(50 000×3%)。兴隆公司收到此笔租金时相应的会计分录为:

借:银行存款　　1 500

　贷:租赁收入　　1 500

2011 年 12 月 31 日,兴隆公司收到华达公司支付的租金 5 000 元,在确认租赁收入 12 000 元的同时确认“应收账款”7 000 元。相应会计分录为:

借:银行存款　　5 000

　应收账款　　7 000

　贷:租赁收入　　12 000

2012 年 12 月 31 日,兴隆公司收到华达公司支付的租金 10 000 元,在确认租赁收入 12 000 元的同时确认“应收账款”2 000 元。相应会计分录为:

借:银行存款　　10 000

　应收账款　　2 000

　贷:租赁收入　　12 000

4.租赁资产折旧的计提

对经营租赁而言,租赁设备仍属于出租方核算范围,应当对其计提折旧,兴隆公司依据年限平均法对该设备计提折旧,则 2008 年到 2012 年各年末应计提的折旧额为:

150 000/15 = 10 000(元)

相应会计分录为:

借:主营业务成本　　10 000

　贷:累计折旧　　10 000

(二)承租人的会计核算

1.租赁类型的判断

与出租人相同,承租人在进行会计核算之前首先应当判断租赁的类型。租赁合同中没有规定优惠购买或租赁的选择权,租赁期占租赁资产全部使用寿命的 33.33%(5/15),不足 75%。此外,租赁开始日的最低租赁付款额的现值为 49 807.6 元,占租赁资产总价值的 33.21%(49 807.6/150 000),不足 75%。最后,该租赁资产也不是为承租人专门定制的专用资产。综上,该租赁不符合判断为融资租赁的任何一项标准,从而此项租赁对承租人而言也为经营租赁。

2.初始直接费用的处理

2008 年 1 月 1 日租赁开始日,华达公司支付初始直接费用 500 元,应将其直接确认为当期损益。相应会计分录为:

借:管理费用 500

　贷:银行存款 500

3.租金的处理

承租人应将协议约定的全部租金采用直线法平均分摊至租赁期内各期间,而不是按照租赁合同中约定的支付租金的时间确认租赁费用,因此,华达公司在租赁期间各期期末应确认的租赁费用相同,为:

(15 000 + 12 000 + 10 000 + 8 000 + 5 000 + 10 000)/5 = 12 000(元)

华达公司在2008年1月1日支付第一期租金时,确认"长期待摊费用"。相应会计分录为:

借:长期待摊费用 15 000

　贷:银行存款 15 000

2008年12月31日,华达公司支付租金12 000元,确认租赁费用12 000元。相应会计分录为:

借:管理费用 12 000

　贷:银行存款 12 000

2009年12月31日,华达公司支付租金10 000元,确认"管理费用"12 000元,同时确认"长期待摊费用"2 000元。相应会计分录为:

借:管理费用 12 000

　贷:银行存款 10 000

　　长期待摊费用 2 000

2010年12月31日,华达公司支付租金8 000元,确认"管理费用"12 000元,同时确认"长期待摊费用"4 000元。相应会计分录为:

借:管理费用 12 000

　贷:银行存款 8 000

　　长期待摊费用 4 000

2010年华达公司的营业收入为150 000元,超出合同中规定的营业收入基础50 000元,从而华达公司还应当按照50 000元的3%支付租金1 500元(50 000 × 3%)。华达公司支付此笔租金时相应的会计分录为:

借:管理费用 1 500

　贷:银行存款 1 500

2011年12月31日,华达公司支付租金5 000元,确认"管理费用"12 000元,同时确认"长期待摊费用"7 000元。相应会计分录为:

借:管理费用 12 000

贷:银行存款 5 000

长期待摊费用 7 000

2012 年 12 月 31 日,华达公司支付租金 10 000 元,确认“管理费用”12 000 元,同时确认“长期待摊费用”2 000 元。相应会计分录为:

借:管理费用 12 000

贷:银行存款 10 000

长期待摊费用 2 000

三、经营租赁的披露

(一)承租人对相关信息的披露

经营租赁业务中,承租人需要按期支付租金,形成一项固定长期支出,形成一项表外负债,会影响承租方的支付能力和偿债能力,因此,承租人应在财务报表附注中披露以下两个与重大经营租赁相关的重要信息:(1)资产负债表日后连续三个会计年度每年将支付的不可撤销的经营租赁最低租赁付款额;(2)以后年度将支付的不可撤销的经营租赁的最低租赁付款额总额。

(二)出租人对相关信息的披露

经营租赁业务中,对出租人的披露没有特殊要求,只是出租人为了更好地管理租出资产,应在报表附注中披露各类租出资产的账面价值。

第三节　融资租赁的会计处理

一、融资租赁的基本概念

(一)与租赁时间有关的概念

1.租赁开始日(Inception of the lease)

租赁开始日为租赁协议日与租赁双方就主要条款做出承诺日中较早的一天。在租赁开始日,租赁双方需要将租赁区分为经营租赁或融资租赁。若将此租赁确认为融资租赁,租赁双方还要考虑租赁开始日各项目的初始确定金额。需要注意,若租赁资产在租赁合同签订之日尚未符合承租人的租赁要求,则应将租赁资产购建完工符合承租人租赁要求之日作为租赁开始日。

2.租赁期开始日(Commencement of the lease term)

租赁期开始日是承租人开始行使其使用租赁资产权利的日期。这是租赁双方对租赁进行初始确认的日期。租赁期开始日,承租人确认租入资产、相关负债和未确认融资费用,出租人结转成本,确认长期应收款以及未确认融资收益等。

3.租赁期(Lease term)

租赁期是租赁协议中规定的不可撤销的租赁期间。假设租赁双方在租赁合同中规定了承租人具有优惠续租权,不论合同中规定续租期内承租人支付租金还是不支付租金,只要在租赁开始日可以确定承租人会行使该优惠续租权,就应将续租期作为租赁期的组成部分。如果租赁合同中包含了优惠承购权的相关内容,则租赁期应当到优惠承购权的行使日为止。

(二)与租赁资产价值有关的概念

1.租赁资产公允价值(Fair value of leased property)

租赁资产公允价值是熟悉情况的交易双方在进行租赁资产的买卖交易时公平自愿确定的租赁资产价格。若租赁为销售型租赁,租赁资产在租赁开始日的公允价值为该制造商或经销商在普通销售中的销售价格。

2.担保余值(Guaranteed residual value)

对承租人而言,担保余值为承租人或与其有关的第三方担保的资产余值;对出租人而言,担保余值则为承租人或与其有关的第三方再加上独立于承租人和出租人的第三方担保的资产余值。

3.资产余值(Residual value of the leased asset)

资产余值是租赁开始日预计租赁到期日租赁资产的公允价值。

4.未担保余值(Unguaranteed residual value)

未担保余值为租赁资产余值中扣除对出租人而言的担保余值之后的资产余值。

(三)与出租人有关的概念

1.租赁投资总额(Gross investment in the lease)

租赁投资总额是融资租赁下出租人的最低租赁收款额与未担保余值之和。

2.租赁投资净额(Net investment in the lease)

租赁投资净额则为出租人租赁投资总额按照租赁内含利率折现的现值。

3.未实现融资收益(Unearned finance income)

未实现融资收益是租赁投资总额与租赁投资净额之间的差额。也就是融资租赁下,出租人最低租赁收款额和未担保余值之和与其现值之和之间的差额。

4.租赁内含利率(Interest rate implicit in the lease)

租赁内含利率为租赁开始日使最低租赁收款额的现值与未担保余值的现值之和等于租赁资产公允价值和初始直接费用之和的折现率。

5.最低租赁收款额(Minimum lease receipts)

最低租赁收款额是出租人在整个租赁期应收到或可能收到的各种款项,包括最低租赁付款额和独立于承租人和出租人的第三方对出租资产的担保余值。

(四)与承租人有关的概念

1.最低租赁付款额(Minimum lease payments)

最低租赁付款额是承租人在整个租赁期应支付或可能被要求支付的款项,包括租赁期内支付的租金、基本确定租赁期满行使优惠购买权时支付的优惠购买价款以及承租人或与其相关的第三方对出租资产的担保余值等,但是或有租金和履约成本不应包括在其中。

2.未确认融资费用(Unrecognized finance charge)

未确认融资费用是指租赁开始日承租人租入资产的入账价值与最低租赁付款额之间的差额。

3.履约成本(Executory costs)

履约成本为租赁期内承租人为保证租赁资产正常使用而支付的各种使用费用,如技术咨询和服务费、人员培训费、维修费和保险费等等。

4.优惠承购权(Bargain purchase option)

优惠承购权为出租人在租赁协议中赋予承租人的,在租赁到期日按照远低于当时租赁资产公允价值的价格购买该租赁资产的选择权。

5.优惠续租权(Bargain renewal option)

优惠续租权为出租人在租赁协议中赋予承租人的,在租赁到期日按照远低于公允租金的价格继续承租租赁资产的选择权。

(五)与租赁双方都有关的概念

1.初始直接费用(Initial direct costs)

初始直接费用为租赁双方当事人,即出租人和承租人双方,在谈判和签订租赁合同过程中发生的一系列手续费、律师费、差旅费、印花税等与租赁合同签订有关的支出。

2.或有租金(Contingent rent)

或有租金是租赁协议中规定的那些金额不固定、以时间长短以外的其他因素如销售量、使用量、物价指数或者市场利率等为依据计算的承租方应当支付给出租方的租金。

二、融资租赁会计处理的基本要求

(一)出租人会计处理的基本要求

1.租赁开始日的会计处理

租赁开始日,出租人一方面应将最低租赁收款额与初始直接费用之和作为应收融资租赁款借记“长期应收款——应收融资租赁款”,同时依据未担保余值的金额借记“未担保余值”;另一方面,按照融资租出资产的公允价值作为融资租赁成本转出,贷记“融资租赁固定资产”,同时贷记用以支付初始直接费用的“银行存款”。最后,将两者之间的差异,确认为“未实现融资收益”。若融资租出资产的公允价值与账面价值之间存在差异,将差异记入“营业外收入”或“营业外支出”。

2.未确认融资收益的分摊

出租人应依据实际利率法在租赁期内各个期间分配未实现融资收益,其中实际利率即为出租人的租赁内含利率。依据分配至各期间的收益,借记“未实现融资收益”,贷记“租赁收入”。

由于在计算内含报酬率时已经考虑了初始直接费用的因素,为了避免未实现融资收益高估,在初始确认时应对未实现融资收益进行调整。其会计处理为:借记“未实现融资收益”科目,贷记“长期应收款——应收融资租赁款”科目。出租人每期收到租金时,按收到的租金,借记“银行存款”科目,贷记“长期应收款——应收融资租赁款”科目。每期采用合理方法分配未实现融资收益时,按当期应确认的融资收入金额,借记“未实现融资收益”科目,贷记“租赁收入”科目。

3.未担保余值发生变动时的会计处理

未担保余值属于出租方的资产范畴,与其他资产相同,出租方至少也应当于每年年末对其价值进行复核。依据谨慎性原则,若期末复核未担保余值增加,不做任何调整;若未担保余值减少,应当对未担保余值进行调整。按照未担保余值预计可收回金额的减少额,借记“资产减值损失”,贷记“未担保余值减值准备”;同时抵减未担保余值减值对未确认融资收益的影响,即按照未担保余值减少额与由此所产生的租赁投资净额的减少额之间的差额,借记“未实现融资收益”,贷记“资产减值损失”。未担保余值的金额会直接影响到出租方租赁内含利率的确认,从而需按调整减值后的未担保余值、租赁投资净额和未实现融资收益重新计算出租方租赁的内含利率,进而按照重新计算的内含利率分摊未确认融资收益。当已确认损失的未担保余值恢复时,应将其在已确认的损失内予以转回,借记“未担保余值减值准备”,贷记“资产减值损失”;同时按照未担保余值的恢复额与由此产生的租赁投资净额的增加额之间的差额,借记“资产减值损失”,贷记“未实现融资收益”。再依据调整后的未担保余值、投资净额和未实现融资收益,重新计算出租方租赁的内含利率,重新分摊未确认融资收益。

4.或有租金的会计处理

与经营租赁相同,出租人应在或有租金实际发生时,确认为“租赁收入”。

5.租赁期满的会计处理

租赁期届满时,承租人可能会将租赁资产交还给出租人,也可能会继续续租租赁资产,还可能会以优惠价格购买租赁资产。不同情况的会计处理也不尽相同。

(1)承租人将租赁资产交还给出租人。根据承租人对资产余值的担保情况,将其区分为三种情况进行处理。①对资产余值全部担保的。当出租人收到承租人交还的租赁资产时,按照收到的租赁资产的担保余值,借记“融资租赁资产”,贷记“长期应收款——应收融资租赁款”。若收回的租赁资产价值低于担保余值时,还应当向承租人收取一定的补偿金,按照应当收取的补偿金金额,借记“其他应收款”,贷记“营业外收入”。②对资产余值部分担保的。当出租人收到承租方交还的租赁资产时,出租人一方面按照收回的融资租赁资产的价值,借记“融资租赁资产”,另一方面,按照收到的租赁资产的担保余值,贷记“长期应收款——应收融资租赁款”,同时按照未担保的余值,贷记“未担保余值”。若收回的租赁资产价值扣除未担保余值后低于担保余值时,还应当向承租人收取一定的补偿金,按照应当收取的补偿金金额,借记“其他应收款”,贷记“营业外收入”。③对资产余值全部未担保的。此种情况,出租方只需要按照收回的租赁资产,借记“融资租赁资产”,贷记“未担保余值”。

(2)承租人继续续租租赁资产。若承租人继续续租租赁资产,则出租人将租赁视同租赁一直存在做相同的会计处理即可。若承租人放弃续租租赁资产权,承租人将根据租赁合同的规定收取的违约金,确认为“营业外收入”,同时依据租赁期届满承租人将租赁资产交还给出租人的情况进行相关会计处理。

(3)承租人以优惠价格购买租赁资产。租赁期满,承租人行使了优惠购买选择权时,出租人按照收到的承租人支付的购买资产的价款,借记“银行存款”,贷记“长期应收款——应收融资租赁款”。

(二)承租人会计处理的基本要求

1.租赁开始日的会计处理

租赁开始日,承租人一方面按照租赁开始日租赁资产公允价值与最低租赁付款额现值两者中较低者借记“固定资产——融资租入固定资产”，按照最低租赁付款额贷记“长期应付款——应付融资租赁款”，将两者之间的差额计入“未确认融资费用”。其中，在计算最低租赁付款额现值时的折现率可以按照以下顺序依次进行选择：①若可以取得出租人的租赁内含利率，则采用出租人的内含利率作为折现率。②若承租人无法取得出租人的租赁内含利率，则应按照租赁合同规定的利率作为折现率。③若以上两种方法下折现率均无法取得，则可以按照银行同期贷款利率作为折现率。

租赁开始日，承租人还应将在租赁谈判和签订租赁合同时发生的初始直接费用，借记“固定资产——融资租入固定资产”，贷记“银行存款”。

2.支付租金的会计处理

承租人各期支付的租金包括两部分内容：融资租赁中所融得的本金和相应的利息即融资费用。承租人支付租金时，应当分两步进行相应的会计处理：第一步确认支付的租金，第二步确认相应的融资费用。第一步相对容易，承租人根据支付的租金金额，借记“长期应付款——应付融资租赁款”，贷记“银行存款”。承租人在确认相应融资费用时，应将租赁开始日已计入“未确认融资费用”中的金额按照一定的分摊率在租赁期内各个期间进行分配。根据各期应分配的融资费用，借记“财务费用”，贷记“未确认融资费用”。需要注意的是对于承租人而言，分摊率存在两种选择：①若承租人在租赁开始日融资租入固定资产是按照最低租赁付款额的现值入账，则应将计算最低租赁付款额现值时的折现率作为分摊率。②若承租人在租赁开始日融资租入固定资产是按照其公允价值入账，则应使最低租赁付款额的现值等于该融资租入固定资产的公允价值的折现率作为分摊率。租赁期届满，未确认融资费用应当全部摊销完毕。

3.租赁资产折旧的计提

融资租赁的性质使该类交易下与融资租赁资产相关的风险与报酬已经由出租方转给承租方，即承租方拥有融资租入固定资产实质上的控制权，从而融资租入固定资产属于承租方的核算范围，也就是说，承租方应当对融资租入固定资产计提折旧。折旧的影响因素主要有：折旧方法、应计折旧额和折旧年限。首先考虑承租方对融资租入固定资产折旧方法的选择。承租方在对融资租入固定资产计提折旧时，可以选择与自有固定资产一致的折旧方法。也就是说，可以依据其融资租入固定资产的折耗方式，选择年限平均法、工作量法、双倍余额递减法或者年数总和法计提折旧。其次考虑该融资租入固定资产的应计折旧额。若承租方或与其有关的第三方对融资租入固定资产提供了担保余值，则应将承租方租赁开始日对该融资租入固定资产的入账价值扣除承租方或与其有关的第三方对融资租入固定资产提供担保余值后的余额作为应计折旧额；若承租方和与其有关的第三方都未对融资租入固定资产提供担保余值,则将承租方租赁开始日对该融资租入固定资产的入账价值作为应计折旧额即可。最后考虑融资租入固定资产的折旧年限的确定。若承租人在租赁开始日能够合理确定租赁期届满会取得融资租入固定资产的所有权,则应将融资租入固定资产的使用寿命作为该融资租入固定资产的折旧年限;若承租人在租赁开始日无法合理确定租赁期届满时是否会取得融资租入固定资产的所有权,则应将租赁期和该融资租入固定资产使用寿命之间较短者作为该融资租入固定资产的折旧年限。

4.履约成本的会计处理

承租人发生履约成本可以在发生时直接计入当期损益。根据固定资产的具体用途,借记“制造费用”、“管理费用”等,贷记“银行存款”。

5.或有租金的会计处理

与经营租赁相同,承租人应在或有租金实际发生时,依据或有租金的直接影响因素,借记“销售费用”、“制造费用”、“管理费用”等,贷记“其他应付款”、“银行存款”等。

6.租赁期满的会计处理

租赁期届满时,依据承租人将租赁资产交还给出租人、继续续租租赁资产或者以优惠价格购买租赁资产等不同的选择,存在不同的会计处理。

(1)承租人将租赁资产交还给出租人。若租赁合同中存在担保余值,承租人在将融资租入资产交还给出租人时,应当按照租赁资产的担保余值,借记“长期应付款——应付融资租赁款”,按照对融资租入固定资产已计提的累积折旧额,借记“累计折旧”,按照融资租入固定资产的初始入账价值,贷记“固定资产——融资租入固定资产”。若承租人在将融资租入资产交还给出租人时融资租入资产的价值低于其担保余值,则其应向出租人支付一定的补偿金,按照应支付的补偿金金额,借记“营业外支出”,贷记“其他应付款”或“银行存款”。若租赁合同中不存在担保余值,则承租方只需将融资租入固定资产的账面原值和相应的累积折旧冲销即可,即按照该融资租入固定资产的初始入账价值,借记“累计折旧”,贷记“固定资产——融资租入固定资产”。

(2)承租人继续续租租赁资产。若承租人继续续租租赁资产,则将该租赁视同一直存在做相应的会计处理即可。若租赁期届满承租人没有续租租赁资产,根据租赁合同应向出租人支付违约金时,按照应当支付的违约金金额,借记“营业外支出”,贷记“银行存款”。

(3)承租人以优惠价格购买租赁资产。租赁期满,承租人行使了优惠购买选择权时,承租人按照支付的购买资产的价款,借记“长期应付款——应付融资租赁款”,贷记“银行存款”;同时将该固定资产从明细科目“融资租入固定资产”转入自有固定资产的相关明细科目。

三、融资租赁会计核算

[例 3－2] 2007 年 12 月 15 日，华盈公司向专营租赁的丰隆公司租赁一台机器设备，双方约定租赁期为 2008 年 1 月 1 日到 2012 年 12 月 31 日，共 5 年时间，华盈公司于 2008 年 1 月 1 日向丰隆公司支付租金 100 000 元。此外，在租赁期每年年末再支付 100 000 元租金，合同约定该租赁到期时，华盈公司具有优惠购置权，购买价格为 100 元。预计租赁到期时，租赁资产的公允价值为 100 000 元，合同规定利率为 12%。此外，双方还在合同中约定，如果华盈公司的营业收入超过 1 500 000 元，则超过部分按照 3%支付租金。假设华盈公司所有的租金都在合同约定的支付日直接用银行存款支付。

华盈公司和丰隆公司在谈判和签订合同过程中分别发生手续费、律师费等相关费用 1 000 元。

其他相关资料：

(1)该设备 2007 年 12 月 15 日的公允价值与其账面价值相同，为 450 000 元，该设备是一台新设备，预计使用年限为 10 年，预计净残值为零，采用年限平均法计提折旧。

(2)华盈公司在 2010 年和 2011 年的营业收入超过 1 500 000 元，分别为 1 550 000 元和 1 600 000 元。

(3)华盈公司在使用该机器设备的过程中，于 2010 年 5 月 15 日发生设备维修费 10 000元。

(4)租赁期满，华盈公司行使优惠承购权。

(一)出租人的会计处理

1.判断租赁类型

华盈公司与丰隆公司签订的租赁合同中约定了优惠承购权，即华盈公司可以按照 100 元的价格购买行权日公允价值为 100 000 元的租赁资产，从而可以合理确定华盈公司将会行使这一优惠承购权。该租赁合同满足融资租赁判断的第二条规定，可以将该租赁确认为融资租赁。

2.租赁开始日的相关金额计算

(1)计算内含利率。根据租赁内含利率的概念，租赁内含利率为租赁开始日使最低租赁收款额现值与未担保余值现值之和等于租赁资产公允价值和初始直接费用之和的折现率。

由于本例中不存在与承租人和出租人均无关、但在财务上有能力担保的第三方对出租人担保的资产余值，因此最低租赁收款额等于最低租赁付款额，即

丰隆公司最低租赁收款额 = 各期租金总和 + 优惠承购价格

= 100 000 + 100 000 × 5 + 100

= 600 100(元)

因此有 $100\ 000 + 100\ 000 \times (P/A,i,5) + 100(P/F,i,5) = 450\ 000 + 1\ 000$

假设 $i = 12\%$

$100\ 000 + 100\ 000 \times 3.6048 + 100 \times 0.5674 = 460\ 536.7$(元) > 451 000(元)

假设 $i = 14\%$

$100\ 000 + 100\ 000 \times 3.4331 + 100 \times 0.5194 = 443\ 361.9$(元) < 451 000(元)

因此,$12\% < i < 14\%$。用插值法计算:

现值	利率
460 536.7	12%
451 000	i
443 361.9	14%

从而:

$$\frac{460\ 536.7 - 451\ 000}{460\ 536.7 - 443\ 361.9} = \frac{12\% - i}{12\% - 14\%}$$

解得:$i = 13.11\%$

即出租人的租赁内含利率为 13.11%。

(2)计算租赁开始日最低租赁收款额及其现值和未实现融资收益。

最低租赁收款额 = 最低租赁付款额 = 100 000 + 100 000 × 5 + 100 = 600 100(元)

应收融资租赁款入账价值 = 600 100 + 1 000 = 601 100(元)

最低租赁收款额现值 = 租赁开始日租赁资产公允价值 + 初始直接费用

= 450 000 + 1 000 = 451 000(元)

未实现融资收益 = 601 100 − 451 000 = 150 100(元)

(3)丰隆公司未实现融资收益分配。丰隆公司作为出租方,应当依据未实现融资收益分配率,在租赁期内各个期间分配未实现融资收益,具体分配参见表 3 − 1:

表 3-1　未实现融资收益分配表(实际利率法)

2007 年 12 月 15 日　　　　单位:元

日期	租金	实现的融资收益	租赁投资净额减少额	租赁投资净额余额
	①	② = 上期④ × 13.11%	③ = ① - ②	④ = 上期④ - ③
2007 年 12 月 15 日				451 000
2008 年 1 月 1 日	100 000		100 000	351 000
2008 年 12 月 31 日	100 000	46 016.10	53 983.90	297 016.10
2009 年 12 月 31 日	100 000	38 938.81	61 061.19	235 954.91
2010 年 12 月 31 日	100 000	30 933.69	69 066.31	166 888.60
2011 年 12 月 31 日	100 000	21 879.10	78 120.90	88 767.70
2012 年 12 月 31 日	100 000	11 332.30*	88 667.70*	100
2012 年 12 月 31 日	100		100	
合计	600 100	149 100	451 000	

* 做尾数调整:88 667.70 = 88 767.70 - 100; 11 332.30 = 100 000 - 88 667.70

3.丰隆公司租赁期开始日的相关会计处理

2008 年 1 月 1 日,丰隆公司相关会计分录:

借:长期应收款——应收融资租赁款　　601 100
　贷:融资租赁固定资产　　450 000
　　银行存款　　1 000
　　未实现融资收益　　150 100

调整未实现融资收益:

借:未实现融资收益　　1 000
　贷:长期应收款——应收融资租赁款　　1 000

4.丰隆公司租赁期内收取租金、分配未实现融资收益的相关会计处理

2008 年 1 月 1 日,收到租金的会计分录:

借:银行存款　　100 000
　贷:长期应收款——应收融资租赁款　　100 000

2008 年 12 月 31 日,收到租金的会计分录:

借:银行存款　　100 000
　贷:长期应收款——应收融资租赁款　　100 000

2008 年 12 月 31 日确认未实现融资收益的会计分录:

借:未实现融资收益　　46 016.10
　贷:租赁收入　　46 016.10

2009年12月31日,收到租金的会计分录:

借:银行存款　　100 000

　　贷:长期应收款——应收融资租赁款　　100 000

2009年12月31日确认未实现融资收益的会计分录:

借:未实现融资收益　　38 938.81

　　贷:租赁收入　　38 938.81

2010年12月31日,收到租金的会计分录:

借:银行存款　　100 000

　　贷:长期应收款——应收融资租赁款　　100 000

2010年12月31日确认未实现融资收益的会计分录:

借:未实现融资收益　　30 933.69

　　贷:租赁收入　　30 933.69

2011年12月31日,收到租金的会计分录:

借:银行存款　　100 000

　　贷:长期应收款——应收融资租赁款　　100 000

2011年12月31日确认未实现融资收益的会计分录:

借:未实现融资收益　　21 879.10

　　贷:租赁收入　　21 879.10

2012年12月31日,收到租金的会计分录:

借:银行存款　　100 000

　　贷:长期应收款——应收融资租赁款　　100 000

2012年12月31日确认未实现融资收益的会计分录:

借:未实现融资收益　　11 332.30

　　贷:租赁收入　　11 332.30

5.或有租金的确认

2010年华盈公司营业收入为1 550 000元,超过1 500 000元,丰隆公司应当按照50 000元(1 550 000 - 1 500 000)的3%收取或有租金1 500元(50 000×3%)。相应的会计分录为:

借:银行存款　　1 500

　　贷:租赁收入　　1 500

同样,2011年华盈公司营业收入为1 600 000元,超过1 500 000元,丰隆公司应当按照100 000元(1 600 000 - 1 500 000)的3%收取或有租金3 000元(100 000×3%)。相应的会计分录为:

借:银行存款　　3 000

　贷:租赁收入　　3 000

6.租赁期满时的会计处理

租赁期满,华盈公司行使优惠承购权,丰隆公司收到华盈公司支付的价款。相应的会计分录:

借:银行存款　　100

　贷:长期应收款——应收融资租赁款　　100

(二)承租人的会计处理

1.判断租赁类型

华盈公司与丰隆公司签订的租赁合同中约定了优惠承购权,即华盈公司可以按照100元的价格购买行权日公允价值为100 000元的租赁资产,从而可以合理确定华盈公司将会行使这一优惠承购权。该租赁合同满足融资租赁判断的第二条规定,可以将该租赁确认为融资租赁。

2.租赁开始日的相关金额计算

(1)最低租赁付款额 = 各期租金总和 + 优惠承购价格

= 100 000 + 100 000 × 5 + 100

= 600 100(元)

(2)最低租赁付款额现值

= 100 000 + 100 000 × (P/A,12%,5) + 100(P/F,12%,5)

= 100 000 + 100 000 × 3.6048 + 100 × 0.5674

= 460 536.74(元)

融资租入固定资产公允价值为450 000元。

460 536.74元 > 450 000元

承租人应按照租赁开始日租赁资产公允价值与最低租赁付款额现值两者中较低者作为融资租入固定资产的入账价值,从而,融资租入固定资产的入账价值为450 000元。

(3)未确认融资费用 = 最低租赁付款额 - 租赁开始日租赁资产公允价值

= 600 100 - 450 000

= 150 100(元)

(4)将初始直接费用1 000元计入资产价值,则融资租入资产的入账价值为:

450 000 + 1 000 = 451 000(元)

(5)未确认融资费用分摊率的计算。由于融资租入固定资产的入账价值选择了公允价值，从而应当重新计算未确认融资费用分摊率。根据公式：

租赁开始日最低租赁付款额的现值 = 租赁开始日租赁资产公允价值

即：$100\ 000 + 100\ 000 \times (P/A,i,5) + 100(P/F,i,5) = 450\ 000$

假设 $i = 12\%$

$100\ 000 + 100\ 000 \times 3.6048 + 100 \times 0.5674 = 460\ 536.7$（元）$> 450\ 000$（元）

假设 $i = 14\%$

$100\ 000 + 100\ 000 \times 3.4331 + 100 \times 0.5194 = 443\ 361.9$（元）$< 450\ 000$（元）

因此，$12\% < i < 14\%$。用插值法计算：

现值	利率
460 536.7	12%
450 000	i
443 361.9	14%

从而：

$$\frac{460\ 536.7 - 450\ 000}{460\ 536.7 - 443\ 361.9} = \frac{12\% - i}{12\% - 14\%}$$

解得：$i = 13.23\%$

即华盈公司未确认融资费用的分配率为 13.23%。

(6)华盈公司未确认融资费用的分配。华盈公司作为承租方，应当依据未确认融资费用分配率，在租赁期内各个期间分配未确认融资费用，具体分配参见表 3－2：

表 3－2　未实现融资收益分配表（实际利率法）

2007 年 12 月 15 日　　单位：元

日期	租金	确认的融资费用	应付本金减少额	应付本金余额
	①	② = 上期④ × 13.23%	③ = ① − ②	④ = 上期④ − ③
2007 年 12 月 15 日				450 000
2008 年 1 月 1 日	100 000		100 000	350 000
2008 年 12 月 31 日	100 000	46 305	53 695	296 305
2009 年 12 月 31 日	100 000	39 201.15	60 798.85	235 506.15
2010 年 12 月 31 日	100 000	31 157.46	68 842.54	166 663.62
2011 年 12 月 31 日	100 000	22 049.60	77 950.40	88 713.21
2012 年 12 月 31 日	100 000	11 386.79	88 613.21	100
2012 年 12 月 31 日	100		100	0
合计	600 100	150 100	450 000	0

注：2012 年 12 月 31 日，应付本金余额的减少额为倒轧得到，即 88 613.21 = 88 713.21 − 100，相应的，应确认融资费用为 11 386.79 = 100 000 − 88 613.21。

3.华盈公司租赁期开始日的相关会计处理

2008年1月1日,华盈公司相关会计分录:

借:固定资产——融资租入固定资产　451 000

　未确认融资费用　150 100

　贷:长期应付款——应付融资租赁款　600 100

　　银行存款　1 000

4.华盈公司租赁期内支付租金、分配未确认融资费用的相关会计处理

2008年1月1日,支付租金的会计分录:

借:长期应付款——应付融资租赁款　100 000

　贷:银行存款　100 000

2008年12月31日,支付租金的会计分录:

借:长期应付款——应付融资租赁款　100 000

　贷:银行存款　100 000

2008年12月31日确认未实现融资费用的会计分录:

借:财务费用　46 305

　贷:未确认融资费用　46 305

2009年12月31日,支付租金的会计分录:

借:长期应付款——应付融资租赁款　100 000

　贷:银行存款　100 000

2009年12月31日确认未实现融资费用的会计分录:

借:财务费用　39 201.15

　贷:未确认融资费用　39 201.15

2010年12月31日,支付租金的会计分录:

借:长期应付款——应付融资租赁款　100 000

　贷:银行存款　100 000

2010年12月31日确认未实现融资费用的会计分录:

借:财务费用　31 157.46

　贷:未确认融资费用　31 157.46

2011年12月31日,支付租金的会计分录:

借:长期应付款——应付融资租赁款　100 000

　贷:银行存款　100 000

2011年12月31日确认未实现融资费用的会计分录:

借:财务费用　22 049.6

贷:未确认融资费用 22 049.6

2012 年 12 月 31 日,支付租金的会计分录:

借:长期应付款——应付融资租赁款 100 000

贷:银行存款 100 000

2012 年 12 月 31 日确认未实现融资费用的会计分录:

借:财务费用 11 386.79

贷:未确认融资费用 11 386.79

5.华盈公司融资租入固定资产折旧的计提

华盈公司对该融资租入固定资产的入账价值为 451 000 元(450 000 + 1 000)。此外,由于合同中规定了华盈公司的优惠承购权,根据 100 元的优惠承购价格可以合理确定华盈公司会行使这一权利,也就是说对该融资租赁固定资产计提折旧时,折旧年限选择为该固定资产的使用寿命 10 年。

从而,华盈公司采用年限平均法计提折旧时,各期的折旧额为:

451 000/10 = 45 100(元)

华盈公司在租赁期内各年年末计提折旧时(假设按年计提折旧),编制会计分录:

借:制造费用 45 100

贷:累计折旧 45 100

6.或有租金的确认

2010 年华盈公司营业收入为 1 550 000 元,超过 1 500 000 元,其应当按照 50 000 元(1 550 000 - 1 500 000)的 3%向丰隆公司支付或有租金 1 500 元(50 000 × 3%)。相应的会计分录为:

借:销售费用 1 500

贷:银行存款 1 500

同样,2011 年华盈公司营业收入为 1 600 000 元,超过 1 500 000 元,其应当按照 100 000 元(1 600 000 - 1 500 000)的 3%向丰隆公司支付或有租金 3 000 元(100 000 × 3%)。相应的会计分录为:

借:销售费用 3 000

贷:银行存款 3 000

7.履约成本的确认

华盈公司在使用该机器设备的过程中,于 2010 年 5 月 15 日发生设备维修费 10 000元。相应的会计分录为:

借:制造费用 10 000

贷:银行存款 10 000

8.租赁期满时的会计处理

租赁期满,华盈公司行使优惠承购权,向丰隆公司支付购买价款。相应的会计分录为:

借:长期应付款——应付融资租赁款 100
　贷:银行存款 100
借:固定资产 451 000
　贷:固定资产——融资租入固定资产 451 000

四、融资租赁的披露

(一)承租人对相关信息的披露

融资租赁业务下,与租赁资产相关的风险与报酬已经转移给承租人,所以租赁资产属于承租人的核算范围已经毋庸置疑。因此,承租人首先应当将融资租入固定资产的价值包含在资产负债表中,同时将与此相对应的长期应付款减去未实现融资费用的差额,依据租赁是否一年内到期区分为长期负债和一年内到期的长期负债。

此外,根据《企业会计准则第 21 号——租赁》的相关规定,承租人还应当至少在其附注中披露其他与融资租赁相关的重要信息:(1)各类租入固定资产的期初和期末原价,以及累计折旧额。(2)资产负债表日后连续三个会计年度每年将支付的最低租赁付款额,以及以后年度将支付的最低租赁付款额总额。(3)未确认融资费用的余额,以及分摊未确认融资费用所采用的方法。

(二)出租人对相关信息的披露

出租人应将应收融资租赁款减去未实现融资收益的差额,记入"长期应收款"项目。

此外,根据《企业会计准则第 21 号——租赁》的相关规定,承租人还应当至少在其附注中披露其他与融资租赁相关的重要信息:(1)资产负债表日后连续三个会计年度每年将收到的最低租赁收款额,以及以后年度将收到的最低租赁收款额总额。(2)未实现融资收益的余额,以及分摊未实现融资收益所采用的方法。

第四节　售后回租与转租赁会计

一、售后回租

(一)售后回租的基本概念

售后回租(Sale and Lease - back)是一种承租人由于资金或其他原因将自己的设备卖给出租方再将其租回使用的租赁形式。从概念中可以看出,售后回租中包含销售和租赁两个交易,从而交易双方各自身兼两职,一方既是销售方又是承租方,另一方既是购买方又是出租方。从而,销售兼承租一方需要做销售和承租两个交易的会计处理;购买兼出租一方需要做购买和出租两个交易的会计处理。售后回租业务对于购买兼出租一方较为简单,只需要按照固定资产或其他资产购入的相关会计处理确认购入固定资产或相关资产,然后再依据所判断的租赁具体形式,参照前面所讲述的融资租赁或经营租赁的相关要求进行会计处理即可,本节就不再讲述。出售兼承租一方的会计处理相对较为复杂,本节将分别对售后回租业务形成融资租赁和经营租赁两种情况的会计处理进行阐述。

(二)售后回租形成融资租赁

售后回租形成融资租赁时,根据融资租赁的性质,可以看到该交易并没有转移与租赁资产相关的主要风险与报酬,可以推断,该交易的实质并不是销售业务,而是“融资”的一种形式。所以,此种售后回租业务中的销售业务和租赁业务是息息相关的,资产的销售价格与租金价格应该是相互联系的。从而,出售方在销售业务中不应该产生收益,如果产生了收益则应视为未来租金的调整额,即若在出售资产时,售价高于或者低于固定资产的账面价值,则将其差额作为“递延收益——未实现售后回租损益(融资租赁)”。按照折旧计提方法将其调整各期的折旧费用。其中的租赁业务按照融资租赁的相关规定予以会计处理即可。本节例题仅对售后回租业务中的销售业务以及该业务对折旧的调整进行讲解。

[例 3 - 3] 假设 2007 年 12 月 15 日,华胜公司与昌盛公司签订了一项合同,合同规定,华胜公司将一台已用的机器设备以 50 000 元的价格出售给昌盛公司,并用银行存款予以结算。双方就此设备还签订了一份融资租赁协议,即华胜公司以融资租赁的形式再将该设备租回。该设备的账面原价为 500 000 元,已计提折旧 400 000 元,华

胜公司按照年限平均法对该设备计提折旧,假设该设备尚可使用5年,期末无残值。根据租赁协议具体内容可以合理判断,华胜公司在租赁到期日会行使廉价承购权。

(1)2007年12月15日,华胜公司出售机器设备时,按照固定资产处置进行相关会计处理。需要注意的是,售后回租业务中不将处置损益确认为营业外收入或者营业外支出,而是将其计入"递延收益——未实现售后回租损益(融资租赁)"。相关会计分录为:

①结转固定资产成本

借:固定资产清理　　100 000
　　累计折旧　　400 000
　　贷:固定资产　　500 000

②确认收到的价款

借:银行存款　　50 000
　　递延收益——未实现售后回租损益(融资租赁)　　50 000
　　贷:固定资产清理　　100 000

(2)将未实现售后回租损益调整折旧费用。华胜公司对该固定资产使用的折旧方法为"年限平均法",且根据租赁协议可以判断华胜公司在租赁到期日会行使廉价承购权,从而其折旧年限为该固定资产的剩余使用年限5年。根据准则规定"按照折旧计提方法将未实现售后回租损益调整各期的折旧费用",华胜公司应当将未实现售后回租损益平均分摊5年调整各期的折旧费用。从而2008年至2012年各年年末应当分摊的未实现售后回租损益为10 000元(50 000/5)。相应会计分录为:

借:制造费用　　10 000
　　贷:递延收益——未实现售后回租损益(融资租赁)　　10 000

(三)售后回租形成经营租赁

售后回租形成经营租赁,即使该交易与售后回租形成融资租赁不同,销售业务的确转移了与租赁资产相关的主要风险与报酬,但是由于该交易中销售与租赁属于一揽子交易,售价与租赁价格相关,所以在处理此类交易之前首先应当判断销售合同中的售价是不是该租赁设备的公允价值。若售价为该租赁设备的公允价值,则可以推断销售业务与租赁业务都是建立在公允价值之上,从而,直接按照固定资产出售的会计处理方法确认固定资产处置损益即可。若售价不是该租赁设备的公允价值,则可判断该设备的售价与租赁价格相联系,此种情况下则不应确认固定资产处置损益,应在处置当期计入"递延收益——未实现售后回租损益(经营租赁)",再在租赁期内按照确认租赁费用的方法调整后续租赁费用。

[例3-4]假设2008年1月1日,华营公司与鸿昌公司签订了一项合同,合同规定,华营公司将一台已用的经营管理用设备以100 000元的价格出售给鸿昌公司,并以银行存款结算。双方就此设备还签订了一份租赁协议,协议规定,租赁期为4年,华营公司于每年年末向鸿昌公司支付租金5 000元。该设备的账面原价为400 000元,已计提折旧250 000元,该设备尚可使用10年。该设备的公允价值为200 000元。

(1)2008年1月1日,华营公司出售设备时,售价与该设备的公允价值不等,从而,应将固定资产处置损益计入"递延收益——未实现售后回租损益(经营租赁)"。相关会计处理如下:

①结转固定资产成本

借:固定资产清理　　150 000

　累计折旧　　250 000

　贷:固定资产　　400 000

②确认收到的价款

借:银行存款　　100 000

　递延收益——未实现售后回租损益(经营租赁)　　50 000

　贷:固定资产清理　　150 000

(2)将未实现售后回租损益调整后续租赁费用。租赁费用是在租赁期内平均分配,从而也应当平均分配未实现售后回租损益,以调整租赁期内的后续租赁费用。从而2008年至2011年各年末应当调整各期租赁费用12 500元(50 000/4)。

借:管理费用　　12 500

　贷:递延收益——未实现售后回租损益(经营租赁)　　12 500

[例3-5]续[例3-4]假设该设备的公允价值为100 000元。

此例中设备的售价即为其公允价值100 000元,从而该固定资产处置属于市场交易,应按照普通固定资产处置的会计处理确认相应的固定资产处置损失50 000元[100 000-(400 000-250 000)],计入"营业外支出——处置固定资产损失"。

①结转固定资产成本

借:固定资产清理　　150 000

　累计折旧　　250 000

　贷:固定资产　　400 000

②确认收到的价款

借:银行存款　　100 000

　营业外支出——处置固定资产损失　　50 000

　贷:固定资产清理　　150 000

二、转租赁

转租赁(Sublease),是交易的一方先作为承租人从出租方处租赁资产,然后再作为出租人将该资产租出的一种租赁形式。从概念中可以看出,此类业务里最少涉及原出租人、原承租人即新出租人和新承租人三方。对于原出租人而言,只涉及出租业务,与普通的租赁业务没有任何区别,不影响其会计处理。对于新承租人而言,租赁业务与普通的租赁业务完全相同,因此其会计处理也不受影响。而原承租人即新出租人,由于身兼承租人和出租人两职,其会计处理方法相对复杂。本部分就主要分析原承租人即新出租人的会计处理。

作为原承租人,应当根据原租赁协议的规定,判断租赁的性质,然后根据经营租赁和融资租赁的相应规定进行会计处理。在进行转租赁时,若其与原出租人签订的租赁合约中规定:租赁期满,原出租人将租赁资产的所有权转移给原承租人,或者原承租人有购买租赁资产廉价承购权。此时,可以合理推断租赁到期日,承租人会行使廉价承购权,租赁资产的所有权转移。原承租人即新出租人在与新承租人签订新租赁合约时可以选择任何一种租赁形式,并可在租赁合同中约定任何内容。若原出租人与原承租人之间签订的租赁合同中没有规定所有权转移和廉价承购权的相关内容,但是其合约内容符合融资租赁的内容,即租赁期占租赁资产使用寿命的大部分或者承租人在租赁开始日的最低租赁付款额现值几乎相当于租赁开始日租赁资产公允价值。此时新出租人即原承租人与新承租人之间的租赁性质,在其租赁合约中除了不可以规定所有权转移和廉价承购权的相关内容外,可以形成任何形式的租赁方式。若从原承租人与原出租人签订的租赁合约中可以合理判断该租赁是经营租赁,则新出租人即原承租人与新承租人之间的租赁性质肯定也属于经营租赁。无论租赁的形式如何,原承租人即新出租人都必须根据两份租赁合约的具体性质分别进行相应的会计处理。具体的会计处理与前面普通的经营租赁和融资租赁的会计处理完全一致,本节不再赘述。

【本章小结】

租赁是在约定的期间,出租人将资产使用权让与承租人,以获取租金的协议。租赁是承租方和出租方之间签订的一项契约,承租方在该契约中以支付租金为代价获得的是一定期间内资产的使用权,而不是所有权。

根据租赁的性质可将租赁分为融资租赁(Financing Lease)和经营租赁(Operating Lease)。企业会计准则中规定了实务中判断融资租赁的5条具体标准。依据租赁物的来源可将租赁分为:直接融资租赁(Direct Financing Lease)、销售型租赁(Sales – type leases)和杠杆租赁(Leveraged Leases)。依据租赁的形式又可以将租赁分为:售后回租

(Sale and Lease - back)和转租赁(Sublease)。

经营租赁资产应当属于出租方的核算范围,出租方应对其计提折旧。而对融资租赁而言,应当属于承租方的核算范围,承租方应对其计提折旧。经营租赁下出租方和承租方均应按照直线法在整个租赁期平均分配租赁收入和租赁费用。融资租赁下,则需要依据实际利率法将未实现融资收益和未确认融资费用予以摊销。值得注意的是,经营租赁下,租赁双方均将初始直接费用作为当期损益,而融资租赁下,出租方应将其作为投资额予以资本化记入“长期应收款”,承租方应将其计入租入资产的成本。无论是经营租赁还是融资租赁,无论是出租方还是承租方,若交易存在或有租金,则应在发生当期直接计入相关收入或费用。

售后回租(Sale and Lease - back)是一种承租人由于资金或其他原因将自己的设备卖给出租方再将其租回使用的租赁形式。售后回租形成融资租赁时,出售方在销售业务中不应该产生收益,如果产生了收益则先记入“递延收益——未实现售后回租损益(融资租赁)”,然后再在租赁期间作为未来折旧费用的调整额进行摊销。若售后回租形成经营租赁,首先判断出售价格是否是公允价值。若为公允价值则按照普通固定资产处置业务进行处理即可,若不是公允价值则应将其首先计入“递延收益——未实现售后回租损益(经营租赁)”,然后再在租赁期内按照确认租赁费用的方法调整后续租赁费用。

转租赁(Sublease),是交易的一方先作为承租人从出租方处租赁资产,然后再作为出租人将该资产租出的一种租赁形式。

【复习思考题】

1.什么是租赁？租赁的性质是什么?

2.如何区别经营租赁和融资租赁?

3.经营租赁中,出租人和承租人分别应当如何进行会计处理?

4.融资租赁中,出租人和承租人分别应当如何进行会计处理?

5.经营租赁和融资租赁中交易双方应当在报表中披露哪些信息?

6.若售后回租中租赁的形式选择了融资租赁的方式,销售方应当如何处理销售收益?

CHAPTER 4 第四章

外币业务会计

【学习目标】

1. 了解外币业务基本概念,明确外币业务的内容,了解外汇汇率的标价方法,期汇合同的相关概念和分类。

2. 理解一项业务观与两项业务观,外币业务的统账制与分账制。

3. 掌握外币交易业务的会计处理,熟练掌握各种外币报表折算方法,掌握期汇合同会计处理一般原则。

第一节　外币业务会计的基本概念与内容

在经济日益全球化的趋势下,资本的跨国流动和国际贸易不断扩大。一方面,外币资本参股内资银行,外资企业在我国内地开办外商独资、合资企业,向内资企业或国内市场不断注入外币资本;另一方面,内资企业与国际市场之间的业务往来不断增加,逐步向国际市场拓展业务,参与国际资本市场竞争的程度和规模呈增长趋势,正在由资本输入向资本输出转变,在这种情况下,企业经常会涉及外币折算业务。

为了反映企业或企业集团的经营业绩和财务状况,需要将不同货币计量的资产、负债、收入、费用等折算为一种货币反映,或将以其他货币反映的子公司、联营企业、合营企业和分支机构的经营业绩和财务状况折算为企业记账本位币反映。企业选定的用于反映企业经营业绩和财务状况的货币即为记账本位币,记账本位币以外的货币称为外币,以外币计价或者结算的交易称为外币交易,以外币反映的财务报表称为外币财务报表,将外币交易或外币财务报表折算为记账本位币反映的过程即为外币折算。

在我国,外币交易的会计处理、外币财务报表的折算和相关信息的披露需要遵循《企业会计准则第 19 号——外币折算》的相关要求。

一、外币与外币业务

从金融的角度看,外币有广义与狭义之分。狭义的外币一般指本国货币以外的其他国家和地区的货币,包括各种纸币和铸币,如美元、日元、欧元等;广义的外币是指所有以外币表示的、能用于国际结算的支付手段,既包括国外的纸币和铸币,还包括外国有价证券,如以外币表示的政府公债、公司债等,也包括外币支付凭证,如以外币表示的票据等。但从会计的角度看,外币是指记账本位币以外的其他国家或地区的货币,它通常用于企业因贸易、投资等经济活动所引起的对外结算业务。

外币业务包括外币交易和外币报表折算。外币交易是指企业以外币计价或者结算的交易。根据企业会计准则的规定,不论企业以何种货币作为记账本位币,均可能存在外币交易,如果企业以外币作为记账本位币,该企业与其他企业发生的以人民币计价的交易则为外币交易。

尽管外币交易本身是以非记账本位币计量的,但会计上计量和记录这些交易时必须将其表述为记账本位币。

二、与外币有关的基本概念

(一)外汇

外汇是外币资金的总称。按照国际货币基金组织的解释,外汇是货币行政管理当局以银行存款、国库券、长短期政府债券等形式保有的在国际收支逆差时可以使用的债权。

外汇有两个基本特征:其一,必须是以外国货币表示的资产,凡用本国货币表示的有价证券、信用工具均不属于外汇;其二,它可以自由兑换成其他形式的资产或支付手段,凡不能自由兑换成其他国家货币和支付手段的外国货币不属于外汇。

根据《我国外汇管理暂行条例》的规定,外汇包括:

1.可以自由兑换的国外货币,如纸币、铸币等。

2.外币有价证券,如政府公债、国库券、公司债、金融债券、股票、息票等。

3.外币支付凭证,如银行存款凭证、商业汇票、银行支票、银行支付委托书、邮政储蓄凭证等。

(二)记账本位币

记账本位币是指企业经营所处的主要经济环境中的货币,它是企业会计核算统一使用的记账货币。对于发生多种货币计价的企业,需要选择一种统一的作为会计基本计量尺度的记账货币,并以该种货币计量和处理经济业务,我们将这种作为会计基本计量尺度的货币称为记账本位币。

(三)外汇汇率

外汇汇率一般简称为汇率,它是一种货币和另一种货币之间的兑换率,即一种货币用另一种货币表示的价格,所以汇率又称为汇价。在市场经济条件下,汇率、利率与税率,合称“三率”,是调节经济活动的主要经济杠杆。关于汇率的内容详见第三节。

(四)汇兑损益

汇兑损益是发生的外币业务折合为记账本位币记账时,由于业务发生的时间不同,所采用的汇率不同而产生的记账本位币的差额,或者是不同货币兑换,由于两种货币所采用的汇率不同而产生的折合为记账本位币的差额,它可能给企业带来收益或者损失,也是衡量企业外汇风险的一个指标。

汇兑损益可以按照下列两种方法分类:按照产生的原因,汇兑损益可分为外币交易汇兑损益和外币报表折算汇兑损益;按其是否在本期实现,汇兑损益可分为已实现外币交易汇兑损益和未实现外币交易汇兑损益。

三、外币业务的内容

外币业务是指以记账本位币以外的货币进行的款项收付、往来结算等业务,具体包括外币交易和外币报表折算。

记账本位币能使各种用不同货币计价的经济业务在会计上得到统一的反映。我国会计法规规定,会计核算以人民币为记账本位币。业务收支以人民币以外的货币为主的单位,可以选定其中一种货币作为记账本位币,但是编制的财务会计报告应当折算为人民币。

企业记账本位币选定后,以记账本位币计价的经济业务,可根据其实际发生额直接记入有关账户;而对于非记账本位币计价的经济业务,则应通过一定的换算标准,将其换算成记账本位币后才能计入有关账户。记账本位币一经确定,一般不得随意变更。

(一)外币交易

外币交易是指企业以记账本位币以外的货币进行的款项收付、往来结算、接受投资以及筹资等交易。以人民币为记账本位币的企业,其发生的以非人民币和外国货币进行收付、结算和计价的经济业务即为外币交易;如企业选用某种外国货币作为记账本位币,则所发生的非该种外国货币表示的收付、结算和计价业务,属于企业的外币交易。

(二)外币会计报表折算

外币报表折算,是指将以一种货币表示的会计报表折算成以另一种货币表示的会计报表。它包括两种情况的折算,一种情况是将以记账本位币表示的会计报表折算为另一种货币表示的会计报表,如以人民币为记账本位币的我国企业到国外融资,必须将以人民币表示的会计报表折算为以某种规定货币表示的会计报表;另一种情况是将以某种外币表示的会计报表折算为以记账本位币表示的会计报表,如境外的子公司一般会以所在地的货币为记账本位币,境内子公司也可能采用某种外币作为记账本位币,这些子公司编制会计报表的货币单位与母公司的记账本位币不同,在编制合并会计报表时,必须将子公司以外币表示的会计报表折算为母公司记账本位币表示的会计报表。

第二节　外币交易会计

一、一项业务观与两项业务观

(一)一项业务观

一项业务观点,亦称一笔交易观点,是指企业将发生的购货或销货业务以及以后的账款结算视为一项交易的两个阶段。在这种观点下,汇率变动的影响应作为原入账销售收入或购货成本的调整,即按记账本位币计量的销售收入和购货成本,其影响的大小最终取决于结算日的汇率。这种方法的特点是:

1.在交易发生日,按当日汇率将交易发生的外币金额折合为记账本位币入账。

2.在资产负债表日,如果交易尚未结算,应按资产负债表日规定的汇率将交易发生额折算为记账本位币金额,并对有关外币资产、负债、收入、成本账户进行调整。

3.在交易结算日,应按结算日汇率将交易发生额折算为记账本位币金额,并对有关外币资产、负债、收入、成本账户进行调整。

[例4-1] 中国某公司2006年12月15日以赊销的方式向美国某公司出口商品一批,计10000美元,当天的汇率为¥7.8 = $1;12月31日的汇率为¥7.7 = $1;结算日为2007年2月16日,当天汇率为¥7.6 = $1。买卖双方约定货款以美元结算,该公司所选择的记账本位币为人民币。按照一项业务观点,其账务处理程序如下:

(1)2006年12月25日,按交易日汇率反映出口商品销售,该公司做如下账务处理。

借:应收账款——美元户(10 000×7.8/$1)　　¥78 000
　贷:主营业务收入　　¥78 000

(2)2006年12月31日,按年末汇率调整原入账的销售收入和应收账款,该公司做如下账务处理。

借:主营业务收入　　¥1 000
　贷:应收账款——美元户 10 000×(7.8/$1-7.7/$1)　　¥1 000

(3)2007年2月16日结算时,先按当日汇率调整销售收入和应收账款账户,再反映将收讫的款项存入银行的情况,该公司做如下账务处理。

借:主营业务收入　　¥1 000
　贷:应收账款——美元户 10 000×(7.7/$1-7.6/$1)　　¥1 000

同时:

借:银行存款——美元户　　¥76 000
　贷:应收账款——美元户　　¥76 000

由以上分录可见,在一项业务观点下,外汇交易损益作为销售收入调整处理。但是,在一项业务观点下,在本期没有销货的情况下,调整销售收入或销售成本显然是不合理的,同时,由于其无法反映外币的风险程度,亦无法向企业管理当局提供决策的有用信息,因此一项业务观点已被两项业务观点所取代。

(二)两项业务观

两项业务观点,亦称两笔交易观点,是指对企业发生的购货或销货业务,将交易的发生和以后的款项结算视为两项交易。在这种观点下,购货成本或销售收入均按照交易日的汇率确定,而与结算日的汇率无关。在交易中形成的外币债权债务将承受汇率变动风险,即确定的购货成本或销售收入取决于交易日的汇率。

在两项业务观点下,对结算日前的汇兑损益有两种处理方法:第一种方法是作为已实现的损益,列入当前利润表;第二种方法是作为未实现损益做递延处理,列入资产负债表，待到结算日再作为已实现的汇兑损益入账。现分述如下：

1.将汇兑损益做已实现损益处理

[例4－2] 仍用[例4－1]中的出口业务资料，按照两笔交易观点，其账务处理程序如下：

(1)2006年12月15日，按交易日汇率反映出口商品销售，该公司做如下账务处理。

借：应收账款——美元户(10 000×7.8/ $ 1)　　¥78 000
　贷：主营业务收入　　¥78 000

(2)2006年12月31日，按年末汇率确认未结算交易损益，该公司做如下账务处理。

借：财务费用——汇兑损益 10 000×(7.8/ $ 1－7.7/ $ 1)　　¥1 000
　贷：应收账款——美元户　　¥1 000

(3)2007年2月16日结算时，先按当日汇率调整应收美元账款，确认汇兑损益，再反映将收讫的款项存入银行的情况，该公司做如下账务处理。

借：财务费用——汇兑损益 10 000×(7.7/ $ 1－7.6/ $ 1)　　¥1 000
　贷：应收账款——美元户　　¥1 000

同时：

借：银行存款——美元户　　¥76 000
　贷：应收账款——美元户　　¥76 000

2.将汇兑损益做递延处理

[例4－3] 仍用[例4－1]中的出口业务资料，按照两笔交易观点，其账务处理程序如下：

(1)2006年12月15日，按交易日汇率反映出口商品销售，该公司做如下账务处理。

借：应收账款——美元户(10 000×7.8/ $ 1)　　¥78 000
　贷：主营业务收入　　¥78 000

(2)2006年12月31日，按年末汇率将未结算交易损益予以递延，该公司做如下账务处理。

借：递延汇兑损益 10 000×(7.8/ $ 1－7.7/ $ 1)　　¥1 000
　贷：应收账款——美元户　　¥1 000

(3)2007年2月16日结算时，先按当日汇率调整应收美元账款和递延汇兑损益，再反映将收讫的款项存入银行的情况，该公司做如下账务处理。

借：递延汇兑损益 10 000×(7.7/ $ 1－7.6/ $ 1)　　¥1 000

贷:应收账款——美元户　　　　　　　　　　　¥1 000

同时:

借:银行存款——美元户　　　　　　　　　　¥76 000

贷:应收账款——美元户　　　　　　　　　　¥76 000

同时,将递延汇兑损益结转为已实现的汇兑损益,该公司做如下账务处理。

借:财务费用——汇兑损益　　　　　　　　　¥2 000

贷:递延汇兑损益　　　　　　　　　　　　　¥2 000

由上述分录可见,两项业务观点将汇率变动的影响确认为汇兑损益是比较合理的。因此,两项业务观点已为大多数国家的会计准则所采用。《国际会计准则第21号——汇率变动的影响》规定,原则上采用两项业务观点的第一种方法,但也未完全否定第二种方法。也就是说,除一些特殊情况外,可选择即期或者递延确认损益两种方式,但首选方式是即期确认损益。

我国会计准则规定:对于外币货币性项目(货币性项目是指企业持有的货币资金和将以固定或可确定的金额收取的资产或者偿付的负债),采用资产负债表日即期汇率折算。因资产负债表日即期汇率与初始确认时或者前一资产负债表日即期汇率不同而产生的汇兑差额,计入当期损益。对于以历史成本计量的外币非货币性项目(指货币性项目以外的项目),仍采用交易发生日的即期汇率折算,不改变其记账本位币金额。

二、外币交易的核算举例

(一)外币兑换业务的处理

外币兑换业务,是指企业从银行买入外币或将外币卖给银行以及将一种外币兑换为另一种外币的经济业务。

1.企业将外币卖给银行

企业按规定将持有的外币卖给银行,即结汇业务,银行买进外汇并按其买入价将人民币兑付给企业。企业应按实际收到的人民币金额借记“银行存款——人民币户”账户,按向银行结售的外币与企业选定的汇率折合的人民币金额贷记“银行存款——外币户”账户,将两者之间的差额计入“财务费用——汇兑损益”账户。

[例4-4]某公司将其所持有的2 000美元卖给银行,当天银行买入价为¥7.8=$1,实收人民币15 600元。该公司按当月1日汇率¥7.7=$1作为折合汇率,该公司做如下账务处理。

借:银行存款——人民币户　　　　　　　　¥15 600

贷:银行存款——美元户(2000×7.7/＄1)　　¥15 400

财务费用——汇兑损益　　¥200

对于不允许开立现汇账户的企业,其所取得的外币收入要及时存入银行,其会计处理方法与上例相同。

[例4-5] 某公司于2007年2月10日出口商品一批,货款计10 000美元,交易当天的即期汇率为¥7.8=＄1;2007年2月25日收到外汇并结售给银行,当天市场汇率为¥7.6=＄1,结汇银行买入价为¥7.7=＄1,实际收到人民币77 000元,该公司以交易发生日的即期汇率作为折合汇率。其财务处理程序如下:

(1)2007年2月10日,反映出口商品销售并按交易发生日的即期汇率折合为记账本位币,该公司做如下账务处理。

借:应收账款——美元户(10 000×7.8/＄1)　　¥78 000

贷:主营业务收入　　¥78 000

(2)2007年2月25日,反映收到外汇货款并结售给银行的情况,该公司做如下账务处理。

借:银行存款——人民币户　　¥77 000

贷:应收账款——美元户(10 000×7.6/＄1)　　¥76 000

财务费用——汇兑损益　　¥1 000

以上“应收账款——美元户”账户的借贷方人民币差额需在期末予以调整。

2.企业从银行买入外币

企业因业务需要从银行买入外币时,银行售汇时按其卖出价向企业计算收取人民币。企业应按交易当天的即期汇率或当期期初汇率折合的人民币金额借记“银行存款——外币户”账户,按实际付出的人民币金额贷记“银行存款——人民币户”账户,将两者之间的差额计入“财务费用——汇兑损益”账户。

[例4-6] 某公司从银行买入美元20 000美元,当天银行卖出价为¥7.8=＄1,实付人民币156 000元;该公司按当月1日汇率作为折合汇率,月初汇率为¥7.6=＄1,该公司做如下账务处理。

借:银行存款——美元户(20 000×7.6/＄1)　　¥152 000

财务费用——汇兑损益　　¥4 000

贷:银行存款——人民币户(20 000×7.8/＄1)　　¥15 600

[例4-7] 中国某公司2007年8月10日由韩国某株式会社进口商品一批,货款计15 000美元尚未支付,交易当天的即期汇率为 ¥7.8=＄1,8月28日该公司为偿还货款向银行购入外汇,当天的即期汇率为¥7.7=＄1,银行美元卖出汇率为¥7.9=＄1,实付人民币118 500元。

该公司以交易发生日的即期汇率作为折合汇率。其账务处理程序如下：

(1)2007 年 8 月 10 日，按该交易发生日汇率将进口的商品折合为记账本位币入账，该公司做如下账务处理。

借：存货　　　　　　　　　　　　　　　　　　　¥117 000

　　贷：应付账款——美元户(15 000×7.8/＄1)　　　　¥117 000

(2)2007 年 8 月 28 日，反映向银行买入外币结算货款情况，该公司做如下账务处理。

借：应付账款——美元户(15 000×7.7/＄1)　　　　¥115 500

　　财务费用——汇兑损益　　　　　　　　　　　¥3 000

　　贷：银行存款——人民币户　　　　　　　　　　　¥118 500

以上“应付账款——美元户”账户的借、贷方人民币差额需在期末予以调整。

(二)外币借款业务的处理

企业外币借款是企业外币筹资的重要方式。企业应将借入的外币按当日或当期期初的市场汇率折合为记账本位币入账。

[例 4-8] 某公司 2006 年 7 月 1 日从银行借入一年期贷款 10 000 美元，年利率为 5%，借款当天的即期汇率为 ¥7.8＝＄1；2006 年 12 月 31 日的即期汇率为 ¥7.7＝＄1；2007 年 7 月 1 日偿还贷款本金，还款当天的即期汇率为 ¥7.9＝＄1。其账务处理程序如下：

(1)2006 年 7 月 1 日，将借入的外币按当天的即期汇率折合为人民币入账，该公司做如下账务处理。

借：银行存款——美元户(10 000×¥7.8/＄1)　　　¥78 000

　　贷：短期借款——美元户(10 000×¥7.8/＄1)　　　　¥78 000

(2)2006 年 12 月 31 日，计提 2006 年下半年应付利息。

应付利息＝10 000×5%×6/12×7.7＝¥1 925

根据以上计算结果，该公司做如下账务处理。

借：财务费用——利息支出　　　　　　　　　　　¥1 925

　　贷：其他应付款——应付利息　　　　　　　　　　¥1 925

(3)2006 年 12 月 31 日，计算由于汇率变化所形成的汇兑损益，该公司做如下账务处理。

借：短期借款——美元户[＄10 000×(¥7.8/＄1－¥7.7/＄1)]

　　　　　　　　　　　　　　　　　　　　　　　¥1 000

　　贷：财务费用——汇兑损益　　　　　　　　　　　¥1 000

(4)2007 年 7 月 1 日,计算利息。

借款利息总额 = ＄10 000×5%×￥7.9 = ￥3 950,其中:

2007 年上半年的应付利息 = ＄10 000×5%×6/12×￥7.9/＄1 = ￥1 975

2007 年上半年应付利息中由于汇率变化形成的汇兑损益 = ＄10 000×5%×6/12×(￥7.9/＄1 - ￥7.7/＄1) = ￥50

根据以上计算结果,该公司做如下账务处理。

借:其他应付款——应付利息　　　　　　￥1 925
　财务费用——利息支出　　　　　　￥1 975
　　　　　——汇兑损益　　　　　　　￥50
　贷:银行存款——美元户　　　　　　　　￥3 950

(5)2006 年 7 月 1 日归还外币贷款本金,该公司做如下账务处理。

借:短期借款——美元户(＄10 000×￥7.9/＄1)　　　￥79 000
　贷:银行存款——美元户(＄10 000×￥7.9/＄1)　　　￥79 000

以上"短期借款——美元户"账户的借、贷方人民币差额需在期末予以调整。

(三)投入外币资本业务的处理

如前所述,企业收到投资者以外币投入的资本,应当采用交易发生日即期汇率折算,不得采用合同约定汇率或即期汇率的近似汇率折算,外币投入资本与相应的货币性项目的记账本位币金额之间不产生外币资本折算差额。

[例 4-9] 某公司收到某外商的外币投入资本 20 000 美元,收到出资当天的即期汇率为￥7.8 = ＄1,该公司做如下账务处理。

借:银行存款——美元户(＄20 000×￥7.8 = ＄1)　　　￥156 000
　贷:实收资本——美元户(＄20 000×￥7.8 = ＄1)　　　￥156 000

(四)期末外币货币性项目余额的调整

在资产负债表日,企业应对各种外币账户的期末余额,按照期末即期汇率折合为记账本位币金额。将按期末即期汇率折合的记账本位币金额与原账面记账本位币金额之间的差额,作为汇兑损益,记入"财务费用"或有关账户。在资产负债表日,外币账户余额的调整程序如下:

1.根据各外币货币性项目期末余额,按照规定的汇率计算出人民币余额。

2.将期末所折合的人民币余额与调整前原账面人民币余额进行比较,计算出人民币余额的差额。

3.根据应调整的人民币差额,确定所产生的汇兑损益的数额。

4.进行调整各外币货币性项目账面金额的账务处理,并将汇兑损益记入有关账户。

[例4-10]某公司根据有关外币型项目的余额和资产负债表日的即期汇率等数据资料编制的期末外币货币性项目余额调整计算表,如下表所示:

表4-1　期末外币货币性项目余额调整计算表

外币账户名称	美元余额	期末即期汇率	调整后人民币余额	调整前人民币余额	差额
银行存款	1 000	8.0	8000	9 000	1 000(汇兑损失)
应收账款	0	8.0	0	300	300(汇兑损失)
应付账款	300	8.0	2 400	2 600	200(汇兑收益)
短期借款	2 000	8.0	16 000	18 000	2 000(汇兑收益)
合计					900(汇兑收益)

根据上述计算结果,该公司做如下账务处理。

借:短期借款——美元户　　　　　　　　¥2 000
　应付账款——美元户　　　　　　　　¥200
　贷:银行存款——美元户　　　　　　　¥1 000
　　应收账款——美元户　　　　　　　¥300
　　财务费用——汇兑损益　　　　　　¥900

三、外币业务的统账制与分账制

(一)外币统账制

外币统账制是一种以本国货币为记账本位币的记账方法,即以人民币为记账单位来记录所发生的外汇交易业务,将发生的多种货币的经济业务折合成人民币加以反映,外币在账上仅做辅助记录。

企业发生的外币交易事项应设置外币账户进行核算,包括外币现金、外币存款、外汇借款、以外币结算的债权债务等账户。这类账户应采用复币式记载,除了登记外币金额、汇率外,还应同时折算为人民币记账。

外币结算的债权账户包括应收账款、应收票据和预收账款等;外币结算的债务账户包括短期借款、长期借款、应付账款、应付票据、应付工资、预收账款等。不允许开立现汇账户的企业,可以设置除外币现金和外币银行存款以外的其他外币账户。

折算汇率的选择,我国规定:除接受投资者投入的外币资本的折算另有规定外,企业发生的外币业务采用的折算汇率应为业务发生当日的市场汇率,也可以采用外币业务发生当期期初的市场汇率(月初或每周一)。期末(月末、季末或年末),企业应将所有外币账户的外币余额按期末汇率折算为记账本位币金额,并按期末汇率折算的记账本位币金额与折算前记账本位币余额之间的差额,确认为汇兑损益。

(二)外币分账制

外币分账制,是指企业在外币业务发生时,直接按照原币记账,不需要按一定的汇率折算为记账本位币,月末再将所有原币的发生额按一定的市场汇率折算为记账本位币,并确认汇兑损益。采用这种方法,需要按币种分设账户,分币种核算损益。这种方法减少了日常会计核算的工作量,又可及时、准确地反映外币业务情况,一般适用于外币业务繁多的企业。

我国目前大多数企业采用外币统账制,而业务频繁、外币币种较多的金融企业应采用外币分账制。具体处理方法如下:在资产负债表日,金融企业应当区分货币性项目和非货币性项目进行处理。货币性项目按资产负债表日即期汇率折算,非货币性项目按交易日即期汇率折算,产生的汇兑差额计入当期损益。分账制记账方法下,为保持不同币种借贷方金额合计相等,需要设置“货币兑换”科目进行核算。实务中又可采取两种方法核算:

1.所有外币交易均通过“货币兑换”科目处理

在这种方法下,会计处理包括以下内容:

(1)企业发生的外币交易同时涉及货币性项目和非货币性项目的,按相同外币金额同时记入货币性项目和“货币兑换(外币)”科目,同时,按以交易发生日即期汇率折算为记账本位币的金额,记入非货币性项目和“货币兑换(记账本位币)”科目。

(2)企业发生的交易仅涉及记账本位币外的一种货币反映的货币性项目的,按相同币种金额入账,不需要通过“货币兑换”科目核算;如果涉及两种以上货币,按相同币种金额记入相应货币性项目和“货币兑换(外币)”科目。

(3)期末,应将所有以记账本位币以外的货币反映的“货币兑换”科目余额按期末汇率折算为记账本位币金额,并与“货币兑换(记账本位币)”科目余额相比较,其差额转入“汇兑损益”科目。如为借方差额,借记“汇兑损益”科目,贷记“货币兑换(记账本位币)”科目;如为贷方差额,借记“货币兑换(记账本位币)”科目,贷记“汇兑损益”科目。

(4)结算外币货币性项目产生的汇兑差额计入“汇兑损益”。

[例4-11]假定甲银行采用分账制记账方法,选定的记账本位币为人民币,并以人民币列报财务报表。20×7年9月,甲银行发生以下交易:

(1)9月5日,收到投资者投入的货币资本100 000美元,无合同约定汇率,当日汇率为1美元=7.8元人民币。

(2)9月10日,以2000美元购入一台固定资产,当日汇率为1美元=7.75元人民币。

(3)9月15日,某客户以39000元人民币购入5000美元,当日美元卖出价为1美元=7.8元人民币。

(4)9月20日,发放短期贷款5000美元,当日汇率为1美元=7.85元人民币。

(5)9月25日,向其他银行拆借资金10000欧元,期限为1个月,年利率为3%,当日的汇率为1欧元=9.5元人民币。

(6)9月30日的汇率为1美元=8元人民币,1欧元=10元人民币。

对于上述交易,企业应做如下会计分录:

(1)9月5日,收到美元资本投入

借:银行存款——美元户　　＄100000
　　贷:货币兑换——美元户　　＄100000
借:货币兑换——人民币户　　￥780000
　　贷:实收资本　　￥780000

(2)9月10日,以美元购入固定资产

借:固定资产　　￥15500
　　贷:货币兑换——人民币户　　￥15500
借:货币兑换——美元户　　＄2000
　　贷:银行存款——美元户　　＄2000

(3)9月15日,售出美元

借:银行存款——人民币户　　￥39000
　　贷:货币兑换——人民币户　　￥39000
借:货币兑换——美元户　　＄5000
　　贷:银行存款——美元户　　＄5000

(4)9月20日,发放美元短期贷款

借:贷款——美元户　　＄5000
　　贷:银行存款——美元户　　＄5000

(5)9月25日,向其他银行拆借欧元资金

借:银行存款——欧元户　　￡10000
　　贷:拆入资金——欧元户　　￡10000

“货币兑换——美元户”账户的贷方余额为＄93000(＄100000 — ＄2000 — ＄5000),按月末汇率折算为人民币金额余额为￥744000(＄93000×8);“货币兑换

——人民币户"账户有借方余额￥725500(￥780000—￥15500—￥39000)。

"货币兑换"账户的借方余额合计为￥725500,贷方余额合计为￥744000,借贷方之间的差额为￥18500,即为当期产生的汇兑差额,相应的会计分录为:

借:货币兑换——人民币户　　￥18500

　　贷:汇兑损益　　￥18500

2.交易均不通过"货币兑换"科目处理

外币交易的日常核算不通过"货币兑换"科目,仅在资产负债表日结转汇兑损益时,通过"货币兑换"科目处理。在外币交易发生时直接以发生的币种进行账务处理,期末,由于所有账户均需要折算为记账本位币列报,因此,所有以外币反映的账户余额均需要折算为记账本位币余额,其中,货币性项目以资产负债表日即期汇率折算,非货币性项目以交易日即期汇率折算。折算后,所有账户借方余额之和与所有账户贷方余额之和的差额即为当期汇兑差额,应当计入当期损益。

[例4-12] 仍以[例4-11]为例,日常核算中相应会计分录如下:

(1)9月5日,收到美元资本投入

借:银行存款——美元户　　$100000

　　贷:实收资本　　$100000

(2)9月10日,以美元购入固定资产

借:固定资产　　$2000

　　贷:银行存款——美元户　　$2000

(3)9月15日,售出美元

借:银行存款——人民币户　　￥39000

　　贷:银行存款——美元户　　$5000

(4)9月20日,发放美元短期贷款

借:贷款——美元户　　$5000

　　贷:银行存款——美元户　　$5000

(5)9月25日,向其他银行拆借欧元资金

借:银行存款——欧元户　　£10000

　　贷:拆入资金——欧元户　　£10000

资产负债表日,编制账户科目余额(人民币)调节表:非人民币货币性项目以资产负债表日即期汇率折算,非人民币非货币性项目以交易日即期汇率折算。

表 4－2　科目余额调节表

借方余额账户	币种	外汇余额	汇率	人民币余额	贷方账户余额	币种	外币余额	汇率	人民币余额
银行存款	美元	88000	8	804000	拆入资金	欧元	10000	10	100000
	欧元	10000	10		实收资本	美元	100000	7.8	780000
贷款	美元	5000	8	40000					
固定资产	美元	2000	7.75	15500					
银行存款	人民币			39000					
人民币余额合计				898500	人民币余额合计				880000
汇兑损益									18500

相应会计分录为：

借：货币兑换——人民币户　　　　　　　　　　　　　　　¥18500

　　贷：汇兑损益　　　　　　　　　　　　　　　　　　　　¥18500

需要强调的是，无论是采用分账制记账方法，还是采用统账制记账方法，只是账务处理程序不同，但产生的结果应当相同，计算出的汇兑差额相同。

第三节　外币报表折算

一、外币报表折算的意义

外币财务报表折算是指将以外币表示的财务报表折算为以某一特定货币表示的财务报表。编制合并报表的前提条件是母公司和子公司的报表要使用统一的列报货币。通常是以母公司的报告货币作为统一的货币计量单位，将不同的货币金额换算成同一货币计量单位来重新表述。外币报表折算的意义在于：

第一，在母公司拥有境外经营子公司的情况下，在编制合并报表之前，需对纳入合并范围的境外经营子公司以外币表示的财务报表折算为以母公司记账本位币表示的财务报表。

第二，为了向国外股东和其他报表使用者提供适合他们使用的报表，就需要将以本国货币表示的财务报表折算为以某一外国货币表示的财务报表。

第三，为了在国外证券市场上发行股票和债券，就需要将以本国货币表示的财务报表折算为以某种外国货币表示的财务报表。

我们所说的外币报表折算主要针对第一个目的。

二、外币报表折算的主要问题

外币报表折算的会计处理中,主要存在两个问题:

(一)折算标准的选择

如何选择折算标准即外币报表中的各个项目按什么汇率进行折算,折算汇率选择的方法主要有现行汇率法、流动非流动项目法、货币非货币项目法和时态法四种,其中的流动非流动项目法和货币非货币项目法现在已很少使用。

(二)折算差额的处理

折算方法的选择也会影响折算差额的处理。这些问题不仅影响资产负债表上有关资产、负债、所有者权益的金额,也影响收益表上利润的计算。在会计实务中,由于汇率的变动,资产负债表各项目计量属性的不同,各项目承担汇率风险的程度也不尽相同,折算后的财务报表会存在一定数额的折算差额。那么,折算差额是作为损益列入损益表中还是作为权益列入资产负债表呢?我国的做法是折算差额应当在合并后的资产负债表中作为所有者权益项目单独列示,其中属于少数股东权益的部分,应当并入少数股东权益项目。

三、汇率选择方法

前已述及,在外汇市场中,一种货币用另一种货币表示的价格称为汇率或汇价。汇率表明两种不同货币之间的比价。汇率的选择问题主要涉及汇率的标价方法及其种类。

(一)汇率的标价方法

折算两个国家的货币,先要确定用哪个国家的货币作为标准。由于确定的标准不同,存在着汇率的两种标价方法,即直接标价法和间接标价法。

直接标价法是用一定单位的外国货币为标准,来计算应折合若干单位的本国货币的方法。如 1 美元可以兑换 8 元人民币(＄1 = ￥8)。在直接标价法下,外国货币的数额固定不变,本国货币的数额则随着外国货币或本国货币币值的变化而改变,绝大多数国家都采用直接标价法。

间接标价法是以一定单位的本国货币来计算应折合若干单位的外国货币。如 1 元人民币可兑换 0.125 美元(￥1 = ＄0.125)。

目前，包括我国在内的大多数国家均采用直接标价法。

表 4－3　直接标价法与间接标价法的比较

	直接标价法	间接标价法
汇率上升	＄1＝￥8 ＄1＝￥8.4(本国货币贬值)	￥1＝＄0.125 ￥1＝＄0.130(本国货币升值)
汇率下降	＄1＝￥8 ＄1＝￥7.6(本国货币升值)	￥1＝＄0.125 ￥1＝＄0.115(本国货币贬值)

(二)汇率的种类

外汇汇率按不同的标准有不同的分类方法。

1.按外汇经纪银行角度，可分为买入汇率、卖出汇率和中间汇率

买入汇率又叫做买入价，是外汇银行向客户买进外汇时使用的价格。一般情况下，外币折合本币数较少的那个汇率是买入汇率，它表示买入一定数额的外汇需要付出多少本国货币。

卖出汇率又称外汇卖出价，是指银行向客户卖出外汇时所使用的汇率。一般情况下，外币折合本币数较多的那个汇率是卖出汇率，它表示银行卖出一定数额的外汇需要收回多少本国货币。

中间汇率是买入价与卖出价的平均数。

2.按固定与否，可分为固定汇率和浮动汇率

固定汇率是指一国货币同另一国货币的汇率基本固定，汇率波动幅度很小。在金本位制度下，固定汇率决定于两国金铸币的含金量，波动的界限是引起黄金输出输入的汇率水平，波动的幅度是在两国之间运送黄金的费用。在二次大战后到20世纪70年代初的布雷顿森林货币制度下，国际货币基金组织成员国规定货币的含金量和对美元的汇率。汇率的波动严格限制在官方汇率上下1%的幅度下。由于汇率波动幅度很小，所以也是固定汇率。

浮动汇率是指一国货币当局不规定本国货币对其他货币的官方汇率，也无任何汇率波动幅度的上下限，本币听任外汇市场的供求关系决定，自由涨落。外币供过于求时，外币贬值，本币升值，外汇汇率下跌；反之，外汇汇率上涨。本国货币当局在外汇市场上进行适当的干预，使本币汇率不致波动过大，以维护本国经济的稳定和发展。

3.按外汇买卖成交期，可分为即期汇率和远期汇率

即期汇率是指即期外汇买卖的汇率。即外汇买卖成交后，买卖双方在当天或在两个营业日内进行交割所使用的汇率。即期汇率也称现汇汇率。即期汇率是由当场交货时货币的供求关系情况决定的。在外汇市场上挂牌的汇率，除特别标明远期汇

率以外,一般指即期汇率。

远期汇率是在未来一定时期进行交割,而事先由买卖双方签订合同,达成协议的汇率。到了交割日期,由协议双方按预订的汇率、金额进行交割。远期外汇买卖是一种预约性交易,是由于外汇购买者对外汇资金需要的时间不同以及为了避免外汇风险而引进的。

远期汇率是以即期汇率为基础的,即用即期汇率的"升水"、"贴水"、"平价"来表示。其中,如果远期汇率比即期汇率贵,高出的差额称作升水(Premium);如果远期汇率比即期汇率便宜,低出的差额称作贴水(Discount);如果远期汇率与即期汇率相等,则没有升水和贴水,称作平价(Par)。

4.按管制的程度不同,可分为官方汇率和市场汇率

法定汇率主要是指官方(如财政部、中央银行或经指定的外汇专业银行)所规定的汇率,在外汇管制比较严格的国家禁止自由市场的存在,法定汇率就是实际汇率,而无市场汇率。市场汇率是指在自由外汇市场上买卖外汇的实际汇率,外汇管制较松的国家,法定汇率往往只是形式,有价无市,实际外汇交易均按市场汇率进行。

5.按会计处理角度,还有现行汇率和历史汇率之分

现时汇率和历史汇率只是相对的术语。在记录原始交易时的折算汇率是现时汇率,但是第二天就成为历史汇率了。所以,现时汇率和历史汇率一般是相对于会计报表或已入账的会计记录而言的。现时汇率是指会计报表日期的汇率,而历史汇率则是指最初取得外币资产或承担外币责任日期的汇率。

四、折算损益的处理

外币折算只是记账表述的改变,即在会计实务中改变记账凭证、账簿乃至会计报表的货币表述方式,将以另一国的货币表述的账表兑换为与之等值的某一国的货币来重新表述账簿记录和会计报表,这种变换并没有发生实际的货币交换和应予记账的交易,如同把外文译成中文一样,只是文字表述形式的不同罢了。因此,折算不过是会计实务中以单一的等值货币来重新表示各种不同的外币金额,并不改变所计量资产或负债等的固有价值。折算前后的财务报表一般存在货币计量单位的差别,二者是等价的,在如实反映企业财务状况、经营成果和现金流量方面是一致的。但在实务中,由于汇率的变动,资产负债表各项目计量属性的不同,各项目承担汇率风险的程度也不尽相同。折算后的财务报表如存在一定数额的折算差额,则将时态法折算(或重新计量)产生的折算差额全部列入当期损益,计入合并后的损益表。而按现行汇率法折算产生的折算差额作为权益,以合并后股东权益下一个独立的项目列示。我国的做法是折算差额应当在并入后的资产负债表中作为所有者权益项目单独列

示，其中属于少数股东权益部分，应当并入少数股东权益项目。

五、外币报表折算方法的选择

目前，世界各国对外币报表折算的方法主要有以下四种：

（一）流动与非流动项目法（Current – noncurrent Method）

这种方法是将资产负债表项目按其流动性划分为流动项目和非流动项目两类。流动项目包括流动资产和流动负债，流动资产项目主要有现金、银行存款、应收账款和存货等；流动负债项目主要有应付账款、应付票据等。

非流动项目是指除了流动项目以外的资产、负债项目，主要有长期投资、固定资产、无形资产、递延资产、长期负债和所有者权益等。

具体折算方法是：对于流动资产和流动负债项目按报表编制日的现行汇率折算；对于非流动项目按资产取得或负债发生时的历史汇率折算；对于利润表项目，除了折旧费和摊销费用按其相关资产取得时的历史汇率折算外，其他收入和费用项目均按会计报告期内的平均汇率折算。

这种方法早在20世纪30年代的美国曾普遍使用，目前国际上仅有少数国家采用这种方法。采用这种方法的理论依据是非流动资产在短期内不会转变为现金，所以它们不受现行汇率变动的影响，这种方法的缺点是它所依据的理论并不充分，不能说明流动项目和非流动项目要采用不同汇率的原因。例如，按现行汇率折算流动资产，表明货币性资产和存货均要承受同样的汇率波动风险，但这对按历史成本计价的存货项目来说就不合理了。同时，如果两个会计期间汇率变化较大时，会使合并利润表上所折算的经营成果失实。

（二）货币与非货币项目法（Monetary – nonmonetary Method）

这种方法是将资产负债表项目划分为货币性项目和非货币性项目两类。

货币性项目，是指货币性资产和货币性负债。货币性资产主要有现金、银行存款、应收账款、应收票据等；货币性负债主要有应付账款、应付票据和长期负债等。

非货币性项目，是指除了货币性项目以外的资产、负债和所有者权益项目。

具体折算方法是：对于货币性项目，按现行汇率折算；对于非货币性项目，按其取得或发生时的历史汇率折算；对于利润表项目，除了折旧费和摊销费用按其相关资产取得时的历史汇率折算外，其他收入和费用项目均按会计报告期内的平均汇率折算。

这种方法与第一种方法的主要区别在于存货的折算，在第一种方法下，存货是按现行汇率折算的，而采用这种方法对存货则按历史汇率折算。

采用这种方法的主要理由是外币应收、应付款等货币性项目代表着在以后期间将要收回或付出的一笔固定的外币债权或外币债务，这些外币债权和外币债务的币值，随着汇率的变动会有所增减。因而这些外币项目按编表日的现行汇率进行折算是合理的，即这种方法是依据汇率波动对企业资产负债的影响程度来选择折算汇率的。货币性项目要承受汇率变动的风险，要按现行汇率折算；非货币性项目不受汇率变动的影响，按历史汇率折算比较合理。不赞成这种方法的理由是，外币折算涉及的是计量而不是分类，因此，合理的折算方法不一定与资产、负债的分类有关，非货币性项目并不一定都按历史汇率折算才合理，当某项非货币性项目是以历史成本计价的，若按历史汇率折算是合理的，但当某项非货币性项目是以现行成本计价的，若按历史汇率折算就不合理了。

(三)时态法(Tempory Method)

时态法，亦称时间量度法，是针对资产负债表项目的计量方法和时间的不同，而选择不同汇率进行折算的一种方法。这种方法的基本思路是，既然外币折算是一个计量过程，那么就不能改变被计量项目的属性，而只能改变计量单位。这样无论在历史成本计量模式下还是在现行成本计量模式下，由于现金总是按照资产负债表日实际持有的金额计量的，应收款和应付款也是按资产负债表实际持有的金额计量的，应收款和应付款也是按资产负债表日可望在未来收回或偿付的货币金额计量的，它们的外币计量日期都是资产负债表日，因而都要按资产负债表日的现行汇率进行折算，其他资产、负债项目则按其计价日期的历史汇率折算。

具体折算方法是：对于现金、应收和应付项目，不论是按原始成本，还是按现行成本计价，均按现行汇率折算；对于其他资产负债项目，如果在子公司报表上以历史成本计价，则按历史汇率折算，如果在子公司报表上以现行成本计价，则按现行汇率折算；对于所有者权益项目，按发生时的历史汇率折算；对于利润表项目，除了折旧费和摊销费按历史汇率折算外，其他项目均按平均汇率折算。外币资产负债表和利润表项目在折算过程中形成的折算损益均应确认为当期损益。

主张这种方法的理由是，外币报表折算是一个计量变换过程，它不能改变被计量项目的属性和计量基础，而只能改变计量单位，如对存货项目的折算是为了重新表述存货的计量单位的货币名称，而不是改变其实际价值。采用时态法进行折算时，在采用历史成本计量属性的情况下，它和货币与非货币性项目法的折算程序实质是相同的。但如果采用其他计量基础，如重置成本、市场价值或收益现值时，其折算程序就不同了。目前，国际上通行的是历史成本计量模式，但它已不再是纯粹的历史成本计量模式，而是有条件地吸收了一些现行成本计量模式的优点，如对部分资产按重置成本计价、对投资和存货采用成本与市价孰低原则等。因此,时态法和货币性与非货币性项目法是不同的,如存货项目,在时态法下,则按历史汇率折算。

时态法的优点是使折算的资产、负债保持与交易发生时的计价基础相一致,具有一定的灵活性,克服了上述第一种方法的缺陷,目前是国际上广泛采用的一种方法。

(四)现行汇率法(Current Rate Method)

现行汇率法是对外币资产负债表中的所有资产负债项目均按现行汇率折算。这种方法的具体折算方法是:对于所有的资产、负债项目均按现行汇率折算,对于收入和费用项目均按平均汇率折算,对于实收资本项目按发生时的历史汇率折算。

现行汇率法采用单一汇率对各项资产、负债进行折算,相当于对各项目乘上一个常数,因而计算简便,而且折算后报表中各项目之间的比例关系能够与原外币报表中各项目之间的比例关系保持一致。这种方法的缺点是,将外币报表中按历史成本表示的资产项目按编表日现行汇率折算,其折算结果既不是资产的历史成本,也不是资产的现行市价,而是外币资产的历史成本与资产负债日现行汇率两个不同时点数字的乘积。此外,现行汇率法假设所有的外币资产都将受汇率变动的影响,这显然与实际情况不符。

尽管现行汇率法存在着种种不足,但在会计实务中是应用得较为广泛的一种方法。美国财务会计准则委员会在《财务会计准则公告第 52 号——外币折算》(SFAS NO.52)中也肯定了这一方法。

对于上述四种方法,按照国际会计准则委员会的要求,各国可从后两种方法中选择一种应用。各种外币报表折算方法的比较如下表所示:

表 4－4　外币财务报表折算方法比较表

资产负债表项目	流动与非流动项目法	货币性与非货币性项目法	时态法	现行汇率法
现金	P	P	P	P
应收账款	P	P	P	P
存货				
按成本	P	H	H	P
按市价	P	H	P	P
投资				
按成本	H	H	H	P
按市价	H	H	P	P
固定资产	H	H	H	P

（续表）

资产负债表项目	流动与非流动项目法	货币性与非货币性项目法	时态法	现行汇率法
其他资产	H	H	H	P
应付账款	P	P	P	P
长期负债	H	P	P	P
股本	H	H	H	H
留存利润	*	*	*	*

注：

P——现行汇率法

H——历史汇率法

*轧算的平衡数字，其中在现行汇率法下，该数字为利润分配表折算的结果，再通过轧算平衡计算出的折算调整数。

五、境外经营财务报表折算举例

企业的子公司、合营企业、联营企业和分支机构如果采用与企业相同的记账本位币，即使是设在境外，其财务报表也不存在折算问题。但是，如果企业境外经营的记账本位币不同于企业的记账本位币，在将企业的境外经营通过合并报表、权益法核算等纳入到企业的财务报表中时，需要将企业境外经营的财务报表折算为以企业记账本位币反映。另外，在企业境外经营的是子公司的情况下，企业在编制合并财务报表时，应按少数股东在境外经营所有者权益中所享有的份额计算少数股东应分担的外币报表折算差额，并入少数股东权益列示于合并资产负债表(详见合并报表部分)。

[例4－13] 国内M公司的记账本位币为人民币，该公司仅有一全资子公司Z公司，无其他境外经营。Z公司设在美国，自主经营，所有办公设备及绝大多数人工成本等均以美元支付，除极少量的商品购自甲公司外，其余的商品采购均来自当地，Z公司对所需资金自行在当地融资、自担风险。因此，根据记账本位币的选择确定原则，Z公司的记账本位币应为美元。2009年12月31日，M公司准备编制合并财务报表，需要先将Z公司的美元财务报表折算为人民币表述。Z公司的有关资料如下：

2009年12月31日的即期汇率为1美元＝8元人民币，2009年的平均汇率为1美元＝8.2元人民币，实收资本为125000美元，发生日的即期汇率为1美元＝8.3元人民币，2008年12月31日的即期汇率为1美元＝8.25元人民币，累计盈余公积为11000美元，折算为人民币90300元，累计未分配利润为20000美元，折算为人民币166000元，Z公司在年末提取盈余公积6000美元。

则Z公司相关的利润表、资产负债表、所有者权益变动表的编制分别如表4－5、表4－6、表4－7所示。

表4－5　利润表

Z公司　　　　　　　　(2009年度)　　　　　　　　单位:元

项目	本年累计(美元)	汇率	折算为人民币的金额
一、营业收入	105000	8.2	861000
减:营业成本	40000	8.2	328000
营业税金及附加	6000	8.2	49200
销售费用	8000	8.2	65600
管理费用	12000	8.2	98400
财务费用	10000	8.2	82000
二、营业利润	29000		237800
加:营业外收入	5000	8.2	41000
减:营业外支出	4000	8.2	32800
三、利润总额	30000		246000
减:所得税费用	10000	8.2	82000
四、净利润	20000		164000
五、每股收益			

表4－6　资产负债表

Z公司　　　　　　　　(2009年13月31日)　　　　　　　　单位:元

资　产	期末数(美元)	汇率	折算为人民币金额	负债和所有者权益	期末数(美元)	汇率	折算为人民币金额
流动资产:				流动负债:			
货币资金	20000	8	160000	短期借款	10000	8	80000
交易性金融资产	10000	8	80000	应付票据	2000	8	16000
应收票据	8000	8	64000	应付账款	15000	8	120000
应收账款	22000	8	176000	应付职工薪酬	12000	8	96000
存货	40000	8	320000	应交税费	3000	8	24000
流动资产合计	100000		800000	流动负债合计	42000		336000
非流动资产:				非流动负债:			
固定资产	120000	8	960000	长期借款	12000	8	96000
无形资产	30000	8	240000	长期应付款	20000	8	160000
非流动资产合计	150000		1200000	非流动负债合计	32000		256000
				所有者权益:			

（续表）

资　产	期末数（美元）	汇率	折算为人民币金额	负债和所有者权益	期末数（美元）	汇率	折算为人民币金额
				实收资本	125000	8.3	1E+06
				盈余公积	17000		139500
				未分配利润	34000		280800
				报表折算差额	0		-49800
				所有者权益合计	176000		1408000
				长期负债：			
资产总计	250000		2000000	负债和所有者权益总计	250000		2000000

表4-7　所有者权益变动表

Z公司　　(2009年度)　　单位:元

项目	实收资本			盈余公积			未分配利润		外币报表折算差额	所有者权益合计（人民币）
	美元	汇率	人民币	美元	汇率	人民币	美元	人民币		
一、本年年初余额	125000	8.3	1037500	11000		90300	20000	166000		1293800
二、本年增减变动金额										
(一)净利润							20000	166000		164000
(二)直接计入所有者权益的利得和损失										
其中：外币报表折算差额									-49800	-49800
(三)利润分配										
1.提取盈余公积				6000	8.2	49200	-6000	-49200		
三、本年年末余额	125000	8.3	1037500	17000		139500	34000	280800	-49800	1408000

第四节　期汇合同

自我国加入 WTO 以来,企业面对更加开放的国际市场,涉及有关外汇方面的业务越来越多。随着金融市场的蓬勃发展,期汇合同的种类日益繁衍,在会计核算上给广大财会人员带来了新的要求及挑战,因而迫切需要规范期汇合同的会计处理。本节将着重介绍期汇合同的会计处理问题。

期汇交易,又称远期外汇交易,是指外汇交易成交时,双方约定交易的细节,到未来约定的日期再进行交割的外汇交易。在国际贸易、国际投资经济交易中,由于双方合同签订到实际结算之间总存在着一段时间差,在这段时间内,汇率有可能向不利方向变化,从而使持有外汇的一方蒙受风险损失。为了规避这种风险,进出口商会在签订合同时,向银行买入或卖出远期外汇,当合同到期时,即按已商定的远期汇率买卖所需外汇。

一、期汇合同的概念和分类

(一)期汇合同的概念

期汇合同,又称为远期外汇合同,是客户与外汇经纪银行签订的,由银行按照双方约定的远期汇率,在未来日期将一种货币兑换为另一种货币的契约。期汇合同是期汇交易的法律保证,是维护买卖双方合法经济利益的前提。由于期汇交易在未来日期进行交割的汇率已经预先约定,作为签约一方的客户就能对预计可以收到的或预计将要支付的外币进行套期保值,以避免或降低由于汇率变动而给外汇持有者带来的损失和风险,因此能够促进国际贸易和国际资本的流动。

(二)期汇合同的分类

按期汇合同持有的目的进行分类,可以分为套期保值期汇合同和投机套利期汇合同。

1.套期保值期汇合同

进出口商从签订进出口合约到支付或收取货款通常都要经过一段时间,也就是说,他们要在将来才能支付外汇款项或获得外汇收入。由于某些原因会导致外汇市场中汇率的不稳定,所以持有外币资产或外币负债就可能要承担一定的汇率变动风险,当然也可能获利。如果不对未来获利抱有期望,只是希望从本国货币的角度保持其资产的价值不变,那么就需要对这些外币资产或外币负债进行套期保值,以确保对该项货币没有净资产头寸或净负债头寸。

例如,出口商在出口商品时,为了避免汇率变动风险,与银行签订一项期汇合同,将汇率预先按远期汇率确定下来,在到期日进行交割,而不是在到期时才按照当时的汇率进行交割。

套期保值是期汇合同的特定目的。因此,期汇合同的套期保值就是通过买进或卖出等值的远期外汇,轧平外汇头寸来达到保值目的的一种外汇业务。

2.投机套利期汇合同

投机套利期汇合同的目的则与套期保值期汇合同恰恰相反,它是以取得某类货币资产的净资产头寸或净负债头寸,利用将来的汇率变化赚取汇价差额为目的的行为。其获利或亏损取决于预先确定的远期汇率与合同到期日实际的即期汇率之间的差别。因此,正确区分套期保值期汇合同与投机套利期汇合同,有助于正确把握期汇合同套期保值的会计处理程序和方法。

在对期汇合同进行业务处理时,首先要分析期汇合同持有的目的。

二、期汇合同会计处理一般原则

即期汇率指目前的汇率,用于外汇的现货买卖。它是外汇买卖双方成交当天或两天以内进行交割时使用的汇率。远期汇率是在未来一定时期进行交割,而事先由买卖双方签订合同达成协议的汇率。在运用期汇合同进行套期保值的会计核算中,对于"应收期汇合同款"账户和"应付期汇合同款"账户核算的内容,什么情况下采用哪种汇率折合为记账本位币,是一个很容易混淆的问题。下表详细列示了账户核算内容中汇率的选择原则。

表4-8　汇率选择原则一览表

<table>
<tr><td rowspan="2"></td><td colspan="2">应收期汇合同款</td><td colspan="2">应付期汇合同款</td></tr>
<tr><td>借方</td><td>贷方</td><td>借方</td><td>贷方</td></tr>
<tr><td>出口商品卖出套期保值</td><td>按远期汇率折合记账本位币的应收期汇合同款</td><td rowspan="2">按远期汇率折合记账本位币金额与银行交割结算的期汇合同款</td><td rowspan="2">按远期汇率折合记账本位币金额与银行交割结算的期汇合同款</td><td>按即期汇率折合记账本位币的应付期汇合同款</td></tr>
<tr><td>进口商品卖出套期保值</td><td>按即期汇率折合记账本位币的应收期汇合同款</td><td>按远期汇率折合记账本位币的应付期汇合同款</td></tr>
</table>

三、套期保值期汇合同

在进行商品交易的过程中,以外币进行结算形成的债权债务,为避免由于结算日汇率变动可能发生的外汇风险，而采取向银行买进或卖出与货款等额的远期外汇。由此可知，套期保值的对象是一项金融资产（即客户向银行卖出的远期外汇）和一项金融负债（即客户向银行买进的远期外汇），在折合记账本位币时，要运用期汇合同中约定的远期汇率对套期保值的目标数据进行折算。套期保值是指企业为规避外汇风险、利率风险、商品价格风险、股票价格风险、信用风险等，指定一项或一项以上套期保值工具，使套期保值工具的公允价值或现金流量变动，预期抵消被套期保值项目全部或部分公允价值或现金流量变动。

套期保值期汇合同的计量是进行套期保值期汇合同会计处理的基础。实务中一般可以采用两种计量模式：一为历史成本与公允价值并用的混合计量模式；二为完全公允价值计量模式。

下面将用一道外汇远期合约进行套期保值的例题，比较分析这两种模式。

[例 4－14] 美国出口商于 2000 年 12 月 1 日向英国进口商销售一批商品，货款按英镑结算计 £10 000，偿付期为 60 天，当日即期汇率为 £1 = $1.630。美国出口商为规避汇率变动风险，于同日与外汇经纪银行签订了一项按 60 天期远期汇率 £1 = $1.638、把 £10 000 兑换为 $16 380 的外汇远期合约。2000 年 12 月 31 日的即期汇率为 £1 = $1.640，2001 年 1 月 30 日（结算日）的即期汇率为 £1 = $1.645。2000 年 12 月 31 日的 30 天期远期汇率为 £1 = $1.643。下面分别用混合计量模式和公允价值计量模式对该项业务进行会计处理。

（一）混合计量模式

1. 在混合计量模式下，于交易日确认出口销售的同时，对外汇远期合约进行初始确认，并将按远期汇率折算的应收账款金额与按即期汇率折算的应收账款金额之间的差额计入“递延升（贴）水损益”科目，可以直接反映出该项套期保值交易的利得或损失。在本例中，体现为“递延升水损益 80”。

2. 年终按公允价值调整被套期项目的同时也要调整套期工具，使被套期项目的汇兑利得（或损失）与套期工具的汇兑损失（或利得）正好相互对冲，并反映在同一个会计期间的净收益中，这是套期保值的对冲效应在会计中的反映。

3. 在混合计量模式下，升水或贴水的损益平均摊销到交易期内各个会计期间中。在本例中，将“递延升水损益 80”进行摊销，每期摊销 40。此外，“递延升（贴）水损益”在确认当期（若在年末）要通过资产负债表计入权益影响当期的净资产，在以后期间摊销时转入损益表调整净损益。具体会计处理如下：

2000 年 12 月 1 日

借：应收英镑账款　　　　$16 300

贷:出口销售收入 $ 16 300

借:应收美元期汇合约款 $ 16 380

贷:应付英镑期汇合约款 $ 16 300

递延升水损益 $ 80

2000 年 12 月 31 日

借:应收英镑账款 $ 100[(1.640 - 1.630) × 10 000]

贷:汇兑损益 $ 100

借:汇兑损益 $ 100

贷:应付英镑期汇合约款 $ 100

借:递延升水损益 $ 40

贷:升水损益 $ 40

2001 年 1 月 30 日

借:银行英镑存款 $ 16 450

贷:应收英镑账款 $ 16 400

汇兑损益 $ 50[(1.645 - 1.640) × 10 000]

借:应付英镑期汇合约款 $ 16 400

汇兑损益 $ 50

贷:银行英镑存款 $ 16 450

借:银行美元存款 $ 16 380

贷:应收美元期汇合约款 $ 16 380

借:递延升水损益 $ 40

贷:升水损益 $ 40

(二)公允价值计量模式

1.在公允价值模式下不反映递延升(贴)水损益,只能通过日后的“汇兑损益”及“外汇远期合约损益”两个科目的余额计算求得,即[(100 - 50) + (50 - 20)]。

2.在公允价值计量模式下,每个会计期间内(当外汇远期合约纵跨两个或两个以上会计期间时)虽然没有在量上完全对冲掉被套期项目的利得(或损失)与套期工具的损失(或利得),但也从实质上反映了套期交易中收益与损失相互抵消的事实。在本例中,2000 年 12 月 31 日该业务下有“汇兑损益 100”(被套期项目的利得)与“外汇远期合约损益 50”(套期工具的损失)相互抵消,但有差额 50,体现为该业务在本期的收益。因为即期汇率与即期的远期汇率基本上是同方向变动的,即当即期汇率上升时远期汇率也上升。据统计,“即期汇率与同时的远期汇率的变化曲线是如此紧密地结合在一起,以致完全无法区分开,用统计术语来说,即期汇率与非滞后(即同时)的远期汇率的相关系数为0.9998”。那么当被套期项目有利得时,套期工具必然损失,也就是说,“汇兑损益”和“外汇远期合约损益”两个科目在同一个会计期间必分别在借贷两方同时出现,体现套期交易损益对冲的本质特征。而其差额(在本例中为50)也体现了该业务影响本期净损益的实际数。

3.公允价值计量模式能更客观地反映出市场实际汇率变动对企业盈利水平的影响,去除人为主观判断的因素。在本例中,混合计量模式将“递延升水损益80”每期摊销40,公允价值计量模式将套期交易的这部分利得前期分摊50(“汇兑损益100” - “外汇远期合约损益50”),后期分摊30(“汇兑损益50” - “外汇远期合约损益20”),可以避免在此环节操纵利润、虚增资产的可能。

4.在公允价值计量模式下可以通过“外汇远期合约损益”科目的余额汇总直接获知该套期交易是否有利。余额在贷方为套期保值交易有利,余额在借方为套期保值交易不利(无论是收款、付款,或是升水、贴水,此结论均符合),且余额多少为实际影响数。在本例中,若该美国出口商不进行套期保值可收到$16 450,套期保值使其收到$16 380(虽然比应收账款多收$80),实际少收$70,说明进行套期保值交易对该美国出口商不利。在该题的公允价值计量模式下,两个会计期间共有“外汇远期合约损益”借方余额$70,与实际中进行套期保值少收$70正好符合。具体会计分录如下:

2000年12月1日:

借:应收英镑账款 $16 300

　　贷:出口销售收入 $16 300

借:应收美元期汇合约款 $16 380

　　贷:应付英镑期汇合约款 $16 380

2000年12月31日

借:应收英镑账款 $100[(1.640 - 1.630) × 10 000]

　　贷:汇兑损益 $100

借:外汇远期合约损益 $50[(1.643 - 1.638) × 10 000]

　　贷:应付英镑期汇合约款 $50

2001年1月30日

借:银行英镑存款 $16 450

　　贷:应收英镑账款 $16 400

　　　　汇兑损益 $50[(1.645 - 1.640) × 10 000]

借:应付英镑期汇合约款 $16 430

外汇远期合约损益 $ 20

贷:银行英镑存款 $ 16 450

借:银行美元存款 $ 16 380

贷:应收美元期汇合约款 $ 16 380

通过对上例的分析,我们可以得出混合计量模式具有以下局限性:(1)混合计量模式是建立在金融工具分类的基础上,在必要的定期分类判断中,其难以避免的随意性和可变性给报告企业操纵收益以可乘之机。(2)混合计量模式基础下的套期会计需要定期对套期有效性进行评价,目前尚没有统一且科学的评价方法。IAS39也仅提出了“套期交易的实际结果应在80%~125%的范围内”这一大概标准,使套期会计缺乏可操作性。(3)对于不断衍生的金融工具和日益繁多的业务种类,混合计量模式都需要规定具体的确认、计量方法,使会计处理日趋复杂化、模糊化。(4)混合计量模式的复杂性也增加了审计、监控金融工具会计处理的难度。

由于混合计量模式存在诸多局限性,而且随着我国市场经济的发展,公允价值计量模式的条件不断成熟,公允价值的需求领域越来越广,需求程度也不断增强。从整个社会经济来看,市场机制的不断成熟与计算机信息技术的不断发展都为公允价值得以运用提供了客观基础。目前已经有了许多计价技术,如折现现金流量分析法和期权定价模型,也为无市场公开标价情况下公允价值的估计奠定了基础。

四、投机套利期汇合同

投机套利期汇合同是以取得某类货币资产的净资产头寸或净负债头寸,利用将来的汇率变化赚取汇价差额为目的的行为。其获利或亏损取决于预先确定的远期汇率与合同到期日实际的即期汇率之间的差别。

投机套利期汇合同有关会计处理与套期保值期汇合同的会计处理相似,在此不再赘述。公司签订此类期汇合同的目的,旨在利用汇率的变动套利,但同样也存在风险,既有可能套利,也有可能遭受损失。汇率的剧烈波动,既会使有的公司取得巨额收益,也可能会使有的公司破产倒闭。在合同期内,市场汇率与合同汇率之间的差额构成了这种投机生意的损益。

【复习思考题】

1. 什么是一项业务观?什么是两项业务观?二者的主要区别是什么?

2. 什么是外币业务的统账制?什么是外币业务的分账制?二者的主要区别是什么?

3. 外币报表折算的方法主要有哪几种?它们的主要区别是什么?

4. 什么是期汇合同?它可以分为哪几种类型?它们各有何特点?

【课后练习】

一、单项选择

1.按照我国现行会计准则的规定,购进商品所形成的外币债务由于市场汇率下跌所发生的外币债务折算差额,应当计入(　　)。

A.主营业务成本　　B.财务费用　　C.营业外支出　　D.存货成本

2.按照现行会计准则的规定,所有者权益变动表中的“未分配利润”项目应当(　　)。

A.按照当期平均汇率折算

B.按历史汇率折算

C.按现行汇率折算

D.根据利润分配表折算后的其他项目的数额计算确定

二、多项选择

下列差额中,应当作为汇兑损益核算的有(　　)。

A.收到外币资本投资时外币折算差额

B.收到外币资本投资时至本会计期末外币折算差额

C.外币兑换发生的外币折算差额

D.持有外币存款期间发生的外币折算差额

E.外币借款在借款期间发生的外币折算差额

三、业务题

A公司以人民币为记账本位币,设有现汇银行存款账户,有关外币资金均通过该账户收付,有关外币业务资料如下:

1.20×7年12月1日有关美元账户的余额如下:

账户名称	美元	汇率	人民币金额
外汇存款(美元户)	100 000	7.70	770 000
应收外汇账款	200 000	7.70	1 540 000
短期外汇借款	55 000	7.70	423 500
应付外汇账款	15 000	7.70	115 500
长期外汇借款	80 000	7.70	616 000

2.该公司记录外币采用按当月1日市场汇率作为折合率,按月计算汇兑损益的方式。20×7年12月31日的市场汇率为1美元兑换人民币7.60元。

3.该公司20×0年12月份发生下列经济业务:

(1)自营出口产品一批,销售收入为8 000美元,产品已发出,同时收回货款,并存入银行外汇户。

(2)自营从国外进口一批材料,实际价款为 3 000 美元,材料已验收入库,货款尚未支付。

(3)偿还外币借款 40 000 美元,其中:短期借款为 15 000 美元,长期借款为 25 000 美元。

(4)收回应收外汇账款 20 000 美元,已存入银行外汇户。

(5)用外币长期借款购入设备一台,实际用银行外汇存款支付 10 000 美元,设备已交付生产使用。

要求:

(1)根据上述经济业务,编制有关外币业务的会计分录。

(2)计算确定各外币账户的期末余额。

(3)期末计算出汇兑损益,并做出有关会计处理。

CHAPTER 5　第五章

企业合并会计

【学习目标】

1.掌握企业合并的概念。

2.了解企业合并的动因。

3.熟悉企业合并的方式。

4.熟练掌握企业合并的会计处理方法。

5.掌握企业合并的各种会计处理方法对财务报告的影响。

第一节　企业合并会计概述

一、企业合并的概述与动因

（一）企业合并概念及判断标准

我国2006年颁布的《企业会计准则第20号——企业合并》将企业合并定义为“将两个或者两个以上单独的企业合并形成一个报告主体的交易或事项”。国际会计准则委员会2004年3月颁布的《国际财务报告准则第3号——企业合并》中给出企业合并的概念为“企业合并是两个或两个以上相互独立的主体合并为一个报告主体的交易或事项。几乎所有企业合并的结果都是购并者获得一个或者其他几个经营主体的控制权。”美国财务会计准则委员会2001年6月颁布的《财务会计准则第141号——企业合并》给出企业合并定义为“企业合并就是一个企业获得另外一个或者若干个正常经营企业的净资产或者股份以取得其控制权的过程"。从我国企业会计准则和国际财务报告准则对企业合并的定义可以看出,企业合并的判断标准为:交易或事项发生前后是否形成了一个统一的会计主体。需要注意的是,会计主体并不等同于法律主体,也就是说,企业合并并不意味着参与合并的两家或者两家以上企业合并成一家独立法人资格的企业。那么,应该如何判断企业合并是否形成了统一的会计主体呢?国际财务报告准则中明确指出"几乎所有企业合并的结果都是购并者获得被并企业的控制权",美国的财务会计准则中也说明"企业合并就是购并方取得被并企业控制权的过程"。从而,判断企业合并是否形成统一会计主体的标准为"交易或者事项发生前后参并企业的控制权是否发生变化"。若交易或事项发生前后企业控制权没有发生变化,则不将其作为企业合并处理。比如:甲企业原本已经能够对乙企业实施控制,为了增加其在乙企业的持股比例,进一步购买乙企业的股权,此事项没有改变甲乙两企业之间的控制权关系,从而不应将其作为企业合并处理。此处的控制权是指一个企业有权决定另外一个或几个企业的财务经营决策,并能据以从另一个企业的经营活动中获取经济利益的权利。

(二)企业合并的动因

工业革命初期,企业合并作为一种资本运营方式就已经出现。随着资本市场的不断发展和完善,19世纪中叶,企业合并迅速活跃起来。19世纪末至今,西方国家已经发生了五次企业合并浪潮。企业合并之所以如此盛行,主要是因为企业合并被视为在全球经济中重新分配资源和实施公司战略的一条重要途径,主要表现为以下两个方面。

1. 实现战略扩张

企业为了增强自身的竞争优势、获取更多的发展机会,需要扩大生产规模、增强对市场的控制能力或进入新的行业等战略扩张。企业进行战略扩张主要有两种途径:一种是内部积累,即企业自身扩张生产线、增加销售渠道或者建立全新部门;另一种为外部扩张,即企业通过合并一个现有企业,使其成为自己所需要的生产线、销售渠道或者全新部门。显然,外部扩张较内部积累速度更快、效率更高,从而企业更偏向于通过企业合并实现战略扩张。

2. 谋求协同效应

企业合并的另一个重要动因就是谋求协同效应,协同效应主要表现在三个方面:管理协同、经营协同和财务协同。

(1)谋求管理协同效应。购并企业通过企业合并获取被并企业在技术、市场、专利、产品、管理和企业文化等方面的先进经验,提高企业的管理效率,谋求管理协同效应。

(2)谋求经营协同效应。企业通过合并同行业企业,以将固定成本平均摊销到较大单位产出中去,获得生产规模经济。另外,企业通过合并其上游或者下游企业减少各种形式的交易费用,获取企业规模经济。

(3)谋求财务协同效应。①提高筹资能力。通过企业合并扩大规模,本身就为企业筹集更多资金奠定了良好的基础。另外,通过合并一个现金充裕或者资产负债率相对比较低的企业,可以大大地改善购并企业的财务状况,进而提高企业的筹资能力。②获得税收方面的好处。一方面,由于股息收入、经营收益和资本利得之间的税率差别较大,企业可以在合并中采用恰当的会计处理方法以达到合理避税的效果。另一方面,在允许合并纳税的国家,有较大盈利的企业通过合并一个有一定数量亏损的企业也可以获得纳税上的好处。

二、企业合并的分类

企业合并可以按照不同的标准进行分类,对会计有影响的分类方式主要有以下三种。

(一)按照法律形式分类

按照法律形式,可以将企业合并分为吸收合并(Merger)、新设合并(Consolidation)和控股合并(Acquisition)。

1.吸收合并(Merger)

吸收合并是购并企业获取被并企业的控制权,使被并企业丧失独立法律地位,成为购并企业的组成部分,并以购并企业的名义持续经营的合并方式。该类合并方式可以用公式表示为:"A + B = A"。即在此类合并中,A 企业通过购买 B 企业的股权,使 B 企业丧失独立的法律地位并成为其组成部分。可见,该类合并的结果为企业合并后只有一个单独的法律实体持续经营。

2.新设合并(Consolidation)

新设合并是两个或者两个以上企业通过合并创立一家新企业,新企业接受参并各方的资产和负债,同时参并企业均丧失原有法律地位的合并方式。该类合并方式可以用公式表示为:"A + B = C"。即在此类合并中,A、B 两企业通过合并形成了一家全新的 C 企业,同时 C 企业接收了 A、B 两企业的全部资产和负债,且 A、B 两企业丧失原有法律地位。与吸收合并相同,此类合并的结果也是只存在一个单独的法律实体持续经营。

3.控股合并(Acquisition)

控股合并是购并企业通过购买被并企业的一定股权获得相应的控制权，但是这一企业合并交易并没有改变参并企业各方原有的法律地位。该类合并方式可以用公式表示为："A + B = A + B(以 A 为母公司的企业集团)"。即在此类合并中，从形式上看，A 企业在取得 B 企业的控股权之后并没有改变 A、B 两企业原有的法律地位，双方依然按照各自的独立形态持续经营，但是，实质上企业合并已经使得 B 企业的经营管理决策受控于 A 企业，形成了一个以 A 企业为母公司、B 企业为子公司的企业集团。

(二)按照合并的性质分类

按照合并的性质，可以将企业合并分为：购买(Acquisition)和股权联合(Uniting of interests)。

1.购买(Acquisition)

购买是指购并企业通过转让资产、承担负债或者发行股票等方式购买被并企业的净资产或股权，从而获得相应控制权的合并方式。这种合并方式的结果通常表现为，合并后，购并企业获取了被并企业的控制权，同时被并公司丧失其独立的法律地位，成为购并公司的组成部分，或者形成以购并企业为母公司、被并企业为子公司的企业集团。

2.股权联合(Uniting of interests)

股权联合是指参并企业各方通过股权交换联合控制它们的全部净资产或经营的合并方式。这种合并方式下，参并企业签订的是平等协议，共同控制其全部或实际上是全部的净资产或经营。从而，在股权联合这种合并方式下，难以辨别购并企业与被并企业，另外，此类企业合并后，参并企业间也不存在控制与被控制的关系，而是共同承担合并后企业的风险与收益。

(三)按照参并企业合并前后是否由同一家企业控制分类

按照参并企业合并前后是否由同一家企业控制，可将企业合并分为：同一控制下的企业合并和非同一控制下的企业合并。

1.同一控制下的企业合并

同一控制下的企业合并，是指合并前后均受同一方或相同的多方最终控制并且该控制并非暂时性的企业之间的合并。这类合并主要发生在企业集团内部，如集团内母子公司之间、子公司与子公司之间。从而，从本质上看，这类合并主要是集团内部企业之间资产或权益的转移，只是集团内部资产和权益的重新整合，并没有改变集团整体的资产结构和控制权。

2.非同一控制下的企业合并

非同一控制下的企业合并，是指合并前后不受同一方或相同的多方最终控制的企业之间的合并交易。与同一控制下的企业合并相对应，该类合并发生前，参并企业不存在长期的关联关系，因此这类合并将会改变参并企业合并前后的资产结构和控制权。

第二节 企业合并会计的基本方法

会计实务中，企业合并的会计处理方法主要有三种：购买法、权益结合法和新主体法。

一、购买法(Purchase Method)

(一)购买法的理论基础

1.购买法的概念

购买法，顾名思义这种方法认为企业合并就是购并企业购买被并企业净资产的一项交易，这一交易与企业购买机器设备、存货等资产无任何实质性区别。

2.购买法的特点

从购买法的概念中可以看出该方法应当具备以下四个特点：

(1)企业合并成本应为购并企业为了使企业合并得以成功而发生的各种必要的支出。

(2)企业合并中，购并企业获得的各项可辨认资产和承担的各项负债应当依据其公允价值计量。

(3)企业合并成本与购并企业获得的可辨认资产和承担的负债公允价值净额之间的差异应确认为商誉或负商誉。

(4)合并日，合并后留存收益仅包括合并前购并企业自己的留存收益，不包括被并企业合并前的留存收益。

(二)企业合并成本的确定

企业在合并过程中，购并企业发生的支出主要包括三种类型：直接成本、发行作为支付对价的证券而发生的相关费用以及各种间接费用。

1.直接成本

购买法下，购并企业在企业合并中发生的直接成本是为了使合并得以成功而发生的各种必要支出。从而可以判断,直接成本即为前文所述的企业合并成本。直接成本主要包括:购并企业为了获得被并企业股权所支付的资产、承担的负债或发行证券的公允价值。

此外,某些情况下,合并各方可能在合并合同或协议中约定对合并成本进行一定的调整,例如,企业合并合同中规定,如果被并企业连续两年净利润超过一定水平,购并企业需支付额外的对价。如果在购买日预计被并企业的盈利水平很可能会达到合同规定的标准,则应将依据合同或协议约定需要支付的金额计入企业合并成本。若购买日购并企业已对可能需要支付的企业合并成本调整金额进行预计并计入企业合并成本,但未来期间涉及调整合并成本的事项实际并未发生或发生后需要对原计入企业合并成本的金额进行调整,或者在购买日因未来事项发生的可能性较小、金额无法可靠计量等原因导致有关调整金额未包括在合并成本中,但未来期间确定合并合同或协议中约定的事项很可能发生并且相关金额能够可靠计量,符合确认条件,则应对企业合并成本进行调整。

当企业合并日或合并当期期末,由于各种原因无法确定所支付的各种资产、承担的负债或发行的证券的公允价值时,则应先以暂时确定的价值对企业合并进行会计处理。如果在企业合并日起 12 个月内取得进一步信息表明需对原暂时确定的企业合并成本进行调整的,应追溯调整。若在企业合并日起 12 个月后确定需对合并成本进行调整时,则应视为会计差错,更正调整企业合并日的相关金额。

对于通过多次交换交易分步实现的企业合并,其企业合并成本为每一单项交换交易的成本之和。

2.发行作为支付对价的证券而发生的相关费用

若企业以发行权益性证券或债券作为企业合并支付对价,企业在发行权益性证券或债券时会支付手续费、佣金、税金等相关税费。这些费用是为了发行权益性证券或债券而发生的,因此不应将其作为企业合并成本的组成部分,而应将其作为所发行权益性证券或债券发行溢价的抵减。若发行的为权益性证券,则应当冲减购并企业的资本公积,若购并企业的资本公积不足冲减时,应冲减其盈余公积和未分配利润。若发行的为债券,则将其作为债券利息调整,在债券存续期间按照实际利率法予以摊销。

3.其他各种费用

企业合并中还会发生各种费用,包括购并企业在企业合并过程中发生的各种直接费用和间接费用。比如,企业为合并而支付的各种会计审计费用、法律服务费用和咨询费用等直接费用,企业专设的购并部门发生的日常管理费用等间接费用。企业合并中发生的这些费用计入当期损益。

[例 5-1] 2007 年 1 月 1 日,华星公司为了取得昌华公司的净资产,定向发行面

值1元的普通股股票100 000股,该股票的市场价值为每股15元。华星公司为发行股票支付了相关税费12 000元。此外,华星公司还发生了与该合并相关的审计费用10 000元、法律服务费10 000元、咨询费5 000元和为专设的并购部人员支付工资20 000元。请计算该项企业合并成本为多少?

企业合并成本包括所支付的资产、承担的负债和发行证券的公允价值以及企业合并过程中发生的其他直接费用。本例中华星公司以发行普通股股票作为企业合并的支付对价,从而该股票的公允价值1 500 000元(15×100 000)应为企业合并成本。华星公司在发行股票过程中所发生的相关税费则应作为股票溢价的冲减,而不是企业合并成本的组成部分。另外,华星公司在合并过程中发生的相关直接费用25 000元(10 000+10 000+5 000)和为专设购并部人员支付的工资20 000元为间接费用,不应作为企业合并成本的组成部分。从而该项企业合并成本应为:

企业合并成本=作为支付对价而发行的权益性证券的公允价值
=15×100 000
=1 500 000(元)

(三)企业合并成本的分配

在确定了企业合并成本之后,应当将其分配到购并企业在该项企业合并中所获得的资产和所承担的负债之中。购并企业获得的可辨认资产和承担的负债应当按照其在企业合并日的公允价值计量。

企业合并时,购并企业可能需要代被并企业承担或有负债,若其公允价值能够可靠计量,则应作为购并企业在合并中承担的负债单独确认。企业合并中或有负债的确认条件,与企业在正常经营过程中因或有事项需要确认负债的条件不同。在企业合并日,可能相关的或有事项导致经济利益流出企业的可能性还比较小,但若其公允价值能够合理确定,则需要作为企业合并中取得的负债予以确认。

当企业合并日或合并当期期末,由于种种原因购并企业无法确定企业合并中所获取的可辨认资产或承担的负债的公允价值时,与购并企业无法确定作为支付对价的资产、承担的负债或发行的证券的公允价值的会计处理一致,先以暂时确定的价值对企业合并进行会计处理。如果在企业合并日起12个月内取得进一步信息表明需对原暂时确定的可辨认资产、负债的公允价值进行调整的,应追溯调整。若在企业合并日后12个月以后确定需对各项可辨认资产、负债的公允价值进行调整时,则应视为会计差错,更正调整企业合并日的相关金额。

现实中,购并企业支付的合并成本可能会大于或者小于其所获得的各项可辨认资产和承担的负债的公允价值净额。这一差额是什么?应如何进行会计处理?

购并企业之所以愿意支付大于其所获得的可辨认资产和承担的负债的公允价值净额的合并成本，是因为此项合并能够给其带来超额收益。这一超额收益的获得可能源自被并企业良好的形象、有利的商业地位、良好的劳资关系或顾客对企业的好感等等，能够给企业带来超额收益的这一系列与被并企业不可分离的优势被称为“商誉”(Goodwill)。从而，购并企业在企业合并中支付的超出所获得的可辨认资产及承担的负债公允价值净额的部分，就是其为了获得“商誉”而支付的对价。

会计中存在四种商誉的会计处理方法：(1)永久保留法。这种方法下购并企业将合并商誉确认为一种永久性资产。该方法的支持者认为，商誉既然是一项可以为购并企业带来未来超额收益的资产，伴随着企业的发展和壮大，该资产将永远保持下去。(2)直接冲销法。这种方法将合并商誉视为股东权益的抵消项目。这种方法的支持者认为，合并商誉既然是被并企业能够给购并企业带来未来超额收益的优势集合，其价值就不能独立于被并企业存在，因此，在企业合并时应直接将其作为股东权益的抵消项目处理。(3)系统摊销法。这种方法下购并企业将合并商誉作为一种可摊销资产予以核算。此方法的支持者认为，既然合并商誉是购并企业为了获得未来超额收益而购买的一项资产，那么未来超额收益就应是对合并商誉的一种补偿，根据配比原则，应通过系统摊销法将合并商誉的成本与其为购并企业带来的未来超额收益进行配比。(4)减值测试法。这种方法下，购并企业不需要将合并商誉进行摊销，只需要在每一会计期末对其进行减值测试，按照账面价值和可收回金额孰低的原则对其进行计量即可。这种方法的支持者认为，合并商誉是一种特殊的无形资产，与其他资产不同，其价值在企业经营过程中不但可能不会耗损反而会增加，由此，直接冲销法和系统摊销法似乎显得有些鲁莽。此外，知识经济时代的今天也不会存在价值永久的无形资产，这就说明永久保留法也与现实不符。从而不将合并商誉进行直接冲销或系统摊销，每一会计期末对其价值进行测试，再按照账面价值和可收回金额孰低的原则对其进行计量，就成为合并商誉的最佳会计处理方法。目前，《国际财务报告准则第 3 号——企业合并》(IFRS. NO.3)、美国的《财务会计准则第 142 号——商誉与其他无形资产》(FAS. NO.142)以及我国《企业会计准则第 20 号——企业合并》都选择了减值测试法对合并商誉进行会计处理。本书对商誉的会计处理都将选用减值测试法。

企业合并中购并企业支付的合并成本也可能小于其所获得的可辨认资产和承担的负债的公允价值净额，与商誉相对应，会计中将这一差额称为负商誉(Negative Goodwill)。现阶段为止，负商誉的会计处理方法主要有三种：(1)将负商誉直接确认为股东权益，记入“资本公积”。该方法将负商誉视为被并企业在企业合并时的出资溢价。(2)将负商誉确认为递延收益，再系统摊销记入以后各期损益。此方法的支持者认为,负商誉是商誉的“相反数”,从而其会计处理方法应与商誉的系统摊销法保持一致。(3)重新评估长期非货币性资产,先将负商誉冲减长期非货币性资产价值高估的部分,再把剩余部分确认为企业合并当期的非常利得。这种方法的支持者将负商誉视为企业合并时高估长期非货币性资产价值或企业合并交易本身产生的结果。目前,《国际财务报告准则第3号——企业合并》(IFRS.NO.3)、美国的《财务会计准则第141号——企业合并》(FAS.NO.141)以及我国《企业会计准则第20号——企业合并》都选用了第三种会计处理方法,即重新评估长期非货币性资产,先将负商誉冲减长期非货币性资产价值高估的部分,再把剩余部分确认为企业合并当期的非常利得。本书对负商誉的会计处理都将选用第三种方法。

二、权益结合法(Pooling of Interests)

(一)权益结合法的理论基础

1.权益结合法的概念

权益结合法将企业合并视为两个或两个以上企业之间的一种股权联合。它认为企业合并只是参并企业权益的重新整合,并没有带来实质性的变化。

2.权益结合法的特点

从权益结合法的概念中可以看出,该方法应当具备以下五个特点:

(1)既然这种方法将企业合并视为参并企业间权益的重新整合,从而在这种方法下,既不会产生新的计价基础,即参并企业的资产和负债均应维持其原始账面价值,也不会产生新的资产和负债,仅仅确认参并企业账面上原有的资产和负债即可。

(2)不论企业合并发生在报告期的哪个时点,参并企业全年度的损益都应包括在合并后的企业集团之中。同样,参并企业的留存收益也应全部转入合并后的企业集团之中。

(3)既然这种方法下,企业合并时购并企业按照被并企业原始账面价值对其所获得的资产和负债进行计量,同时还要将被并企业的留存收益予以合并,就应将购并企业作为合并对价支付的资产、承担的负债或发行的证券的账面价值与被并企业的股本和资本公积之和进行比较。若购并企业作为合并对价支付的资产、承担的负债或发行的证券的账面价值小于被并企业的股本和资本公积之和,则增加资本公积;若购并企业作为合并对价支付的资产、承担的负债或发行的证券的账面价值大于被并企业的股本和资本公积之和,则冲减资本公积;若购并企业的资本公积不足冲减,则被并公司盈余公积与未分配利润的比例分别冲减被并公司的盈余公积和未分配利润。

(4)企业合并时发生的相关费用,无论是直接的还是间接的,均应记入当期损益。

此外,企业为发行作为合并对价的证券而支付的手续费、佣金、税金等相关税费,应当分别依据发行权益性证券或债券的相关规定进行会计处理。若发行的为权益性证券,则应当冲减购并企业的资本公积,若购并企业的资本公积不足冲减时,应冲减其盈余公积和未分配利润。若发行的为债券,则将其作为债券利息调整,在债券存续期间按照实际利率法予以摊销。

(5)若企业合并前参并企业选用了不同的会计政策,则应先对被并企业的会计政策予以追溯调整,然后再进行合并。

三、新主体法(New Entity Method)

新主体法将企业合并视为两个或两个以上企业通过合并建立一个全新企业的交易或事项。这种方法将企业合并作为参并企业新的起点,从而,企业合并后参并企业的资产和负债都应按照企业合并日的公允价值计量,参并企业合并前的留存收益在企业合并后都不予考虑。

实务中一般不采用此方法,因此不再举例说明。

四、企业合并方法的比较

由于新主体法在实务中很少采用,因此,本章主要对购买法和权益结合法进行比较。

(一)购买法和权益结合法在会计处理中的差异

购买法和权益结合法在会计处理中的差异主要表现在以下五个方面。

1.计价基础的选择

购买法下,购并企业应当按照公允价值对其获得的各项可辨认资产和承担的各项负债予以计量;权益结合法下,购并企业则应当依据被并企业的原始账面价值对其获得的各项资产和承担的各项负债予以计量。

2.商誉是否确认

购买法下,购并企业应将企业合并成本与其获得的可辨认资产和承担的负债公允价值净额之间的差异确认为商誉或者作为负商誉确认为企业合并当期的非常利得;权益结合法下则不存在商誉或负商誉的确认问题。权益结合法下,若购并企业作为合并对价支付的资产、承担的负债或发行的证券的账面价值与被并企业的股本和资本公积之和之间存在差异,则应当调整购并企业的资本公积,若购并企业的资本公积不足冲减时,再按照被并公司盈余公积与未分配利润的比例分别冲减被并公司的盈余公积和未分配利润。

3.合并前被并企业留存收益是否合并

购买法下,合并后的留存收益仅包括合并前购并企业自己的留存收益,不包括被并企业合并前的留存收益;而权益结合法下,不论企业合并发生在报告期的哪个时点,合并后的留存收益既包括合并前购并企业自己的留存收益,也包括被并企业合并前的留存收益。

4.合并前被并企业损益是否合并

购买法下,合并后的损益不包括被并企业合并前的损益;而权益结合法下,不论企业合并发生在报告期的哪个时点,合并后的损益包括了全部参并企业合并所处期间全年度的损益。

5.相关的直接费用的处理

购买法将与企业合并相关的直接费用确认为企业合并成本的组成部分;权益结合法则直接将其作为当期损益。

(二)购买法和权益结合法对会计报表的影响

1.对资产负债表的影响

购买法下,购并企业按照企业合并日的公允价值对其获得的各项可辨认资产和承担的各项负债予以计量,同时,将企业合并成本大于其获得的可辨认资产和承担的负债公允价值净额之间的差额确认为商誉;而权益结合法既不改变企业合并所获得的各项资产和承担的各项负债的计量属性,也不确认商誉。这就使得购买法下确认的资产总额一般会大于权益结合法下的资产总额。这是因为通常情况下,资产的公允价值大于其原始账面价值。然而,一般情况下负债的公允价值和其原始账面价值不会有太大的差异。如此,购买法下的净资产金额往往会大于权益结合法下的净资产金额。

另外,购买法下合并后的留存收益仅包括合并前购并企业自己的留存收益,而权益结合法下合并后的留存收益包括了全部参并企业的留存收益,从而,一般情况下,购买法下的留存收益会小于权益结合法下的留存收益。

2.对利润表的影响

(1)对企业合并当年利润的影响。购买法下合并后的损益不包括被并企业合并前的损益;而权益结合法下,不论企业合并发生在报告期的哪个时点,合并后的损益包括了全部参并企业合并所处期间全年度的损益。因此,就企业合并当年而言,购买法下的净利润一般会小于权益结合法下的净利润。

(2)对企业合并以后年度利润的影响。既然企业合并日购买法下确认的资产总额一般会大于权益结合法下的资产总额,那么在企业合并以后期间进行成本结转时,购买法下结转的成本费用就会大于权益结合法下结转的成本费用,从而通常情况下,企业合并以后期间,购买法下的净利润也要小于权益结合法下的净利润。

第三节 企业合并会计方法的应用

《企业会计准则第 20 号——企业合并》对企业合并的会计处理进行了规范。准则将企业合并按照参并企业合并前后是否由同一家企业控制,分为同一控制下的企业合并和非同一控制下的企业合并。准则针对不同的企业合并方式规范了相应的会计处理方法:同一控制下的企业合并应选用权益结合法进行会计处理,非同一控制下的企业合并应选用购买法进行会计处理。

一、同一控制下的企业合并

(一)同一控制下的控股合并

1.合并资产负债表

在合并资产负债表中,对于被合并方在企业合并前实现的留存收益(盈余公积和未分配利润之和)中归属于合并方的部分,应按以下原则,自合并方的资本公积转入留存收益和未分配利润。

①确认企业合并形成的长期股权投资后,合并方账面资本公积(资本溢价或股本溢价)贷方余额大于被合并方在合并前实现的留存收益中归属于合并方的部分,在合并资产负债表中,应将被合并方在合并前实现的留存收益中归属于合并方的部分自"资本公积"转入"盈余公积"和"未分配利润"。在合并工作底稿中,借记"资本公积"项目,贷记"盈余公积"和"未分配利润"项目。

②确认企业合并形成的长期股权投资后,合并方账面资本公积(资本溢价或股本溢价)贷方余额小于被合并方在合并前实现的留存收益中归属于合并方的部分,在合并资产负债表中,应以合并方资本公积(资本溢价或股本溢价)的贷方余额为限,将被合并方在企业合并前实现的留存收益中归属于合并方的部分自"资本公积"转入"盈余公积"和"未分配利润"。在合并工作底稿中,借记"资本公积"项目,贷记"盈余公积"和"未分配利润"项目。

因合并方的资本公积(资本溢价或股本溢价)余额不足,被合并方在合并前实现的留存收益中归属于合并方的部分在合并资产负债表中未予全额恢复的,合并方应当在会计报表附注中对这一情况进行说明。

［例5-2］华星公司和昌华公司分别为华龙公司控制下的两家子公司。华星公司于2007年4月15日自母公司华龙公司处取得昌华公司100%的股权，合并后，昌华公司仍维持其独立法人资格继续经营。为进行此项企业合并，华星公司发行了100 000股面值1元的本公司股票作为支付对价。假定华星公司和昌华公司采用的会计政策相同，华星公司和昌华公司在2007年4月15日合并前，有关资产、负债情况如表5-1。

表5-1 资产负债表（简表）

2007年4月15日

单位：元

	华星公司	昌华公司	
	账面价值	账面价值	公允价值
资产：			
货币资金	300 000	100 000	100 000
应收账款	500 000	300 000	300 000
存货	2 350 000	1 050 000	1 100 000
长期股权投资	2 550 000	900 000	950 000
固定资产	2 800 000	1 000 000	1 250 000
无形资产	1 500 000	200 000	300 000
商誉	0	0	0
资产总计	10 000 000	3 550 000	4 000 000
负债和股东权益：			
短期借款	1 500 000	1 000 000	1 000 000
应付账款	900 000	500 000	500 000
其他负债	2 100 000	1 500 000	1 500 000
负债合计	4 500 000	3 000 000	3 000 000
股本	1 000 000	50 000	
资本公积	1 500 000	200 000	
盈余公积	1 800 000	250 000	
未分配利润	1 200 000	50 000	
股东权益合计	5 500 000	550 000	1 000 000
负债和股东权益总计	10 000 000	3 550 000	4 000 000

华星公司在合并日应进行的账务处理为:

借:长期股权投资　　550 000

　贷:股本　　100 000

　　资本公积　　450 000

假定华星公司和昌华公司在合并前未发生任何交易,则华星公司在编制合并日的合并财务报表时,抵消分录为:

借:股本　　50 000

　资本公积　　200 000

　盈余公积　　250 000

　未分配利润　　50 000

　贷:长期股权投资　　550 000

进行上述处理后,华星公司在合并日编制合并资产负债表时,对于企业合并前昌华公司实现的留存收益中属于合并方的部分(300 000元)应自资本公积(资本溢价或股本溢价)转入留存收益。本例中华星公司在确认对昌华公司的长期股权投资以后,其资本公积的账面余额为1 950 000元(1 500 000+450 000),假定其中资本溢价的金额为1 500 000元。在合并工作底稿中,应编制以下调整分录:

借:资本公积　　300 000

　贷:盈余公积　　250 000

　　未分配利润　　50 000

表5-2　合并资产负债表(简表)

2007年4月15日　　单位:元

项目	华星公司	昌华公司	抵消分录		合并金额
			借方	贷方	
资产:					
货币资金	300 000	100 000			400 000
应收账款	500 000	300 000			800 000
存货	2 350 000	1 050 000			3 400 000
长期股权投资	2 550 000	900 000		550 000	2 900 000
固定资产	2 800 000	1 000 000			3 800 000
无形资产	1 500 000	200 000			1 700 000
商誉	0	0			0
资产总计	10 000 000	3 550 000		550 000	13 000 000

（续表）

项目	华星公司	昌华公司	抵消分录		合并金额
			借方	贷方	
负债和股东权益：					
短期借款	1 500 000	1 000 000			2 500 000
应付账款	900 000	500 000			1 400 000
其他负债	2 100 000	1 500 000			3 600 000
负债合计	4 500 000	3 000 000			7 500 000
股本	1 000 000	50 000	50 000		1 000 000
资本公积	1 500 000	200 000	500 000		1 200 000
盈余公积	1 800 000	250 000			2 050 000
未分配利润	1 200 000	50 000			1 250 000
股东权益合计	5 500 000	550 000	550 000		5 500 000
负债和股东权益总计	10 000 000	3 550 000	550 000		13 000 000

假如华星公司资本公积账面余额中，资本溢价的金额为240 000元，则华星公司编制合并财务报表时，应以账面资本公积（资本溢价或股本溢价）的余额为限，将昌华公司在合并前实现的留存收益中属于华星公司的部分相应转入盈余公积和未分配利润。合并工作底稿中的调整分录为：

借：资本公积 240 000
　　贷：盈余公积 200 000
　　　　未分配利润 40 000

2.合并利润表

合并方在编制合并日的合并利润表时，应包含合并方及被合并方自合并当期期初至合并日实现的净利润。例如，上例中同一控制下的企业合并发生于2007年4月15日，合并方当日编制合并利润表时，应包括合并方及被合并方自2007年1月1日至2007年4月15日实现的净利润。双方在当期发生的交易，应当按照合并财务报表的有关原则进行抵消。

为了帮助企业的会计信息使用者了解合并利润表中净利润的构成，发生在同一控制下企业合并的当期，合并方在合并利润表中的“净利润”项下应单列“其中：被合并方在合并前实现的净利润”项目，反映合并当期期初至合并日自被合并方带入的损益。

[例5-3]接[例5-2] 华星公司和昌华公司在2007年4月15日合并前，利润表情况如表5-3。

表 5-3 利润表(简表)

2007 年 1 月 1 日至 4 月 15 日　　单位:元

	华星公司	昌华公司
一、营业收入	25 000 000	7 110 000
减:营业成本	15 000 000	5 010 000
营业税金及附加	750 000	210 000
销售费用	2 000 000	560 000
管理费用	3 500 000	820 000
财务费用	800 000	300 000
加:投资收益	600 000	100 000
二、营业利润	3 550 000	310 000
加:营业外收入	600 000	200 000
减:营业外支出	100 000	50 000
三、利润总额	4 050 000	460 000
减:所得税费用	1 012 500	115 000
四、净利润	3 037 500	345 000

表 5-4 合并利润表(简表)

2007 年 1 月 1 日至 4 月 15 日　　单位:元

	华星公司	昌华公司	抵消分录		合并金额
			借方	贷方	
一、营业收入	25 000 000	7 110 000			32 110 000
减:营业成本	15 000 000	5 010 000			20 010 000
营业税金及附加	750 000	210 000			960 000
销售费用	2 000 000	560 000			2 560 000
管理费用	3 500 000	820 000			4 320 000
财务费用	800 000	300 000			1 100 000
加:投资收益	600 000	100 000			700 000
二、营业利润	3 550 000	310 000			3 860 000
加:营业外收入	600 000	200 000			800 000
减:营业外支出	100 000	50 000			150 000
三、利润总额	4 050 000	460 000			4 510 000

（续表）

	华星公司	昌华公司	抵消分录		合并金额
			借方	贷方	
减:所得税费用	1 012 500	115 000			1 127 500
四、净利润	3 037 500	345 000			3 382 500
其中:被合并方在合并前实现利润					345 000

3.合并现金流量表

合并方在编制合并日的合并现金流量表时,应包含合并方及被合并方自合并当期期初至合并日产生的现金流量。涉及双方当期发生内部交易产生的现金流量,应按照合并财务报表准则规定的有关原则进行抵消。

(二)同一控制下的吸收合并

[例5-4] 沿用[例5-2]的有关资料,若华星公司对昌华公司进行吸收合并。

①企业合并日,华星公司按照昌华公司原有账面价值确认在此次企业合并中获得的可辨认资产和承担的负债,同时合并昌华公司原有的留存收益。华星公司作为支付对价的股票的面值为100 000元,昌华公司的股本和资本公积之和为250 000元(50 000+200 000),从而,此合并中华星公司应增加股本100 000元,资本公积150 000元。华星公司应编制如下会计分录:

借:货币资金　　100 000
　　应收账款　　300 000
　　存货　　1 050 000
　　长期股权投资　　900 000
　　固定资产　　1 000 000
　　无形资产　　200 000
　贷:短期借款　　1 000 000
　　　应付账款　　500 000
　　　其他负债　　1 500 000
　　　股本　　100 000
　　　资本公积　　150 000
　　　盈余公积　　250 000
　　　未分配利润　　50 000

②华星公司为发行作为支付对价的股票支付相关税费12 000元,应作为股票溢

价的抵减,冲减"资本公积"。

借:资本公积　　12 000

　贷:银行存款　　12 000

③华星公司在企业合并中支付的与合并相关的审计费用、法律服务费、咨询费以及为专设的购并部人员支付工资等费用总计 45 000 元,应作为企业日常会计处理直接确认为当期损益。

借:管理费用　　45 000

　贷:银行存款　　45 000

[例 5-5]假设华星公司向昌华公司定向发行了 250 000 股面值为 1 元的股票作为支付对价,其他资料与[例 5-2]相同。不考虑华星公司在企业合并过程中为发行作为支付对价的股票支付的相关税费以及其他与企业合并相关的费用。

2007 年 1 月 1 日企业合并日,华星公司按照昌华公司原有账面价值确认在此次企业合并中获得的可辨认资产和承担的负债,同时合并昌华公司原有的留存收益。华星公司作为支付对价的股票的面值为 250 000 元,昌华公司的股本和资本公积之和为 250 000 元(50 000 + 200 000),从而,此合并中华星公司应增加股本 250 000 元。华星公司应编制如下会计分录:

借:货币资金　　100 000

　应收账款　　300 000

　存货　　1 050 000

　长期股权投资　　900 000

　固定资产　　1 000 000

　无形资产　　200 000

　贷:短期借款　　1 000 000

　　应付账款　　500 000

　　其他负债　　1 500 000

　　股本　　250 000

　　盈余公积　　250 000

　　未分配利润　　50 000

[例 5-6] 假设华星公司向昌华公司定向发行了 300 000 股面值为 1 元的股票作为支付对价,其他资料与[例 5-2]相同。不考虑华星公司在企业合并过程中为发行作为支付对价的股票支付的相关税费以及其他与企业合并相关的费用。

2007 年 1 月 1 日企业合并日,华星公司按照昌华公司原有账面价值确认在此次企业合并中获得的可辨认资产和承担的负债,同时合并昌华公司原有的留存收益。

华星公司作为支付对价的股票的面值为 300 000 元，昌华公司的股本和资本公积之和为 250 000 元(50 000 + 200 000)，从而，此合并中华星公司应增加股本 250 000 元，同时还要冲减资本公积 50 000 元。华星公司应编制如下会计分录：

借：货币资金　　100 000
　　应收账款　　300 000
　　存货　　1 050 000
　　长期股权投资　　900 000
　　固定资产　　1 000 000
　　无形资产　　200 000
　　资本公积　　50 000
　　贷：短期借款　　1 000 000
　　　　应付账款　　500 000
　　　　其他负债　　1 500 000
　　　　股本　　300 000
　　　　盈余公积　　250 000
　　　　未分配利润　　50 000

[例 5 – 7] 假设华星公司向昌华公司定向发行了 1 900 000 股面值为 1 元的股票作为支付对价，其他资料与[例 5 – 2]相同。不考虑华星公司在企业合并过程中为发行作为支付对价的股票支付的相关税费以及其他与企业合并相关的费用。

2007 年 1 月 1 日企业合并日，华星公司按照昌华公司原有账面价值确认在此次企业合并中获得的可辨认资产和承担的负债，同时合并昌华公司原有的留存收益。华星公司作为支付对价的股票的面值为 1 900 000 元，从而，此合并中华星公司应增加股本 1 900 000 元，同时还要冲减资本公积 1 650 000 元，然而，华星公司原有资本公积仅仅为 1 500 000 元，再将多余的 150 000 元(1 650 000 – 1 500 000)按照合并的昌华公司的盈余公积与未分配利润的比例冲减昌华公司的盈余公积 125 000 元(150 000 ÷ 300 000 × 250 000)和未分配利润 25 000 元(150 000 ÷ 300 000 × 50 000)，则华星公司应当合并昌华公司原有盈余公积 125 000 元(250 000 – 125 000)，未分配利润 25 000 元(50 000 – 25 000)。华星公司应编制如下会计分录：

借：货币资金　　100 000
　　应收账款　　300 000
　　存货　　1 050 000
　　长期股权投资　　900 000
　　固定资产　　1 000 000

无形资产	200 000	
资本公积	1 500 000	
贷:短期借款		1 000 000
应付账款		500 000
其他负债		1 500 000
股本		1 900 000
盈余公积		125 000
未分配利润		25 000

(三)同一控制下企业合并的信息披露

《企业会计准则第20号——企业合并》对购并企业应在附注中披露的事项也做了明确的规定。

若企业合并为同一控制下的企业,购并企业应当在附注中披露下列信息:

(1) 参与合并企业的基本情况。

(2) 属于同一控制下企业合并的判断依据。

(3) 合并日的确定依据。

(4) 以支付现金、转让非现金资产以及承担负债作为合并对价的,所支付对价在合并日的账面价值;以发行权益性证券作为合并对价的,合并中发行权益性证券的数量及定价原则,以及参与合并各方交换有表决权股份的比例。

(5) 被合并方的资产、负债在上一会计期间资产负债表日及合并日的账面价值;被合并方自合并当期期初至合并日的收入、净利润、现金流量等情况。

(6) 合并合同或协议约定将承担被合并方或有负债的情况。

(7) 被合并方采用的会计政策与合并方不一致所做调整情况的说明。

(8) 合并后已处置或准备处置被合并方资产、负债的账面价值、处置价格等。

二、非同一控制下的企业合并

(一)非同一控制下的控股合并

[例5-8] 沿用[例5-2]华星公司和昌华公司为非同一控制下的两家公司。华星公司于2007年4月15日取得昌华公司80%的股权。为进行此项企业合并,华星公司发行了100 000股面值1元的本公司股票作为支付对价,该公司股票市场价格为9元。编制购买方购买日的合并资产负债表。

①确认长期股权投资。

借:长期股权投资 900 000

　贷:股本 100 000

　　资本公积 800 000

②计算确定商誉。

假定昌华公司除已确认资产外,不存在其他需要确认的资产及负债,华星公司首先计算合并中应确认的合并商誉:

合并商誉 = 企业合并成本 - 合并中取得被购买方可辨认净资产公允价值的份额

= 900 000 - 1 000 000 × 80%

= 100 000(元)

③编制抵消分录。

借:存货 50 000

　长期股权投资 50 000

　固定资产 250 000

　无形资产 100 000

　股本 50 000

　资本公积 200 000

　盈余公积 250 000

　未分配利润 50 000

　商誉 100 000

　贷:长期股权投资 900 000

　　少数股东权益 200 000

表 5-5 合并资产负债表(简表)

2007 年 4 月 15 日　　单位:元

项目	华星公司	昌华公司	抵消分录		合并金额
			借方	贷方	
资产:					
货币资金	300 000	100 000			400 000
应收账款	500 000	300 000			800 000
存货	2 350 000	1 050 000	50 000		3 450 000
长期股权投资	2 900 000	900 000	50 000	900 000	2 950 000
固定资产	2 800 000	1 000 000	250 000		4 050 000
无形资产	1 500 000	200 000	100 000		1 800 000
商誉	0	0	100 000		100 000

（续表）

项目	华星公司	昌华公司	抵消分录		合并金额
			借方	贷方	
资产总计	10 350 000	3 550 000	550 000	900 000	13 550 000
负债和股东权益:					
短期借款	1 500 000	1 000 000			2 500 000
应付账款	900 000	500 000			1 400 000
其他负债	2 100 000	1 500 000			3 600 000
负债合计	4 500 000	3 000 000			7 500 000
股本	1 000 000	50 000	50 000		1 000 000
资本公积	1 850 000	200 000	200 000		1 850 000
盈余公积	1 800 000	250 000	250 000		1 800 000
未分配利润	1 200 000	50 000	50 000		1 200 000
少数股东权益				200 000	200 000
股东权益合计	5 850 000	550 000	550 000	200 000	6 050 000
负债和股东权益总计	10 350 000	3 550 000	550 000	200 000	13 550 000

（二）非同一控制下的吸收合并

非同一控制下的吸收合并，购买方在购买日应当将合并中取得的符合确认条件的各项可辨认资产、负债，按其公允价值确认为本企业的资产和负债；作为合并对价的有关非货币性资产在购买日的公允价值与其账面价值的差额，应作为资产处置损益计入合并当期的利润表；确定的企业合并成本与所取得的被购买方可辨认净资产公允价值之间的差额，视情况分别确认为商誉或是计入企业合并当期的损益。

[例 5－9] 沿用[例 5－2]的相关资料，华星公司和昌华公司为非同一控制下的两家公司。华星公司于 2007 年 4 月 15 日对昌华公司进行了吸收合并。为进行此项企业合并，华星公司发行了 100 000 股面值 1 元的本公司的股票作为支付对价，该公司股票市场价格为 12 元。此外，华星公司还发生了与该合并相关的审计费用 10 000 元、法律服务费 10 000 元、咨询费 5 000 元和为专设的购并部人员支付工资 20 000 元。

①2007 年 4 月 15 日企业合并日，华星公司按照公允价值确认在此企业合并中获得的可辨认资产和承担的负债。华星公司对昌华公司吸收合并的成本为 1 200 000 元，其在此项企业合并中获得的可辨认资产和承担的负债的公允价值净额为 1 000 000 元(4 000 000－3 000 000)，可以得到，华星公司应当确认合并商誉 200 000 元(1 200 000－

1 000 000)。华星公司应编制如下会计分录:

借:货币资金　100 000
　应收账款　300 000
　存货　1 100 000
　长期股权投资　950 000
　固定资产　1 250 000
　无形资产　300 000
　商誉　200 000
　贷:短期借款　1 000 000
　　应付账款　500 000
　　其他负债　1 500 000
　　股本　100 000
　　资本公积　1 100 000

②华星公司为发行作为支付对价的股票支付相关税费 12 000 元,应作为股票溢价的抵减,冲减“资本公积”。

借:资本公积　12 000
　贷:银行存款　12 000

③此外,华星公司发生的与合并相关的审计费用、法律费用、咨询费用为专设的购并部人员支付工资,应作为企业日常会计处理直接确认为当期损益。

借:管理费用　45 000
　贷:银行存款　45 000

[例 5 - 10] 沿用[例 5 - 9]的有关资料,若华星公司不是以定向发行的普通股股票作为吸收合并的支付对价,而是直接用银行存款支付企业合并价款 875 000 元。

2007 年 1 月 1 日企业合并日,华星公司按照公允价值确认在此企业合并中获得的可辨认资产和承担的负债。华星公司对昌华公司吸收合并的成本为 875 000 元,其在此项企业合并中获得的可辨认资产和承担的负债的公允价值净额为 1 000 000 元(4 000 000 - 3 000 000)。从而,此项企业合并中华星公司支付的合并成本小于其所获得的昌华公司可辨认净资产的公允价值 125 000 元(875 000 - 1 000 000),即此项企业合并产生负商誉 125 000 元。假设经过重新评估,昌华公司长期非货币性资产没有被高估,则应将其直接计入合并当期的非常利得“营业外收入”。

借:货币资金　100 000
　应收账款　300 000
　存货　1 100 000

长期股权投资	950 000	
固定资产	1 250 000	
无形资产	300 000	
贷:短期借款		1 000 000
应付账款		500 000
其他负债		1 500 000
银行存款		875 000
营业外收入		125 000

(三)非同一控制下企业合并的信息披露

若企业合并为非同一控制下的企业合并,购并企业应当在附注中披露下列信息:

(1) 参与合并企业的基本情况。

(2) 购买日的确定依据。

(3) 合并成本的构成及其账面价值、公允价值及公允价值的确定方法。

(4) 被购买方各项可辨认资产、负债在上一会计期间资产负债表日及购买日的账面价值和公允价值。

(5) 合并合同或协议约定将承担被购买方或有负债的情况。

(6) 被购买方自购买日起至报告期末的收入、净利润和现金流量等情况。

(7) 商誉的金额及其确定方法。

(8) 因合并成本小于合并中取得的被购买方可辨认净资产公允价值的份额计入当期损益的金额。

(9) 合并后已处置或准备处置被购买方资产、负债的账面价值、处置价格等。

三、业务合并

除了一个企业对另外一个企业的合并外,企业之间还会出现业务合并。所谓业务是指企业内部某些生产经营活动或资产的组合,该组合一般具有投入、加工处理过程和产出能力,能够独立计算其成本费用或所产生的收入,但不构成独立法人资格的部分。例如,企业的分公司、独立的生产车间、不具有独立法人资格的分部等。

一个企业对另一企业某分公司、分部或具有独立生产能力的生产车间的并购均属于业务合并。关于业务合并也应当区分同一控制下的业务合并与非同一控制下的业务合并进行处理。

【本章小结】

企业合并是将两个或者两个以上单独的企业合并形成一个报告主体的交易或事

项。按照不同的标准可以将企业合并分为不同的类别。我国企业会计准则中按照参并企业合并前后是否由同一家企业控制,将企业合并分为同一控制下的企业合并和非同一控制下的企业合并。准则针对不同的企业合并方式规范了相应的会计选择:同一控制下的企业合并应选用权益结合法进行会计处理,非同一控制下的企业合并应选用购买法进行会计处理。

购买法的主要特点有:(1)企业合并成本应为购并企业为了使企业合并得以成功而发生的各种必要的支出。(2)企业合并中,购并企业获得的各项可辨认资产和承担的各项负债应当依据其公允价值计量。(3)企业合并成本与购并企业获得的可辨认资产和承担的负债公允价值净额之间的差异应确认为商誉或负商誉。(4)合并日,合并后留存收益仅包括合并前购并企业自己的留存收益,不包括被并企业合并前的留存收益。

权益结合法的主要特点有:(1)这种方法下,参并企业的资产和负债均应维持其原始账面价值,也不会产生商誉等新的资产。(2)不论企业合并发生在报告期的哪个时点,参并企业全年度的损益都应包括在合并后的企业集团之中。同样,参并企业的留存收益也应全部转入合并后的企业集团之中。(3)若购并企业作为合并对价支付的资产、承担的负债或发行的证券的账面价值与被并企业的股本和资本公积之和之间存在差额,则应调整资本公积,若购并企业的资本公积不足冲减,再按照被并公司盈余公积与未分配利润的比例分别冲减的被并公司的盈余公积和未分配利润。(4)企业合并时发生的相关费用,无论是直接的还是间接的,均应记入当期损益。此外,企业为发行作为合并对价的证券而支付的手续费、佣金、税金等相关税费,应当分别依据发行权益性证券或债券的相关规定进行会计处理。(5)若企业合并前参并企业选用了不同的会计政策,则应先对被并企业的会计政策予以追溯调整,然后再进行合并。

【复习思考题】

1.什么是企业合并?企业合并的动因是什么?

2.企业合并有哪些分类方式?

3.什么是购买法?购买法下合并成本如何确定?如何进行相关会计处理?

4.什么是权益结合法?权益结合法有哪些特点?如何进行相关会计处理?

5.购买法和权益结合法有什么区别?两种方法下披露的会计信息有何差异?

第六章 CHAPTER 6 合并财务报表

【学习目标】

1.了解合并财务报表的概念与编制目的。

2.熟悉合并财务报表的编报范围和基础工作。

3.理解合并财务报表的理论基础。

4.掌握合并财务报表的编制方法和编报程序。

5.熟练掌握控股权取得日与控股权取得日后合并财务报表的编制。

6.了解合并现金流量表、控股权变动与外币报表合并的相关内容。

第一节 合并财务报表概述

一、合并财务报表的概念与编制目的

(一)合并财务报表的概念

企业合并为将两个或者两个以上单独的企业合并形成一个报告主体的交易或事项。其中吸收合并和创立合并之后,形成了一个单独的法律主体,从而报告主体和法律主体相统一,合并后会计报表的编制与一般企业相同,没有新的问题产生。然而控股合并后,一方面参并企业仍然是独立的法律主体,另一方面又形成了一个统一的报告主体,从而此类合并后就产生了新的会计问题:法律主体和报告主体不统一的情况下应当如何披露会计信息?这就要求参并企业在分别编制披露自身会计信息的个别

会计报表之外,还要编制披露合并后企业集团整体会计信息的合并财务报表。合并财务报表是指反映母公司和其全部子公司组成的企业集团整体财务状况、经营成果、现金流量以及所有者权益各组成部分变动情况的会计报表。其中,母公司是指能够控制一个或者几个企业的财务经营决策的企业,子公司则是指被母公司控制的企业。

由上述合并财务报表的含义可以看出合并财务报表与个别会计报表相比具有以下不同:

1.会计主体的范围不同

个别会计报表反映的是单个法律主体的财务状况、经营成果、现金流量以及所有者权益各组成部分变动情况;而合并财务报表反映的则是母子公司形成的企业集团整体的财务状况、经营成果、现金流量以及所有者权益各组成部分变动情况。从上述描述可以看出,个别会计报表的会计主体范围是单个的法律主体,而合并财务报表的会计主体范围则是由若干个法律主体组成的企业集团。

2.编制主体不同

个别会计报表的编制主体为各个独立的法律主体;而合并财务报表则由具有控制权的母公司编制。

3.编制依据不同

个别会计报表是以独立法律主体的各类账簿为依据编制的;为了避免工作量的重复,合并财务报表则以母、子公司的个别会计报表为基础,结合具体的交易资料,抵消有关交易事项对个别会计报表的影响之后编制的。

4.编制程序不同

个别会计报表严格按照基本的会计程序:依据各种原始凭证或者原始凭证汇总表编制记账凭证;依据各种原始凭证或者原始凭证汇总表登记各种明细账和日记账;根据各种记账凭证登记总账;将日记账、各种明细账余额与总账余额相核对;根据总账和明细账编制个别会计报表。而合并财务报表则是在对纳入合并范围的企业个别会计报表的数据进行调整汇总的基础上,通过编制抵消分录将集团内部的经济业务对个别会计报表的影响抵消后,计算合并财务报表各项目的数额编制而成的。

(二)合并财务报表的编制目的

1.合并财务报表能够对外提供反映由母子公司组成的企业集团的整体经营情况的会计信息

尽管母子公司都是独立的法律主体,但是通过控制权的存在它们形成了一个实质上统一的企业集团,根据实质重于形式原则,反映企业集团整体经营情况的会计信息成为母公司的利益相关者的必要需求,分别以母、子公司为编报主体编制的披露各自的财务状况、经营成果、现金流量以及所有者权益各组成部分变动情况个别会计报表已经显然不能满足这些信息使用者的需求。从而,编制以企业集团为编报主体,反映由母、子公司组成的企业集团的整体经营情况的合并财务报表成为一种必然。

需要注意的是,由于母公司的债权人没有对子公司资产的直接要求权,母公司的短期债权人可能更加关注母公司自身的流动性而不是企业集团的流动性,因此,母公司也不能放弃其个别会计报表的编制。

2.合并财务报表有利于避免一些企业集团利用内部控制关系人为粉饰会计报表情况的发生

如果企业集团不需要编制合并财务报表,母公司则可以利用其控制权,运用内部转移价格等手段,向子公司或者(由子公司向)母公司转移利润,从而进行人为企业集团内部利润调整。通过编制合并会计报表,将企业集团作为统一会计主体,抵消企业集团内部交易事项,从而可以更高质量地反映企业集团整体经营情况的会计信息。

尽管合并财务报表有利于避免企业集团利用内部控制关系人粉饰会计报表情况的发生,但是,通过合并,一些业绩差的子公司可能会被业绩好的子公司所掩盖,母公司管理层就可能会忽视对业绩差子公司的治理。因此,管理层在财务分析时,不应当仅仅分析合并财务报表,还应当结合母子公司的个别会计报表进行综合分析。

二、合并财务报表的理论基础

合并财务报表的合并范围是以控制为基础确定的,并不要求母公司拥有子公司全部股权。子公司还可能有一些不具有控制权的股东,子公司这些不具有控制权的股东称为少数股东。与母公司相同,少数股东对子公司的净资产和净收益也具有相应的要求权,他们对子公司净资产的要求权称为少数股东权益,对子公司净收益的要求权称为少数股东收益。合并会计报表合并披露母子公司所组成的集团公司的财务状况和经营成果,因此,在合并财务报表中披露少数股东对子公司净资产和净收益的要求权即少数股东权益和少数股东收益成为必然。目前,国际上关于合并财务报表的编制存在三种不同的理论基础:实体理论、所有权理论和母公司理论。对上述三种理论基础的选择会对存在少数股东的企业集团的合并财务报表披露的会计信息产生影响。

(一)实体理论(Entity Theory)

实体理论强调企业集团为一个独立的经济实体,将母公司股东与少数股东同时视为该企业集团的投资者,两者都对该集团公司的净资产和净收益具有要求权,因此,在编制合并财务报表时应当同样反映母公司股东与少数股东的权益,将少数股东对企业集团中子公司净资产的要求权作为企业集团所有者权益的一部分，将少数股东对企业集团中子公司净收益的要求权作为企业集团净利润的一部分。

由于将企业集团视为一个独立的经济实体，从而就应将组成该企业集团的母公司和子公司的资产与负债同时反映在合并资产负债表中。需要注意，上一章在讲述企业合并时有购买法和权益结合法的选择，如何选择对净资产的入账价值有着重要的影响。购买法下需要按照公允价值对所获得的被并公司的资产和负债予以入账，并且还要将购买价格大于被并公司可辨认净资产公允价值的部分确认为不可辨认资产商誉。这样就会存在一个问题：母公司拥有子公司的部分股权时，在合并财务报表中应当如何对子公司的可辨认净资产和商誉进行计量？全部按照公允价值计量，还是仅对母公司的持股部分按照公允价值计量？实体理论既然认为企业集团是一个独立的经济实体，将母公司股东与少数股东一视同仁，从而将子公司的可辨认净资产和商誉全部按照企业合并日的公允价值予以计量即可。

同样，既然将企业集团视为一个独立的经济实体，从而在实体理论下编制合并利润表时，不需要区分净收益应当属于母公司股东的要求权还是少数股东的要求权，将子公司的全部收入费用予以合并。

（二）所有权理论（Proprietary Theory）

所有权理论认为合并财务报表的会计主体是母公司的终极所有者财富的存在载体，从而该会计主体下应反映的资产和负债为母公司的终极所有者所拥有的资产和应承担的负债，与之相似，该会计主体下应反映的收入和费用应为母公司的终极所有者所获得的收入和发生的费用。因此，所有权理论下不反映少数股东权益和少数股东收益。

所有权理论下编制合并资产负债表时，仅仅按照母公司的持股比例合并子公司的资产和负债。当企业采用购买法反映企业合并时，则应按照公允价值对母公司应占有的可辨认净资产和企业合并过程中形成的商誉进行计量。

与之类似，所有权理论下编制合并利润表时，仅仅对母公司应享有的比例合并子公司的收入和费用。

（三）母公司理论（Parent Company Theory）

实体理论强调企业集团为一个独立的经济实体，不区分母公司和少数股东，将子公司的净资产和净收益全部合并，并将少数股东权益作为企业集团所有者权益的一部分，将少数股东收益作为企业集团净收益的一部分。而所有权理论强调合并财务报表的会计主体是母公司的终极所有者财富的存在载体，在合并财务报表中仅仅反映属于母公司所有的部分子公司净资产和净收益。母公司理论则取了一种折中的思路。既然母公司能够控制子公司的全部资源并获得相应的收益,母公司理论下应当全部合并子公司的资产、负债、收入和费用。但是,母公司并没有全部拥有子公司的资源和收益,这又要求将属于少数股东的净资产和净收益单独反映。由于合并财务报表主要是向母公司的信息使用者提供相应的信息,如此母公司理论就不将少数股东权益和少数股东收益作为企业集团净资产和净收益的一部分,而将少数股东权益作为一个单独项目列示于负债与所有者权益之间,将少数股东收益作为合并净利润的一个扣减项。需要注意的是,当企业采用购买法反映企业合并时,仅就母公司持股部分按照公允价值对子公司的可辨认净资产和企业合并过程中形成的商誉进行计量。

注意:不论国际财务报告准则、美国财务会计准则还是我国企业会计准则,对合并会计报表会计处理的规定都不是完全按照某一理论,而是采取以某一合并理论为基础,然后根据实际情况确认的会计处理方法。

三、合并财务报表的编报范围

我国《企业会计准则第 33 号——合并财务报表》规定母公司应当将其全部子公司纳入合并财务报表的合并范围。所谓母公司,是指能够控制另一个或几个企业的财务和经营政策,并有据以从另一个或几个企业的经营活动中获取利益的权利的企业或主体。与之相应,子公司则为被母公司控制的企业或主体。从母公司与子公司的定义中可以看出,合并财务报表的合并范围应当以控制为基础确定。控制判断的具体标准如下:

(一)投资单位拥有被投资单位半数以上的表决权资本

投资单位拥有被投资单位半数以上的表决权资本,通常主要包括三种情况:

(1)投资单位直接获取被投资单位半数以上的表决权资本。如 A 企业直接拥有 B 企业 60%的表决权资本(如图 6-1)。

(2)投资单位间接拥有被投资单位半数以上的表决权资本,即投资单位可能通过其子公司间接持有其子公司的被投资单位半数以上表决权资本。如 A 企业持有 B 企业 80%的表决权资本,而 B 企业持有 C 企业 70%的表决权资本,此时可以说 A 企业间接拥有 C 企业半数以上的表决权资本(如图 6-2)。

(3)投资单位直接和间接合计拥有被投资单位半数以上的表决权资本。如 A 企业分别拥有 B 企业 60%的表决权资本、C 企业 40%的表决权资本,而 B 企业又拥有 C 企业 40%的表决权资本,从而 A 企业直接和间接合计拥有 C 企业半数以上的表决权资本(如图 6-3)。

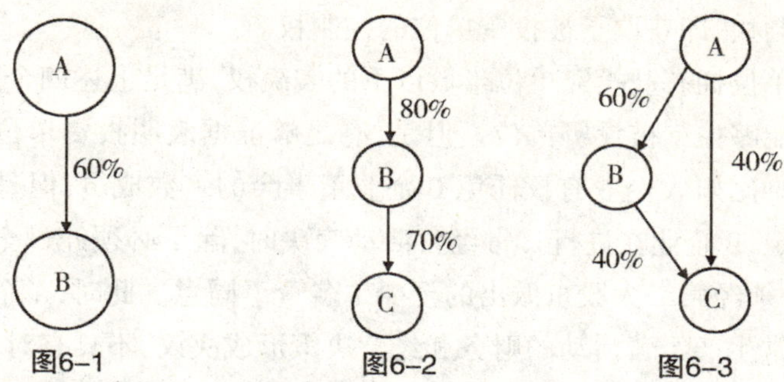

一般情况下,投资单位拥有被投资单位半数以上的表决权资本,则表明该投资单位能够控制被投资单位。但是有足够证据表明投资单位不能控制被投资单位的除外,比如 A 企业拥有 B 企业 60% 的表决权资本,但是 B 企业已经宣告被清理整顿或者破产,此时,B 企业的日常管理已转交至特定的管理人,则 A 企业失去了对 B 企业的控制权。

(二)投资单位拥有被投资单位半数以下的表决权资本

尽管投资单位拥有被投资单位半数以下的表决权资本,但投资单位也可以通过签订协议或接受委托等方式获取被投资单位财务经营决策的控制权,主要表现为以下四种情况:

(1)投资单位通过与被投资单位其他投资者签订协议,拥有被投资单位半数以上的表决权资本。比如 A 企业与 B 企业同时投资 C 企业,其中 A 企业拥有 C 企业 40% 的表决权资本,B 企业拥有 C 企业 30% 的表决权资本,B 企业委托 A 企业管理其所拥有的 30% 的表决权资本。这种情况下,A 企业实际上拥有 C 企业半数以上的表决权资本,拥有了 C 企业的控制权。

(2)根据公司章程或者协议,投资单位能够控制被投资单位的财务经营决策。能够控制企业的财务经营决策就等于控制了整个企业的日常生产经营活动。这种情况下即使投资单位没有取得半数以上的表决权资本,但是依据被投资单位的公司章程或协议,投资单位已经控制了被投资单位的日常生产经营活动,即获取了被投资单位的控制权。

(3)投资单位有权任免被投资单位的董事会或类似机构的多数成员。董事会或类似机构是企业的日常经营决策机构,如果投资单位有权任免被投资单位该机构中的多数成员,实际上就是控制了被投资单位日常生产经营活动,即获取了被投资单位的控制权。

(4)投资单位在被投资单位的董事会或类似机构中占有多数席位。与上一情况类似，获取了董事会或类似机构半数以上的席位，相当于取得了被投资单位日常生产经营活动的控制权，即获取了被投资单位的控制权。

如果投资单位拥有被投资单位半数以下的表决权，满足上述四个条件之一，则表明该投资单位能够控制被投资单位。但是，有足够证据表明投资单位不能控制被投资单位的除外。比如A企业有权任免B企业董事会的多数成员，但是B企业的公司章程中明确规定，B企业在进行日常经营活动表决时，除了必须经过全体董事过半数通过以外，还必须经第二大股东派出的至少1名董事同意。此时，A企业无法单方面对B企业的日常生产经营活动的财务和经营决策形成决议，不具有对B企业的控制。

（三）投资单位或其他企业在被投资单位的潜在表决权

在确定投资单位是否能够控制被投资单位时，还要考虑本企业和其他企业或个人在被投资单位的潜在表决权。这一潜在表决权仅指本企业和其他企业或个人持有的被投资单位当期可转换的可转换公司债券、当期可执行的认股权证。这一潜在表决权的执行可能会提高或降低本企业在被投资单位的持股比例，进而影响本企业在被投资单位的控制地位。

四、合并财务报表的编报原则和基础工作

（一）合并财务报表的编报原则

1.以个别财务报表为基础编制

合并财务报表必须纳入合并范围内各成员企业的个别会计报表，并以这些个别会计报表为基础，运用相关方法进行编制。

2.一体性原则

所谓一体性原则，是指合并财务报表应将纳入合并范围的各成员企业视为一个会计主体，以此为基础来处理有关内部会计事务，合并会计报表的编制主要通过抵消分录和抵消内部会计事项的影响来完成。

3.重要性原则

由于合并会计报表涉及的法人主体较多，合并范围较广，重要性原则的运用较之个别会计报表更为必要。这主要可从如下两方面理解：一方面，对于重要的经济业务，应当单独反映，以便为决策者提供相关的重要信息；另一方面，对于不影响大局的一般性事项，可以进行适当取舍。

（二）合并财务报表的基础工作

1.按照权益法调整对子公司的长期股权投资

合并财务报表要反映企业集团整体的财务状况，为了避免重复反映企业集团的所有者权益，应将母公司对子公司的长期股权投资与子公司的所有者权益相抵消。而长期股权投资的核算方法有成本法和权益法两种。权益法下，长期股权投资的账面价值反映投资单位在被投资单位享有的可辨认净资产公允价值份额，这种方法下更加有利于合并财务报表的编制。然而，《企业会计准则第 2 号——长期股权投资》中规定，投资企业能够对被投资单位实施控制的长期股权投资应当采用成本法进行会计核算。因而，按照权益法调整对子公司的长期股权投资成为编制合并财务报表必要的基础工作之一。需说明一点，调整应在合并报表的底稿中进行，不将改变母公司的账簿记录和财务报表列报。

2.统一母子公司所采用的会计政策

会计政策是指企业在会计确认、计量和报告中所采用的原则、基础和会计处理方法，是编制会计报表的基础。只有母、子公司采用相同的会计政策才能保证母、子公司的个别会计报表反映的会计内容相一致，进而编制合并财务报表。因而，按照母公司的会计政策对子公司的个别会计报表进行必要的调整，统一母、子公司所采用的会计政策也是编制合并财务报表必要的基础工作之一。

3.统一母子公司的会计期间

为了编制合并财务报表，必须统一母、子公司的会计期间。以会计期间不同的个别会计报表为基础编制的合并财务报表将无法恰当地反映企业集团的财务状况、经营成果、现金流量以及所有者权益各组成部分变动情况，将使合并财务报表变得毫无意义。因而，按照母公司的会计期间对子公司的会计报表进行调整，统一母、子公司的会计期间，也是编制合并财务报表必要的基础工作之一。

4.统一母子公司的记账本位币

会计主体在进行会计确认、计量和报告时应以货币计量，母公司和子公司只有采用相同的记账本位币才能将其个别会计报表进行合并。子公司是境外企业或者外币业务比较多的境内企业时，它会选择某一外币作为记账本位币，如此母公司在编制合并财务报表时就应当首先统一母、子公司的记账本位币。因而，统一母、子公司的记账本位币也是编制合并财务报表必要的基础工作之一。

五、合并财务报表的编报程序

(一)编制合并工作底稿

合并财务报表的编制程序与个别会计报表的编制程序有着明显的差异。合并财务报表是依据纳入合并范围的个别会计报表数据进行汇总调整抵消编制而成的。因而,合并财务报表的编制基础与个别会计报表也不同,母公司不需要再单独设置相应的账簿,而要通过编制合并工作底稿进行调整、汇总和抵消,作为合并财务报表的编制基础。合并工作底稿的基本格式见表 6－1。

表 6－1　合并工作底稿

20＊7 年　　　　单位:元

项目	母公司			子公司			合并金额	抵消分录		少数股东权益	合并金额
	报表金额	借方	贷方	报表金额	借方	贷方		借方	贷方		
(利润表项目)											
营业收入											
营业成本											
营业税金及附加											
销售费用											
管理费用											
财务费用											
资产减值损失											
投资收益											
营业利润											
营业外支出											
利润总额											
所得税费用											
净利润											
少数股东损益											
归属与母公司所有者的净利润											
(所有者权益变动项目表)											
未分配利润——年初											
归属与母公司所有者的净利润											
利润分配											
未分配利润——年末											
归属于少数股东的未分配利润——年初											
少数股东损益											
对少数股东的利润分配											
归属于少数股东的未分配利润——年末											
资本公积——年初											

（续表）

项目	母公司			子公司			合并金额	抵消分录		少数股东权益	合并金额
	报表金额	借方	贷方	报表金额	借方	贷方		借方	贷方		
可供出售金融资产公允价值变动净额											
权益法下被投资单位其他所有者权益变动的影响											
资本公积——年末											
盈余公积——年初											
提取盈余公积											
盈余公积——年末											
（资产负债表项目）											
流动资产：											
货币资金											
应收票据											
其中：应收子公司票据											
应收账款											
其中：应收子公司账款											
预付款项											
其中：预付子公司账款											
存货											
其中：向子公司购入存货											
流动资产合计											
非流动资产：											
可供出售金融资产											
持有至到期投资											
其中：持有子公司公司债券											
长期股权投资											
其中：对子公司投资											
固定资产											
其中：子公司——A办公楼											
向子公司购入固定资产											
无形资产											
商誉											
非流动资产合计											
资产总计											
流动负债：											

（续表）

项目	母公司			子公司			合并金额	抵消分录		少数股东权益	合并金额
	报表金额	借方	贷方	报表金额	借方	贷方		借方	贷方		
应付票据											
其中:应付票据——子公司											
应付账款											
其中:应付子公司账款											
预收款项											
其中:预收子公司账款											
应付职工薪酬											
应交税费											
流动负债合计											
非流动负债:											
长期借款											
应付债券											
其中:应付债券——子公司											
非流动负债合计											
负债合计											
所有者权益(或股东权益)											
实收资本(或股本)											
资本公积											
其中:可供出售金融资产公允价值变动											
盈余公积											
未分配利润											
少数股东权益											
所有者权益合计											
负债和所有者权益总计											
(现金流量表项目)											
经营活动产生的现金流量:											
销售商品、提供劳务收到的现金											
收到其他与经营活动有关的现金											
经营活动现金流入小计											
购买商品、接受劳务支付的现金											
支付给职工以及为职工支付的现金											
支付的各项税费											

（续表）

项目	母公司			子公司			合并金额	抵消分录		少数股东权益	合并金额
	报表金额	借方	贷方	报表金额	借方	贷方		借方	贷方		
支付其他与经营活动有关的现金											
经营活动现金流出小计											
经营活动产生的现金流量净额											
投资活动产生的现金流量：											
收回投资收到的现金											
取得投资收益收到的现金											
处置固定资产、无形资产和其他长期资产收回的现金净额											
处置子公司及其他营业单位收到的现金净额											
收到其他与投资活动有关的现金											
投资活动现金流入小计											
购建固定资产、无形资产和其他长期资产支付的现金											
投资支付的现金											
取得子公司及其他营业单位支付的现金净额											
支付其他与投资活动有关的现金											
投资活动现金流出小计											
投资活动产生的现金流量净额											
筹资活动产生的现金流量：											
吸收投资收到的现金											
取得借款收到的现金											
收到其他与筹资活动有关的现金											
筹资活动现金流入小计											
偿还债务支付的现金											
分配股利、利润或偿付利息支付的现金											
其中：子公司支付给少数股东的股利、利润											
支付其他与筹资活动有关的现金											
筹资活动现金流出小计											
筹资活动产生的现金流量净额											
现金及现金等价物净增加额											
年初现金及现金等价物余额											
年末现金及现金等价物余额											

依据合并工作底稿的基本格式，可以看出编制合并工作底稿的基本步骤包括5

步。

1.过数

将母子公司的个别会计报表的数据过入合并工作底稿。

2.调整

对于购买法下的企业合并,在编制合并财务报表时,应将子公司各项可辨认资产、负债及或有负债依据企业合并日的公允价值予以调整。另外,依据合并财务报表的基础工作所述,应将按成本法核算的对子公司的长期股权投资调整为按权益法核算;当子公司所采用的会计政策或会计期间与母公司不一致时,应当予以调整。需要注意的是,在编制调整分录时,借贷的项目应当是会计报表项目而不是具体的会计科目。比如,调整坏账准备时,应当通过“应收账款”这一会计报表项目,而不是“坏账准备”科目。

3. 汇总

将调整后母、子公司的个别会计报表的各项目加总记入“合计金额”。

4. 抵消

“合计金额”一栏是依据调整后的母、子公司的个别会计报表填列的,其中包含多种重复因素影响,需要进行抵消。比如母公司对子公司的投资、集团内部交易、内部债权债务以及子公司进行利润分配。与编制调整分录相同,此处借贷的项目也是会计报表项目,而不是具体的会计科目。

5. 合并

将“合计金额”栏的数据依据抵消分录计算得出“合并金额”。对于资产类和费用类项目,将其合计金额加上该项目抵消分录的借方发生额,减去该项目抵消分录的贷方发生额计算确定;对于负债类、所有者权益类以及收入类项目,将其合计金额加上该项目抵消分录的贷方发生额,减去该项目抵消分录的借方发生额计算确定。

(二)编制合并财务报表

根据合并工作底稿计算出的各资产、负债、所有者权益、收入、费用的合并金额,填列形成合并财务报表。

六、合并财务报表的基本编制方法

第五章已经介绍了三种合并会计处理方法:购买法、权益结合法和新主体法。这三种方法也是编制合并财务报表的基本方法。

(一)购买法

购买法是将企业合并视为购并企业购买被并企业净资产的一项交易。以这种方法为前提编制合并财务报表时，子公司的各种资产和负债应当按照企业合并日的公允价值予以反映。若母公司发生的合并成本与子公司的各种资产和负债公允价值之间存在差异，则应将此差异确认为“资产——商誉”或“当期损益——负商誉”。

(二)权益结合法

权益结合法是将企业合并视为两个或两个以上企业之间的一种股权联合，是参并企业权益的重新整合。以这种方法为前提编制合并财务报表时，子公司的各种资产和负债仍应按照其原始账面价值入账，也不确认任何新的资产和合并过程中产生的损益。

(三)新主体法

新主体法将企业合并视为两个或者两个以上独立的企业通过合并新建一个全新的企业，将企业合并作为企业一个新的起点。从而，以新主体法为前提编制合并财务报表时，要求母子公司的资产和负债都应当按照公允价值重新计量。

我国企业会计准则对合并财务报表基本编制方法的选择有明确的规定：对于属于非同一控制下企业合并中取得的子公司，母公司在编制合并财务报表时应当选择购买法；对于属于同一控制下企业合并中取得的子公司，母公司应当选择权益结合法。

第二节　控制权取得日的合并财务报表

一、合并财务报表编制的基本思路

从前面一节对合并财务报表编制程序的描述中可以看出，调整和抵消是合并财务报表的编制程序中最为重要的步骤。因此，编制合并财务报表的关键即是调整分录和抵消分录的编制。

(一)调整

1.做好合并财务报表编制的基础工作

编制合并财务报表工作底稿时，首先应当完成合并会计报表编制的基础工作：按照权益法调整对子公司的长期股权投资；统一母子公司所采用的会计政策；统一母子公司的会计期间；统一母子公司的记账本位币。

2.根据需要调整子公司各会计要素的计量属性

购买法下,需要按照企业合并日的公允价值调整母公司所获得的子公司各项资产、负债的金额以及这些资产、负债对相关收入、费用的影响。

(二)抵消

1.母公司长期股权投资与子公司所有者权益的抵消

母公司在获得子公司的控制权时,在母公司个别会计报表中,一方面要增加长期股权投资,另一方面要减少相关资产;同时,在子公司的个别会计报表中,一方面增加了相关资产,另一方面增加了所有者权益。然而,从集团整体的角度来看,企业不能自己给自己投资,只能将此投资行为视为母公司给其子公司下拨资金的活动。母公司获得子公司控制权这一行为,不会增加企业集团的长期股权投资及所有者权益。因此,在编制抵消分录时应当抵消的是母公司的长期股权投资与子公司所有者权益。在集团公司持续经营的过程中,当子公司所有者权益变化时,在母公司的个别会计报表中,一方面增加长期股权投资,另一方面增加相应的所有者权益。也就是说,子公司所有者权益的变化会使得母子公司个别会计报表中所有者权益同时发生变化,为了避免重复计算,在集团公司持续经营期间编制合并财务报表抵消分录时,还应当抵消母公司长期股权投资与子公司所有者权益的变化数。因此,在编制合并财务报表抵消分录时,第一步应当抵消母公司的长期股权投资和子公司所有者权益的期末余额。

2.母公司投资收益与子公司利润分配的抵消

权益法下子公司获得净利润时,母公司在其个别会计报表中按照享有的份额记入投资收益,然而,子公司早已在其个别会计报表中以营业收入、营业成本、期间费用等具体损益类项目予以列报,为了避免重复计算,将母公司个别会计报表中的投资收益予以抵消成为必然。另一方面,子公司从其所有者权益变动表中已将其净利润予以分配,但是站在集团公司的角度看,合并财务报表的利润分配应当反映的是集团公司对外分配的利润,也就是集团公司对母公司股东和子公司的少数股东分配的利润,从而有必要将子公司对母公司的利润分配进行抵消。子公司给母公司分配的利润刚好与母公司按照权益法确认的投资收益相同。若子公司存在少数股东,子公司给少数股东分配的利润可以确认为少数股东收益。因此,子公司本期的利润分配在确认少数股东收益之后正好与母公司按照权益法确认的投资收益抵消。

3.企业集团内部债权债务的抵消

企业集团内部的债权债务是指母公司与子公司、子公司与子公司之间由于销售商品、提供劳务以及发生结算业务而产生的应收账款与应付账款、预收账款与预付账款、其他应收款与其他应付款、持有至到期投资与应付债券等项目。这些项目发生之后，企业集团内部一方在个别会计报表中将其确认为资产，另一方在个别会计报表中将其确认为负债。然而，站在集团公司角度来看，这仅仅属于集团内部资金调度，并没有形成企业集团真正的债权债务。因此，在编制合并财务报表时，有必要将这些企业集团内部债权债务进行抵消，同时还要抵消由于这些债权债务的存在而对集团内部各个别会计报表产生的影响。

4.企业集团内部交易的抵消

企业集团内部交易是指母公司与子公司、子公司与子公司之间所发生的购销业务。当企业集团发生内部交易时，销售方确认收入，结转成本；购货方则按照内部交易价格确认购入资产的入账价值。但是，对于企业集团而言，该项业务既不会改变资产价值，也不会使企业集团产生利润。因此，在编制合并财务报表时，应将由于企业集团内部交易产生的营业收入、成本以及改变的资产价值予以抵消。

二、控制权取得日合并报表的抵消事项和抵消分录

控股权取得日，母公司对子公司进行了投资，或全资投资或部分股权投资，母公司形成了对子公司的长期股权投资。此时，母公司尚不能享受子公司的净收益，也就是说，母公司并没有确认相应的投资收益。控股权取得日这一时点，母子公司之间也不会发生任何内部交易。因此，控股权取得日合并报表的编制仅需要抵消母公司的长期股权投资和子公司所有者权益。若子公司为母公司的全资子公司，则母公司对子公司的长期股权投资就是子公司所收到的全部投资，即为子公司的所有者权益。从而其相关抵消分录为：

借：实收资本（股本）
　　资本公积
　　盈余公积
　　未分配利润
　　贷：长期股权投资

若母公司仅持有子公司的部分股权，则在抵消母公司的长期股权投资与子公司的所有者权益时，还要依据少数股东在子公司中应享有的权益确认少数股东权益。相关抵消分录如下：

借：实收资本（股本）
　　资本公积
　　盈余公积
　　未分配利润

贷:长期股权投资

少数股东权益

上述分录的前提假设为母公司的长期股权投资与其在子公司的所有者权益中享有的份额是相等的,但会计实务中母公司的长期股权投资可能大于其在子公司的所有者权益中享有的份额,这一差异应当确认商誉,抵消分录则变为:

借:实收资本(股本)

资本公积

盈余公积

未分配利润

商誉

贷:长期股权投资

少数股东权益

根据我国企业会计准则针对长期股权投资初始投资成本的相关规定,会计实务中不会出现母公司调整后的长期股权投资小于其在子公司的所有者权益中享有的份额的情况。

需要注意的是,会计实务中,控股权取得日依据《企业会计准则第 20 号——企业合并》编制合并资产负债表即可。此处对控股权取得日抵消分录的介绍是为编制控股权取得日后各会计期末相关调整抵消分录做铺垫。

三、控制权取得日合并报表编制举例

(一)购买法下控股权取得日合并财务报表的编制

1.母公司持有子公司全部股权

(1)母公司的投资成本等于子公司可辨认净资产公允价值。

[例 6-1] 华达公司与兴盛公司于 2008 年 1 月 1 日签订合约,华达公司用600 000 元银行存款购买兴盛公司全部股份。假设华达公司和兴盛公司的合并为非同一控制下的企业合并。合并前华达公司和兴盛公司的个别会计报表简表见表 6-2。兴盛公司各项资产与负债的账面价值与其公允价值相等。

表 6-2　资产负债表(简表)

2008 年 1 月 1 日　　　　单位:元

	华达公司	兴盛公司	
	账面价值	账面价值	公允价值
资产:			
货币资金	700 000	250 000	250 000
应收账款	100 000	150 000	150 000
存货	200 000	140 000	140 000
长期股权投资	250 000	60 000	60 000
固定资产	750 000	600 000	600 000
无形资产	600 000	300 000	300 000
商誉	0	0	0
资产总计	2 600 000	1 500 000	1 500 000
负债和所有者权益:			
短期借款	200 000	200 000	200 000
应付账款	250 000	400 000	400 000
其他负债	900 000	300 000	300 000
负债合计	1 350 000	900 000	900 000
实收资本(股本)	200 000	100 000	
资本公积	400 000	300 000	
盈余公积	450 000	100 000	
未分配利润	200 000	100 000	
所有者权益合计	1 250 000	600 000	600 000
负债和所有者权益总计	2 600 000	1 500 000	1 500 000

首先,华达公司需要在其个别会计报表中编制投资会计分录。由于华达公司和兴盛公司的合并为非同一控制下的企业合并,华达公司应当按照实际支付的合并成本作为长期股权投资的入账价值。即相应的会计分录为:

借:长期股权投资　　　　600 000

　贷:银行存款　　　　600 000

华达公司在合并工作底稿上应当做的抵消分录为:

借:实收资本(股本)　　　　100 000

　资本公积　　　　300 000

盈余公积　　100 000

未分配利润　　100 000

贷:长期股权投资　　600 000

[例 6－2] 续[例 6－1],若兴盛公司各项资产与负债的账面价值与其公允价值不相等。合并前华达公司和兴盛公司的个别会计报表简表见表 6－3。

表 6－3　资产负债表(简表)

2008 年 1 月 1 日　　单位:元

	华达公司	兴盛公司	
	账面价值	账面价值	公允价值
资产:			
货币资金	700 000	250 000	250 000
应收账款	100 000	150 000	150 000
存货	200 000	150 000	140 000
长期股权投资	250 000	60 000	60 000
固定资产	750 000	590 000	600 000
无形资产	600 000	280 000	300 000
商誉	0	0	0
资产总计	2 600 000	1 480 000	1 500 000
负债和所有者权益:			
短期借款	200 000	200 000	200 000
应付账款	250 000	400 000	400 000
其他负债	900 000	300 000	300 000
负债合计	1 350 000	900 000	900 000
实收资本(股本)	200 000	100 000	
资本公积	400 000	300 000	
盈余公积	450 000	100 000	
未分配利润	200 000	80 000	
所有者权益合计	1 250 000	580 000	600 000
负债和所有者权益总计	2 600 000	1 480 000	1 500 000

华达公司需要在其个别会计报表中编制投资会计分录(与[例 6－1]完全相同)。合并日兴盛公司部分资产的账面价值与其公允价值不同,首先应当直接在合并工作底稿中调整兴盛公司这部分资产的公允价值变化和对资本公积的影响 20 000 元,然

后在合并工作底稿上抵消华达公司的长期股权投资与其在兴盛公司所享有的权益份额。需要注意的是,此时兴盛公司的资本公积变成320 000元。相关抵消分录为:

借:实收资本(股本)　　100 000
　资本公积　　320 000
　盈余公积　　100 000
　未分配利润　　80 000
　贷:长期股权投资　　600 000

(2)母公司的投资成本大于子公司可辨认净资产公允价值。

[例6-3] 续[例6-2],华达公司用800 000元银行存款购买兴盛公司全部股份。华达公司在其个别会计报表中编制投资会计分录。

借:长期股权投资　　800 000
　贷:银行存款　　800 000

与[例6-2]相同,首先直接在合并工作底稿上调整兴盛公司部分资产的公允价值变化额以及其对兴盛公司资本公积的影响20 000元,然后抵消华达公司的长期股权投资与其在调整后兴盛公司所有者权益中享有的份额。需要注意的是,此时华达公司长期股权投资仍大于兴盛公司调整后的所有者权益200 000元,即(800 000-600 000),这部分差额为商誉。相关抵消分录为:

借:实收资本(股本)　　100 000
　资本公积　　320 000
　盈余公积　　100 000
　未分配利润　　80 000
　商誉　　200 000
　贷:长期股权投资　　800 000

(3)母公司的投资成本小于子公司可辨认净资产公允价值。

[例6-4] 续[例6-2],华达公司用500 000元银行存款购买兴盛公司全部股份。

此例中华达公司的投资额为500 000元,小于兴盛公司可辨认净资产公允价值600 000元,因此,华达公司在其个别会计报表中编制投资会计分录。

借:长期股权投资　　600 000
　贷:银行存款　　500 000
　　营业外收入　　100 000

与[例6-2]和[例6-3]相同,首先在合并工作底稿中直接调整合并日相关资产公允价值变化额和对资本公积的影响(20 000元),抵消华达公司的长期股权投资与其在兴盛公司所享有的权益份额。相关会计分录为:

借:实收资本(股本)　　100 000
　资本公积　　320 000
　盈余公积　　100 000
　未分配利润　　80 000
　贷:长期股权投资　　600 000

2.母公司持有子公司部分股权

(1)母公司的投资成本等于子公司可辨认净资产公允价值。

[例6-5]假设华达公司用480 000元银行存款购买兴盛公司80%股份。其余条件与[例6-1]相同。

华达公司在其个别会计报表中编制投资会计分录。

借:长期股权投资　　480 000
　贷:银行存款　　480 000

此时华达公司在编制合并财务报表时,除了需要考虑抵消其长期股权投资与其在兴盛公司享有的所有者权益份额之外,还要确认兴盛公司的少数股东权益。

借:实收资本(股本)　　100 000
　资本公积　　300 000
　盈余公积　　100 000
　未分配利润　　100 000
　贷:长期股权投资　　480 000
　　少数股东权益　　120 000

[例6-6]假设华达公司用480 000元银行存款购买兴盛公司80%股份。其余条件与[例6-2]相同。

与母公司持有子公司全部股权相同,此种情况下也应当首先在合并工作底稿中调整合并日兴盛公司账面价值与公允价值之间的差异以及对资本公积的影响20 000元。然后抵消华达公司的长期股权投资与兴盛公司调整后的所有者权益,同时确认少数股东权益120 000元[(580 000+10 000+20 000-10 000)×20%]。相关抵消分录为:

借:实收资本(股本)　　100 000
　资本公积　　320 000
　盈余公积　　100 000
　未分配利润　　80 000
　贷:长期股权投资　　480 000
　　少数股东权益　　120 000

(2)母公司的投资成本大于子公司可辨认净资产公允价值。

[例6-7] 华达公司用640 000元银行存款购买兴盛公司80%股份,其余与[例6-3]相同。华达公司在其个别会计报表中编制投资会计分录。

借:长期股权投资　　640 000

　贷:银行存款　　640 000

这种情况下也应当首先在合并工作底稿中直接调整合并日兴盛公司账面价值与公允价值之间的差异以及对资本公积的影响20 000元,然后抵消华达公司的长期股权投资与兴盛公司调整后的所有者权益,此时华达公司的长期股权投资大于其在兴盛公司可辨认净资产公允价值的份额160 000元(640 000-600 000×80%),这一差异即为商誉。此外,还需要确认少数股东权益,与[例6-6]相同,少数股东权益仍为少数股东在兴盛公司可辨认净资产公允价值的份额120 000元[(580 000+10 000+20 000-10 000)×20%]。相关抵消分录为:

借:实收资本(股本)　　100 000

　资本公积　　320 000

　盈余公积　　100 000

　未分配利润　　80 000

　商誉　　160 000

　贷:长期股权投资　　640 000

　　少数股东权益　　120 000

(3)母公司的投资成本小于子公司可辨认净资产公允价值。

[例6-8] 华达公司用400 000元银行存款购买兴盛公司80%股份。其余条件同[例6-4]。

此例中华达公司的投资额为400 000元,小于其享有的兴盛公司可辨认净资产公允价值份额480 000元。因此,华达公司在其个别会计报表中编制投资会计分录。

借:长期股权投资　　480 000

　贷:银行存款　　400 000

　　营业外收入　　80 000

这一种情况下,合并工作底稿的编制思路与[例6-4]的思路基本一致。首先直接在合并工作底稿调整合并日兴盛公司账面价值与公允价值之间的差异以及对资本公积的影响20 000元,然后抵消华达公司的长期股权投资与其在兴盛公司所享有的权益份额,同时确认少数股东权益。

借:实收资本(股本)　　100 000

　资本公积　　320 000

盈余公积　　100 000
未分配利润　　80 000
贷:长期股权投资　　480 000
　少数股东权益　　120 000

(二)权益结合法下控股权取得日合并财务报表的编制

[例6-9] 华达公司与昌隆公司于2008年1月1日签订合约,华达公司用100 000元银行存款购买昌隆公司全部股份。假设华达公司和兴盛公司的合并为同一控制下的企业合并。合并前华达公司和昌隆公司的个别会计报表简表见表6-4。

表6-4　资产负债表(简表)

2008年1月1日　　单位:元

	华达公司	昌隆公司
	账面价值	账面价值
资产:		
货币资金	700 000	50 000
应收账款	100 000	80 000
存货	200 000	60 000
长期股权投资	250 000	10 000
固定资产	750 000	100 000
无形资产	600 000	0
商誉	0	0
资产总计	2 600 000	300 000
负债和所有者权益:		
短期借款	200 000	60 000
应付账款	250 000	90 000
其他负债	900 000	50 000
负债合计	1 350 000	200 000
实收资本(股本)	200 000	10 000
资本公积	400 000	40 000
盈余公积	450 000	20 000
未分配利润	200 000	30 000
所有者权益合计	1 250 000	100 000
负债和所有者权益总计	2 600 000	300 000

由于华达公司和昌隆公司的合并为同一控制下的企业合并,华达公司应当按照在昌隆公司享有的所有者权益账面价值份额确认长期股权投资,相应的会计分录为:

借:长期股权投资　　100 000
　　贷:银行存款　　100 000

华达公司在合并工作底稿上应做的抵消分录为:

借:实收资本(股本)　　10 000
　　资本公积　　40 000
　　盈余公积　　20 000
　　未分配利润　　30 000
　　贷:长期股权投资　　100 000

当合并为同一控制下的企业合并时,投资公司不需要考虑其实际投资成本,仅仅按照其在被投资公司中享有的所有者权益的账面价值确认长期股权投资即可。若实际投资成本高于或低于所享有的被投资公司所有者权益的账面价值的份额时,只需要调整投资公司的自身所有者权益,并不会影响到长期股权投资的金额。这种情况下,不管华达公司实际购买价款是多少,都不会影响到合并工作底稿的抵消分录。另外,这种情况下不会出现被投资公司资产、负债的重新估价,也不会出现商誉,当投资公司仅仅购买被投资公司的部分股权时,也只需要按照被投资公司所有者权益的账面金额确认少数股东权益即可。

第三节　控制权取得日后的合并财务报表

一、控制权取得日后合并财务报表的编制思路与基本程序

控股权取得日合并财务报表的编制仅仅为企业合并的那一时点,然而合并财务报表编制中更为重要的内容为控股权取得日后合并财务报表的编制。从第二节对合并财务报表编制的基本思路介绍可以看出,合并报表编制的主要内容包括调整和抵消两个方面的内容。主要程序包括:①统一母子公司所采用的会计政策;统一母子公司的会计期间;统一母子公司的记账本位币;②直接在合并工作底稿中将子公司各资产负债价值调整为合并日的公允价值,同时确认相应的资本公积;③按照权益法调整对子公司的长期股权投资;④抵消母公司长期股权投资与子公司所有者权益;⑤抵消母公司投资收益与子公司利润分配;⑥抵消企业集团内部债权债务;⑦抵消企业集团内部交易。

二、控制权取得日后抵消事项的基本内容

根据前文对合并财务报表编制思路和程序的描述可以看到，合并财务报表的抵消仅仅限于发生于企业集团内部的各项交易，包括母公司与子公司之间、各子公司之间的各项交易。这些企业集团内部交易包括企业集团内部的投资业务、企业集团内部的利润分配、企业集团内部形成的债权债务、企业集团内部的存货交易和固定资产交易等。

三、控制权取得日后合并报表调整抵消分录的编制

（一）按照权益法调整对子公司的长期股权投资

在按照权益法对子公司的长期股权投资进行调整之前，需要区分这一合并是否属于同一控制下的企业合并。同一控制下的企业合并不需要考虑合并日被投资公司的各项净资产公允价值变化对被投资公司净利润的影响；而非同一控制下的企业合并则需要考虑合并日被投资公司的各项净资产公允价值变化对被投资公司净利润的影响。无论哪一种情况，按照权益法调整对子公司的长期股权投资时，都需要按照以下三个步骤调整被投资公司所有者权益变化对长期股权投资的影响。

(1)调整被投资公司当期净利润对投资公司长期股权投资的影响。

借或贷：长期股权投资

　　　　贷或借：投资收益

(2)调整被投资公司发放现金股利对成本法下投资公司长期股权投资和投资收益的影响。

借：投资收益

　贷：长期股权投资

(3)调整被投资公司其他所有者权益变化对投资公司长期股权投资的影响。

借：长期股权投资

　贷：资本公积

上述调整分录为合并财务报表编制当期被投资公司所有者权益发生变化而对长期股权投资的调整。需要注意的是，合并财务报表的编制是以当期的个别会计报表为基础的，当连续编制合并财务报表时，前期依据权益法对长期股权投资的调整并没有体现在当期的个别会计报表之中。那应当如何调整被投资公司前期所有者权益发生的变化呢？依据被投资公司前期所有者权益的变化额，借记“长期股权投资”，根据被投资公司前期未分配利润的变化额，贷记“未分配利润”，根据被投资公司前期其他

所有者权益的变化额,贷记“资本公积”。即相关会计分录为:

借:长期股权投资

　　贷:未分配利润——年初

　　　　资本公积

可以注意到,被投资公司获得利润或发生亏损和分配现金股利当期,投资公司调整的是长期股权投资和当期的投资收益。而连续编制合并财务报表,调整前期被投资公司前期所获得利润或发生亏损和分配现金股利对投资公司的影响时,调整的则为长期股权投资和年初未分配利润。这是因为投资收益是损益类科目,期末已经结转到“未分配利润”之中,即连续编制合并财务报表时,上期对投资收益的影响,应当调整本期的“未分配利润——年初”。

(二)母公司长期股权投资与子公司所有者权益的抵消

在控制权取得日后编制合并财务报表时依然需要抵消母公司的长期股权投资和子公司所有者权益。相关抵消分录与控股权取得日相同:

借:实收资本(股本)

　　资本公积

　　盈余公积

　　未分配利润——年末

贷:长期股权投资

　　少数股东权益

当母公司的投资成本大于子公司可辨认净资产的公允价值的份额时,相关抵消分录为:

借:实收资本(股本)

　　资本公积

　　盈余公积

　　未分配利润——年末

　　商誉

　　贷:长期股权投资

　　　　少数股东权益

当母公司的投资成本小于子公司可辨认净资产的公允价值的份额时,相关抵消分录为:

借:实收资本(股本)

　　资本公积

盈余公积
未分配利润——年末
贷:长期股权投资
少数股东权益

(三)母公司投资收益与子公司利润分配的抵消

抵消母公司的投资收益与子公司的利润分配,同时按照少数股东应在子公司中享有的净利润的份额确认少数股东损益。其抵消分录为:

借:投资收益
少数股东损益
未分配利润——年初
贷:提取盈余公积
对所有者(或股东)的分配
未分配利润——年末

(四)企业集团内部债权债务的抵消

企业集团内部债权债务的抵消分录为:

借:应付账款
贷:应收账款
借:预收款项
贷:预付款项
借:应付票据
贷:应收票据
借:应付债券
贷:持有至到期投资
借:其他应付款
贷:其他应收款

此处需要注意三个问题:

(1)母子公司个别会计报表中需要依据应收账款和其他应收款明细账的借方余额计提坏账准备。因此,在编制合并财务报表抵消分录抵消这些集团内部债权债务时,还要抵消与这些集团内部债权债务相关的坏账准备以及确认的资产减值损失。需要注意的是,前述抵消分录中借贷的应为会计报表项目而不是具体的会计科目,会计报表中应收账款以净额列示,没有坏账准备项目,从而相关抵消分录应为:

借:应收账款——坏账准备

　　贷:资产减值损失

如果第二期企业集团内部的这些与应收账款和应付账款、其他应收款和其他应付款相关的债权债务依然存在,依据个别会计报表编制这些债权债务的抵消分录是毋庸置疑的,如何抵消债权人依据这些债权计提的坏账准备呢?坏账准备科目余额与应收账款和其他应收款明细账借方余额相关,则借方依据集团内部应收账款和其他应收款明细账借方余额计算的坏账准备冲销“应收账款——坏账准备”。需要注意,“资产减值损失”为损益类会计科目,期末余额结转至未分配利润。当母公司第二期依据个别会计报表编制抵消分录时,由于前期计提坏账准备所产生的“资产减值损失”已经结转到上期的“未分配利润”,即前期由于计提坏账准备而产生的损失已反映在本期的“未分配利润——年初”之中,本期计提或冲销的坏账准备则反映在当期的“资产减值损失”之中,在编制坏账准备的抵消分录时,应当首先按照前期计提的坏账准备金额冲减“未分配利润——年初”,再依据本期计提或冲减的坏账准备金额贷或借记“资产减值损失”科目。相关抵消分录为:

借:应收账款——坏账准备

　　借或贷:资产减值损失

　　贷:未分配利润——年初

(2)有些情况下,债券投资企业持有的集团企业内部成员发行的债券并不是从发行方直接购入,而是从证券市场上购入的。此时,债券投资企业的投资成本可能与债券发行方所形成的债务不同,将其差额记入合并利润表的“投资收益”或“财务费用”科目。即相关抵消分录应为:

借:应付债券

　　借(贷):财务费用(投资收益)

　　贷:持有至到期投资

(3)当企业内部的债权债务是由借贷关系形成需要支付利息时,则债权方将获取的利息收入作为营业收入(利息收入),债务方则应将所支付的利息费用作为财务费用。若企业内部债权债务是由债券投资形成的,则债券投资方应将相应的利息收入作为投资收益,债券发行方应将利息费用作为财务费用。不论哪种情况形成的企业集团内部债权债务,都属于企业集团内部的资金划转,不应形成相应的收益和费用,应将其抵消。相关抵消分录为:

借:投资收益或营业收入或利息收入

　　贷:财务费用

(五)企业集团内部交易的抵消

企业集团内部可能会发生存货的购销业务,也可能发生固定资产的购销业务。由于存货和固定资产结转成本的方式不同,两种内部交易的抵消分录也有所差异。

1. 企业集团内部存货购销业务抵消

(1)企业集团内部存货购销业务当期的抵消处理。企业集团内部出现存货购销业务时,销售方在其个别会计报表中一方面确认营业收入,一方面结转成本;购货方则在其个别会计报表中按照交易价格对购入存货的价值予以计量。购货方重新计量的存货价值中包含了两部分内容:销售方所反映的存货历史成本和销售方的毛利(即销售企业的营业收入减去营业成本)。编制合并财务报表将整个企业集团视为一个会计主体时,这一购销业务就成了企业集团内部的存货调拨活动,此活动既不应该影响企业集团的营业收入、营业成本,也不应该影响企业集团的资产价值。也就是说,销货方向购货方销售存货所形成的利润对企业集团而言尚未实现,这部分利润被称为未实现利润。因此,抵消由于这一企业集团内部存货购销业务而对营业收入、营业成本和存货价值产生的影响成为必然。相应的会计抵消分录应为:

借:营业收入　　　　　　　　　　　　销售方确认的收入

　贷:营业成本　　　　　　　　　　　　销售方结转的成本

　　存货　　　　　　　　　　　　　　　销售方确认的毛利

上述会计分录是以企业集团出现内部存货购销业务,购货方没有将这些从企业集团内部购入的存货售出为前提的。如果在此期间购货方已将从企业集团内部购入的存货全部售出,又将如何抵消?依然先看一下这一交易对购销双方个别会计报表的影响。内部交易发生时,与前述情况相同,销货方一方面确认营业收入,另一方面结转成本;购货方按照内部交易价格确认所购入的存货。当购货方将此存货销售时,在其个别会计报表中,一方面按照对外销售价格确认收入,另一方面按照从企业集团的购入价格结转成本。编制合并财务报表将企业集团视为一个会计主体时,企业集团已将这些存货全部对外销售,则一方面应当按照购货方对外的销售价格确认营业收入,另一方面应当按照销货方的销售成本结转成本(表 6-5)。如此,销货方向购货方销售存货所形成的利润对企业集团而言已经实现,这部分利润被称为已实现利润。从表 6-5 中所列示的该内部存货购销业务对销售方和购货方个别会计报表以及合并会计报表的影响可以得出,在编制合并财务报表抵消分录时,应将按照销售方售价确认的收入予以抵消,按照购货方的成本即销售方的售价冲减营业成本。相关的抵消分录为:

借:营业收入　　　　　　　　　　　　　销售方的售价

贷:营业成本　　　　　　　　　　购货方的成本(即销售方的售价)

表 6-5　企业集团内部存货购销业务对相关报表的影响

销售方个别会计报表	购货方个别会计报表	合并财务报表
借:银行存款 贷:营业收入 (销售方的售价) 借:营业成本 贷:存货 (销售方的成本)	借:存货 贷:银行存款 (销售方的售价) 借:银行存款 贷:营业收入 (购货方的售价) 借:营业成本 贷:存货 (购货方的成本即 销售方的售价)	借:银行存款 贷:营业收入 (购货方的售价) 借:营业成本 贷:存货 (销货方的成本)

现实经济生活中,可能会出现购货方只销售了一部分从集团内部购入的存货的情况。这种情况下,又应该如何编制抵消分录?此时,可以把此内部交易的存货分成两部分,一部分已经实现对集团外部的销售,另一部分仍然存放在企业集团内部但尚未实现对集团外部的销售。也就是说,销货方在此内部交易过程中实现的利润对企业集团而言应当分为两部分:已实现内部交易利润和未实现内部交易利润。根据对第二种情况的分析,已实现利润不影响企业集团的利润额,也不影响企业存货价值,只需将企业集团内部销货方的营业收入与企业集团内部购货方的营业成本抵消即可。根据对第一种情况的分析,未实现利润即对企业集团的利润额产生影响,也对企业集团的存货价值产生影响。因此,编制抵消分录时,一方面需要抵消此交易对销货方营业收入、营业成本的影响,另一方面需要抵消购货方存货价值中所包含的未实现内部交易利润部分。相关抵消分录为:

①借:营业收入　　　　　　　　销售方售价×已实现对外销售存货比例
　贷:营业成本　　购货方成本(即销售方售价)×已实现对外销售存货比例
②借:营业收入　　　　　　　　销售方售价×未实现对外销售存货比例
　贷:营业成本　　　　销售方结转的成本×未实现对外销售存货比例
　　存货　　　　　　销售方确认的毛利×未实现对外销售存货比例

从另一个角度分析时,首先假设企业集团内部交易存货全部直接实现对外销售,即从企业集团角度来看应当直接按照销货方的成本确认企业集团的营业成本,按照购货方的收入确认企业集团的营业收入。因此,在编制抵消分录时,首先应当将内部交易对销货方营业收入和对购货方营业成本的影响予以抵消。由于购货方的营业成本即为销货方的营业收入,从而直接可以做抵消分录:

①借:营业收入　　　　　　　　　　　销售方售价
　贷:营业成本　　　　　　　　购货方成本(即销售方售价)

但是事实上企业集团内部交易存货只对外销售了一部分，因此，期末企业集团存货中还包含一部分尚未实现的内部交易利润，从另一个角度看则是购货方尚未把存货全部结转为营业成本。相应抵消分录为：

②借：营业成本　　　　　　　销售方确认的毛利×未实现对外销售存货比例

　贷：存货　　　　　　　　　销售方确认的毛利×未实现对外销售存货比例

(2)连续编制合并财务报表时企业集团内部存货购销业务的抵消处理。当前期企业集团内部交易的存货尚未完全售出时，这一企业集团内部存货交易也会对内部交易发生后合并会计报表的编制产生影响。这是因为，在内部交易发生时销售方和购货方已分别将该项交易对其净利润和存货价值的影响计入其个别会计报表。只要该内部交易存货尚未对外销售，内部交易利润就未实现，该交易对个别会计报表的影响就存在。又因为合并财务报表的编制是以各期的个别会计报表为基础编制的。所以，在连续编制合并财务报表时依然需要考虑前期内部交易是否对本期合并财务报表产生影响。前期企业集团内部存货交易对当期会计报表有哪些影响呢？从前面的分析可以看出，内部存货购销业务会影响到企业集团的交易发生当期的营业收入、营业成本和期末存货价值。需要注意的是，营业收入和营业成本属于损益类项目，期末需要将其结转至未分配利润。所以，连续编制合并财务报表时，应当抵消前期内部交易的发生对本期期初未分配利润的影响。另一方面，这一内部交易存货如果实现对集团外销售，则内部交易利润得以实现，应将个别会计报表中结转的营业成本与合并财务报表中应当结转的差异予以抵消，相应的抵消分录为借记"未分配利润——年初"科目，贷记"营业成本"科目。若该内部交易存货仍然尚未实现对集团外销售，则依旧抵消存货价值中所包含的未实现利润，相应的抵消分录为借记"未分配利润——年初"科目，贷记"存货"科目。

现实经济生活中，企业集团可能会连续几期发生内部存货交易，应当如何进行抵消处理？首先假设连续发生的存货内部交易利润已经全部实现，则先抵消前期内部交易对本期未分配利润期初余额和营业成本的影响，借记"未分配利润——年初"科目，贷记"营业成本"科目；再抵消本期内部交易对营业收入和营业成本的影响，借记"营业收入"科目，贷记"营业成本"科目。但事实上可能内部存货交易利润尚未全部实现，最后应当将期末尚未销售的存货价值中所包含的未实现利润抵消，借记"营业成本"科目，贷记"存货"科目。

2．企业集团内部固定资产购销业务抵消

企业集团内部固定资产购销业务是指企业集团内部发生的一方与固定资产相关的购销业务。依据交易对象在销售方或购买方处所属的性质将企业集团内部固定资产购销业务划分为三种类型：第一种类型是企业集团内部将企业自身生产的产品销售给其他企业集团内部成员作为固定资产使用；第二种类型是企业集团将其自身的固定资产销售给其他企业集团内部成员作为固定资产使用；第三种类型是企业集团将自身的固定资产销售给其他企业集团内部成员作为普通存货。第三种类型在现实经济生活中极少发生，此处就不再介绍。

在介绍具体类型的抵消处理之前，首先介绍一下固定资产的特殊性质对合并财务报表抵消分录的影响。与存货不同，固定资产的使用寿命为 1 年或 1 个营业周期以上，其价值是通过折旧的计提逐期转移，内部交易利润应在固定资产的使用期间通过计提折旧逐期实现。因此，固定资产内部交易的抵消处理包括内部固定资产购销业务当期的抵消处理、连续编制合并会计报表时企业集团内部固定资产购销业务的抵消处理和对内部交易固定资产进行处置时的抵消处理。

(1)企业集团内部固定资产购销业务当期的抵消处理。企业集团内部出现将企业自身生产的产品销售给其他企业集团内部成员作为固定资产使用的固定资产购销业务时，销售方在其个别会计报表中一方面确认营业收入，另一方面结转成本；购货方则在其个别会计报表中按照交易价格确认固定资产。购货方确认的固定资产价值中包含了两部分内容：销售方所归集的固定资产的生产成本和销售方的毛利(即销售企业的营业收入减去营业成本)。编制合并财务报表将整个企业集团视为一个会计主体时，这一购销业务就成了企业集团内部将自身生产的产品转作固定资产使用。因此，对于企业集团而言应该不需要确认营业收入和营业成本，只需按照销货方所归集的固定资产生产成本确认固定资产即可。相应的会计抵消分录应为：

借：营业收入　　　　销售方确认的收入

　贷：营业成本　　　　销售方结转的成本

　　固定资产　　　　销售方确认的毛利

企业集团内部出现将其自身的固定资产销售给其他企业集团内部成员作为固定资产使用时，销售方在其个别会计报表中一方面减少固定资产价值，冲销与所售固定资产相关的固定资产账户和累计折旧账户，另一方面，确认固定资产处置损益，即确认营业外收入或营业外支出；购货方又在其个别会计报表中按照交易价格确认固定资产。而作为企业集团，不能因为固定资产的使用单位发生变化就调整固定资产价值和确认损益。因此，企业集团在编制合并财务报表时，应当抵消固定资产价值中所包含的内部交易利润和所确认的固定资产处置损益。相应的会计抵消分录应为：

借：营业外收入　　　　内部交易收益

　贷：固定资产　　　　内部交易收益

或：借：固定资产　　　　内部交易损失

　　贷：营业外支出　　　　内部交易损失

前面已经提到,企业集团固定资产内部交易的抵消处理还要考虑该内部交易对固定资产折旧的影响。购买方按照内部交易价格确认固定资产价值后,按照该价值计提折旧,而企业集团应该按照销售方所归集的该固定资产生产成本或销售方所确认的固定资产账面价值计提折旧。企业集团编制合并财务报表时,应将这一差异予以抵消。

借或贷:固定资产

　　贷或借:管理费用、制造费用等

(2)连续编制合并财务报表时企业集团内部固定资产购销业务的抵消处理。连续编制合并会计报表期间进行抵消处理时,一方面,应当考虑该内部交易对企业集团固定资产原价和销售方年初未分配利润的影响,即应当按照固定资产内部交易利润,借或贷记“未分配利润——年初”,贷或借记“固定资产”。另一方面,还要考虑该内部固定资产交易对企业集团折旧的影响。内部交易对固定资产折旧的影响包括对以前会计期间累计折旧和当期计提折旧的影响。根据以前会计期间累计多计提或少计提的折旧,借或贷记“固定资产”科目,贷或借记“未分配利润——年初”科目;根据当期多计提或少计提的折旧,借或贷记“固定资产”科目,贷或借记“管理费用或制造费用等”科目。从上述描述中可以看出,在连续编制合并财务报表时,相关抵消处理不受企业集团内部固定资产交易类型的影响。若企业集团内部交易固定资产超过其计提折旧期间继续使用,其内部交易利润已经通过折旧完全转移,则个别会计报表和合并财务报表中应披露与该内部交易固定资产相关内容没有差异。因此,此时就不再需要进行抵消处理。

(3)对内部交易固定资产进行处置时的抵消处理。固定资产处置包括两种情况,一种是固定资产使用到期进行清理,另一种是固定资产使用尚未到期而进行清理。对于第一种情况,固定资产使用到期,内部交易利润已经通过折旧完全实现,个别会计报表和合并财务报表中应披露与该内部交易固定资产相关内容没有差异,此时不需要进行任何抵消处理。对于第二种情况,固定资产使用尚未到期就进行清理,内部交易利润尚未完全实现,也就是说,处置的固定资产成本中依然包含尚未实现的内部交易利润。显然这部分尚未实现的内部交易利润通过固定资产的清理得以实现,从而,应按照前期未实现的内部交易利润借或贷记“未分配利润——年初”科目,贷或借记“营业外支出或营业外收入”科目。另外,会计实务中,在固定资产退出使用当期依然需要计提折旧,即按照当期应计提的折旧额,借或贷记“管理费用或制造费用”科目,贷或借记“营业外支出或营业外收入”科目。

四、控制权取得日合并报表编制举例

[例 6 - 10] 2008 年 1 月 1 日华威公司用 2 500 000 元购买宏峰公司 80%的股权,

合并前2008年1月1日华威公司和宏峰公司的个别会计报表简表如表6-6所示。假设华威公司与宏峰公司的合并为非同一控制下的企业合并，两公司采用的会计政策和会计期间完全一致。

表6-6 资产负债表(简表)

2008年1月1日　　　　单位:元

	华威公司	宏峰公司	
	账面价值	账面价值	公允价值
资产:			
货币资金	4 000 000	250 000	250 000
应收账款	2 000 000	750 000	750 000
存货	3 500 000	1 300 000	1 300 000
可供出售金融资产	0	200 000	200 000
长期股权投资	1 000 000	0	0
固定资产	5 500 000	3 000 000	3 500 000
无形资产	6 000 000	1 000 000	1 000 000
商誉	0	0	0
资产总计	22 000 000	6 500 000	7 000 000
负债和所有者权益:			
短期借款	1 500 000	800 000	800 000
应付账款	2 500 000	700 000	700 000
其他负债	8 000 000	2 500 000	2 500 000
负债合计	12 000 000	4 000 000	4 000 000
股本	1 000 000	500 000	
资本公积	4 000 000	1 000 000	
盈余公积	3 500 000	600 000	
未分配利润	1 500 000	400 000	
所有者权益合计	10 000 000	2 500 000	3 000 000
负债和所有者权益总计	22 000 000	6 500 000	7 000 000

2008年宏峰公司实现净利润50万元，提取法定公积金5万元，分配现金股利10万元，假设现金股利已于2008年12月31日发放。同时，宏峰公司因持有可供出售金融资产的公允价值变动增加资本公积5万元。假设宏峰公司的固定资产仅有一栋办公楼，按年限平均法计提折旧，剩余折旧年限为10年。

2008 年华威公司与宏峰公司之间发生了以下经济业务：

(1)华威公司 2008 年 12 月 31 日的应收账款中有 190 万元是 2008 年发生的应收宏峰公司的销货款，其中该应收账款的原值为 200 万元，计提的坏账准备 10 万元。同时，宏峰公司 2008 年 12 月 31 日的资产负债表中包含应付华威公司购货款 200 万元。

(2)华威公司 2008 年共向宏峰公司销售产品 800 万元，其中销售成本为 640 万元，期末宏峰公司尚有 50%未实现对外销售。

(3)2008 年 1 月 1 日宏峰公司将其使用寿命为 10 年、已使用 4 年的管理用固定资产以 180 万元销售给华威公司，该固定资产原值为 200 万元，已累计计提折旧 80 万元，为了简化处理，假设该固定资产净残值为零，华威公司购入该固定资产后按照 12 个月计提折旧。

要求：依据上述描述编制华威公司 2008 年相关调整抵消分录；考虑连续编制合并财务报表时相关调整抵消分录。

1. 2008 年的相关调整抵消分录

(1)调整宏峰公司固定资产的公允价值变化和对资本公积的影响 500 000 元(3 500 000 - 3 000 000)。相应的调整分录为：

借：固定资产　　500 000
　贷：资本公积　　500 000

(2)调整合并时宏峰公司固定资产公允价值的变化对其 2008 年计提折旧的影响额 50 000 元(500 000/10)。相应的调整分录为：

借：管理费用　　50 000
　贷：固定资产　　50 000

(3)2008 年宏峰公司以合并日可辨认净资产的公允价值为基础调整净利润：500 000 - 50 000 = 450 000(元)，从而应当调整华威公司的长期股权投资和投资收益 360 000 元(450 000 × 80%)。相应的调整分录为：

借：长期股权投资　　360 000
　贷：投资收益　　360 000

(4)宏峰公司分配现金股利华威公司应当调整长期股权投资和投资收益 80 000 元(100 000 × 80%)。相应的调整分录为：

借：投资收益　　80 000
　贷：长期股权投资　　80 000

(5)宏峰公司因持有可供出售金融资产的公允价值变动资本公积增加应对长期股权投资和资本公积调整 40 000 元(50 000 × 80%)。相应的调整分录为：

借：长期股权投资　　40 000

贷:资本公积　　40 000

(6)抵消华威公司的长期股权投资 2 820 000 元(2 500 000 + 360 000 - 80 000 + 40 000)与宏峰公司的所有者权益。同时确认少数股东权益 680 000 元[(3 000 000 + 500 000 - 50 000 - 100 000 + 50 000) × 20%],确认商誉 100 000 元(2 500 000 - 3 000 000 × 80%)。相应的抵消分录为:

借:股本　　500 000
　资本公积　　1 550 000
　盈余公积　　650 000
　未分配利润——年末　　700 000
　商誉　　100 000
　贷:长期股权投资　　2 820 000
　　少数股东权益　　680 000

(7)抵消华威公司的投资收益 360 000 元(80 000 + 450 000 × 80% - 80 000)与宏峰公司的利润分配项目,同时确认属于少数股东的少数股东损益 90 000 元(450 000 × 20%)。相应的抵消分录为:

借:投资收益　　360 000
　少数股东损益　　90 000
　未分配利润——年初　　400 000
　贷:提取盈余公积　　50 000
　　对所有者(或股东)的分配　　100 000
　　未分配利润——年末　　700 000

(8)抵消华威公司与宏峰公司之间的内部债权债务。

借:应付账款　　2 000 000
　贷:应收账款　　2 000 000

(9)抵消华威公司依据内部应收账款所计提的坏账准备。

借:应收账款　　100 000
　贷:资产减值损失　　100 000

(10)假设宏峰公司将内部交易形成的存货全部销售。

借:营业收入　　8 000 000
　贷:营业成本　　8 000 000

(11)宏峰公司尚有 50%内部交易形成的存货未实现对外销售。其中,内部销售毛利率为 20%[(8 000 000 - 6 400 000)/8 000 000],尚未实现内部交易利润为 800 000 元[(8 000 000/2) × 20%]。

借:营业成本　　800 000
　　贷:存货　　800 000

(12)抵消与固定资产内部交易相关损益以及固定资产之中包含的尚未实现的内部交易利润 600 000 元[1 800 000 - (2 000 000 - 800 000)]。

借:营业外收入　　600 000
　　贷:固定资产　　600 000

(13)抵消由于内部交易而对固定资产多计提的折旧 100 000 元(600 000/6)。

借:固定资产　　100 000
　　贷:管理费用　　100 000

2.连续编制合并财务报表时相关调整抵消分录

(1)与 2008 年相同,调整宏峰公司固定资产的公允价值变化和对资本公积的影响 500 000 元(3 500 000 - 3 000 000)。相应的调整分录为:

借:固定资产　　500 000
　　贷:资本公积　　500 000

(2)2009 年对宏峰公司固定资产公允价值的变化对 2008 年合并财务报表的影响编制的调整分录:

借:未分配利润——年初　　50 000
　　贷:固定资产　　50 000

(3)2009 年华威公司按照权益法调整 2008 年对子公司的长期股权投资的相关分录:

借:长期股权投资　　320 000
　　贷:未分配利润——年初　　280 000
　　　　资本公积　　40 000

(4)2009 年抵消华威公司与宏峰公司之间的内部债权债务的相关分录:

借:应付账款　　2 000 000
　　贷:应收账款　　2 000 000

(5)2009 年抵消华威公司依据 2008 年内部应收账款所计提的坏账准备的相关分录:

借:应收账款　　100 000
　　贷:未分配利润——年初　　100 000

(6)2009 年抵消 2008 年企业集团内部存货交易的相关分录:

借:未分配利润——年初　　800 000
　　贷:存货　　800 000

(7)2009 年抵消 2008 年固定资产内部交易的相关分录:

借:未分配利润——年初　　500 000

　贷:固定资产　　500 000

第四节　合并财务报表的特殊问题

一、合并现金流量表

(一)合并现金流量表概述

现金流量表是财务报告中不可缺少的重要组成部分,合并财务报表中也不例外。所谓合并现金流量表,就是综合反映企业集团在一定会计期间现金和现金等价物流入和流出的报表。合并现金流量表的编制方法有两种:一种是与个别现金流量表相同,以合并资产负债表和合并利润表为基础编制;另一种是与合并资产负债表和合并利润表的编制方法相同,以集团内部所有个别现金流量表为基础,通过编制合并工作底稿抵消企业集团内部现金流量而形成。本节主要对第二种方法进行讲解。

(二)合并现金流量表的抵消内容

1.企业集团内部当期增加投资而产生的现金流量的抵消

企业集团内部直接以现金投资时,根据具体投资类别表现在投资方的个别现金流量表中为“投资支付的现金”或者“取得子公司及其他营业单位支付的现金净额”,表现在接受投资方的个别现金流量表中为“吸收投资收到的现金”。然而,当将企业集团作为一个统一的整体时,这一投资与被投资活动仅仅是企业集团内部的一项资金调拨事项,不应作为现金流量披露在合并现金流量表中,从而应将投资方与被投资方各自已在其个别现金流量表中披露的内容予以抵消。

当然,企业集团内部也可能通过从其他成员公司购买另一公司的股权而形成的股权转让业务活动。若出现这一情况时,与直接以现金投资相同,投资方根据具体的投资性质将其反映在个别现金流量表的“投资支付的现金”或者“取得子公司及其他营业单位支付的现金净额”中;股权转让方则将该业务反映在个别现金流量表中的“收回投资收到的现金”或者“处置子公司及其他营业单位收到的现金净额”中。作为企业集团内部资金转移,这一股权转让行为也应予以抵消。

2.企业集团内部分配现金股利或支付利息而产生的现金流量的抵消

企业集团内部进行的股权投资或债权投资，被投资方向投资方分配现金股利或者支付利息时，投资方将收到的现金股利或利息作为"取得投资收益收到的现金"，被投资方将支付的现金股利或利息作为"分配股利、利润或偿付利息支付的现金"。然而，企业集团作为一个统一的会计主体并未发生现金流量，应予以抵消。

3.企业集团内部结算债权债务而产生的现金流量抵消

当企业集团内部就结算债权债务而产生现金流量时，债权债务双方应当分别在其个别现金流量表中确认现金流入或现金流出。但是，该结算并没有引起企业集团的现金流入或流出，作为企业集团，不应在其合并现金流量表中确认此内容。因此，编制合并现金流量表时，应根据债权债务性质将个别现金流量表中确认的现金流量予以抵消。比如，若该债权债务关系是由以前的购销业务形成的，则应抵消"销售商品、提供劳务收到的现金"和"购买商品、接受劳务支付的现金"科目。

4.企业集团内部产品购销业务产生的现金流量抵消

企业集团内部成员公司因发生内部产品购销业务收到或支付现金时，购销双方分别会在其个别现金流量表中确认"销售商品、提供劳务收到的现金"和"购买商品、接受劳务支付的现金"。然而，对企业集团这一统一的会计主体而言并没有发生现金流量，从而应将购销双方由于此交易而确认的现金流量予以抵消。

5.企业集团内部固定资产交易产生的现金流量抵消

当企业集团内部发生由于固定资产交易而产生的现金流量时，购销双方作为独立的会计主体发生了现金流量，购货方在其个别现金流量表中确认"购建固定资产、无形资产和其他长期资产支付的现金"，销货方根据具体的固定资产交易类型，在其个别现金流量表中确认"销售商品、提供劳务收到的现金"或"处置固定资产、无形资产和其他长期资产收回的现金净额"。但是，作为企业集团，此交易并未发生现金流量的变化，应将交易双方在其个别现金流量表中确认的现金流量予以抵消。

(三)合并现金流量表中关于与少数股东之间发生现金流量的反映

从企业集团的角度来看，当子公司与其少数股东之间发生现金流量时，影响到了企业集团的现金流量，当子公司与其少数股东之间发生现金流量时，应在合并现金流量表中予以单独反映。子公司与其少数股东之间发生的影响现金流量的主要经济业务包括：少数股东追加对子公司的权益性投资；子公司对少数股东发放现金股利或利润等。当少数股东追加对子公司的权益性投资时，应当在"筹资活动产生的现金流量"之下的"吸收投资收到的现金"科目下设置"其中：子公司吸收少数股东投资收到的现金"科目反映；当子公司对少数股东发放现金股利或利润时，应当在"筹资活动产生的现金流量"之下的"分配股利、利润或偿付利息支付的现金"科目下设置"其中：子公司支付给少数股东的股利、利润”科目反映。

二、控股权变动的处理

母公司对子公司的持股比例并不是一成不变的，可能会由种种原因增加或减少。母公司对子公司的持股比例变化的原因主要有四种：①母公司购买子公司的少数股权，增加持股比例；②母公司出售子公司的部分股权，减少持股比例；③子公司向母公司配股或定向增发股份而使母公司的持股比例增加；④子公司向少数股东配股或定向增发股份而使母公司的持股比例减少。本部分将对此四种情况进行描述。

（一）母公司购买子公司的少数股权

无论母公司与子公司之间的企业合并业务采用购买法还是权益结合法，此时母公司购买子公司的少数股权合并属于同一控制下的企业合并，都应当采用权益结合法。此时母公司既不需要对子公司各资产负债的价值重新计量，也不需要确认商誉的价值。母公司确认的“长期股权投资”金额为母公司新增股权在子公司账面所有者权益之中所享有的份额。所以，编制合并会计报表的相关调整抵消程序与母公司购买少数股权之前的相关调整抵消程序完全相同。

（二）母公司出售子公司的部分股权

母公司出售子公司的部分股权时，需要按照所售股权的比例结转“长期股权投资”成本，同时按照售价与成本之间的差异确认“投资收益”。此时，母公司剩余的“长期股权投资”恰好反映了母公司在出售子公司部分股权后的长期股权投资成本。因此，母公司出售子公司的部分股权仍然具有控股权时，编制合并财务报表的相关调整抵消程序与母公司出售子公司部分股权之前的相关调整抵消程序完全相同。需要注意的是，母公司出售子公司的部分股权获取的投资收益属于企业集团的收益，不应在编制合并财务报表时将其抵消。

（三）子公司向母公司配股或定向增发股份

当子公司向母公司配股或定向增发股份时，母公司则根据需要调整“长期股权投资”。进而，根据调整后的“长期股权投资”和其在子公司之中的份额编制合并财务报表的调整抵消分录。

（四）子公司向少数股东配股或定向增发股份

子公司向少数股东配股或定向增发股份而减少母公司在子公司的股权份额后，

母公司仅需要根据调整后的股权份额编制合并财务报表的调整抵消分录即可。

三、外币报表的合并

我国《企业会计准则第33号——合并财务报表》规定母公司应当将其全部子公司纳入合并财务报表的合并范围。母公司境外的子公司也不例外。需要注意的是，境外子公司与境内子公司最大的差异在于，其可能采用与母公司不同的记账本位币，此种情况下又对合并财务报表的编制有何影响？前面已经讲到，统一母子公司的记账本位币是编制合并财务报表必要的基础工作之一。也就是说，外币报表合并的第一步是通过外币折算将子公司的个别会计报表转换为以母公司记账本位币反映的个别会计报表。以统一记账本位币后的母子公司个别会计报表为基础编制合并财务报表与普通的合并财务报表的编制程序与方法基本一致，仅仅需要对以下两个方面的内容予以特殊关注。

(1)当母子公司之间发生外币业务，母公司期末对外币货币性项目进行折算时，报表中的财务费用之中就会包含由汇率变动产生的汇兑差额。作为一个统一的会计主体，企业集团并没有发生由于汇率变动带来的任何损益。因此，编制合并报表时应将此部分汇兑差额转入“外币报表折算差额”之中。

(2)与母公司统一记账本位币后的子公司个别会计报表之中存在“外币报表折算差额”，会对子公司的所有者权益产生影响，进而会对少数股东权益产生影响。因此，此种情况下在计算少数股东权益时，还应当考虑少数股东应当分担的外币折算差额。

【本章小结】

企业合并母子公司形成了一个新的会计主体，因而编制披露合并后反映母公司和其全部子公司组成的企业集团整体财务状况、经营成果、现金流量以及所有者权益各组成部分变动情况的合并财务报表成为必然。合并财务报表与母公司的个别会计报表相比，具有四点区别：①合并财务报表的会计主体为母子公司形成的企业集团；②合并财务报表由具有控制权的母公司编制；③合并财务报表是以母、子公司的个别会计报表为基础编制；④合并会计报表是对纳入合并范围的企业个别会计报表的数据进行调整汇总的基础上，通过编制抵消分录将集团内部的经济业务对个别会计报表的影响抵消编制而成的。母公司应当将其全部子公司纳入合并财务报表的合并范围。

合并财务报表编制之前需要做的基础工作：①按照权益法调整对子公司的长期股权投资；②统一母子公司所采用的会计政策；③统一母子公司的会计期间；④统一母子公司的记账本位币。

合并财务报表的基本编制方法有三种：购买法、权益结合法和新主体法。我国企业会计准则对合并财务报表基本编制方法的选择做了明确的规定。对于属于非同一控制下企业合并中取得的子公司,母公司在编制合并财务报表时应当选择购买法;对于属于同一控制下企业合并中取得的子公司,母公司应当选择权益结合法。

合并工作底稿是合并财务报表的编制基础。合并工作底稿编制的基本步骤有5个:①过数;②调整;③汇总;④抵消;⑤合并。其中调整和抵消是合并财务报表编制程序中最为重要的步骤。调整包括两方面的工作:做好合并财务报表编制的基础工作,即:按照权益法调整对子公司的长期股权投资,统一母子公司所采用的会计政策,统一母子公司的会计期间,统一母子公司的记账本位币;根据需要调整子公司各会计要素的计量属性,即:购买法下,需要按照企业合并日的公允价值调整母公司所获得的子公司各项资产、负债的金额以及这些资产、负债对相关收入、费用的影响。抵消包括四个方面的内容:①母公司长期股权投资与子公司所有者权益的抵消;②母公司投资收益与子公司利润分配的抵消;③企业集团内部债权债务的抵消;④企业集团内部交易的抵消。

目前,国际上关于合并财务报表的编制存在着三种不同的理论基础,即实体理论、所有权理论和母公司理论。我国企业会计准则选择了介于母公司理论和实体理论之间的一种会计处理方式。

合并现金流量表的编制方法有两种:一种是与个别现金流量表相同,以合并资产负债表和合并利润表为基础编制;另一种是与合并资产负债表和合并利润表的编制方法相同,以集团内部所有个别现金流量表为基础通过编制合并工作底稿抵消企业集团内部现金流量而形成。当子公司与其少数股东之间发生现金流量时,应当在合并现金流量表中予以单独反映。

母公司对子公司的持股比例并不是一成不变的,可能会由种种原因增加或减少对子公司的持股比例。当母公司对子公司的持股比例发生变化时,母公司需要根据变化后的"长期股权投资"和股权份额编制合并财务报表的调整抵消分录。

外币报表合并时,首先应将子公司以外币反映的个别会计报表折算成与母公司记账本位币相同的货币反映的个别会计报表。然后将由于母子公司之间发生外币业务,母公司期末对外币货币性项目进行折算时产生的汇兑差额转入"外币报表折算差额"之中,同时考虑子公司个别会计报表在进行外币报表折算时形成的"外币报表折算差额"对少数股东权益的影响。最后,按照与普通的合并财务报表的编制程序方法相同的程序和方法编制合并财务报表即可。

【复习思考题】

1. 什么是合并财务报表？企业为什么要编制合并财务报表？
2. 合并财务报表的编报范围有哪些？

3. 企业在编制合并财务报表之前应当做哪些基础工作?
4. 合并财务报表的编制程序如何?
5. 合并财务报表的理论基础有哪几种? 分别有哪些特点?
6. 控股权取得日,购买法和权益结合法下合并财务报表的编制有何差异?
7. 控股权取得日后,如何抵消母公司的长期股权投资与子公司的所有者权益?
8. 控股权取得日后,如何抵消母公司的投资收益与子公司的利润分配项目?
9. 控股权取得日后,如何抵消企业集团的内部债权债务?
10. 控股权取得日后,如何抵消企业集团内部的存货交易?
11. 控股权取得日后,如何抵消企业集团内部的固定资产交易?
12. 合并现金流量表的抵消内容有哪些?
13. 控股权变动时,在编制合并财务报表时应当注意哪些问题?
14. 在合并外币报表时,企业应当注意哪些问题?

CHAPTER 7　第七章

衍生金融工具会计

【学习目标】

1. 掌握金融工具的确认和计量。
2. 了解金融工具转移确认和计量。
3. 重点掌握衍生金融工具的会计核算。
4. 重点掌握套期保值会计的确认、计量和会计核算。

第一节　金融工具概述

1995年2月末，随着拥有百年历史的巴林银行正式倒闭，金融工具高风险、高回报的特征也引起了人们的关注，会计界也开始关注金融工具的确认和计量问题。

一、金融工具的概念和内容

（一）金融工具的概念

根据《银行与金融百科全书》中的解释，“工具”是指“任何一种单证，通过它的签发，一些权利被交换，或者合同被确定”。金融工具一般被解释为在金融市场的交易中形成的“对其他单位的债权凭证和所有权凭证”。国际会计准则委员会和美国财务会计准则委员会等会计准则制定机构，从会计的角度梳理了金融工具的定义。

美国财务会计准则委员会(FASB)于1999年12月发布了一份关于金融工具的征求意见稿《初步意见》(Preliminary Views)，认为金融工具是指：①现金；②实体所拥有的权益工具;③一实体向另一实体交付金融工具的合约义务和另一实体收取金融工具的相应合约权利;④一实体与另一实体交换金融工具的合约义务和另一实体要求同前一实体交换金融工具的合约权利。

在2003年修订的《国际会计准则第32号——金融工具:披露与列报》(IAS32)中,国际会计准则理事会(IASC)将金融工具定义为:形成一个实体的金融资产并形成另一实体的金融负债或权益工具的合约。

我国《企业会计准则第22号——金融工具确认和计量》(CAS NO.22)将金融工具定义为:形成一个企业的金融资产,并形成其他单位的金融负债或权益工具的合同。

以上FASB、IASC和CASC均是从“合约”或“合同”的角度来解释金融工具的本质属性。“合约”或“合同”的签订决定了签约者各方的权利和义务,“合约”或“合同”的权利即为“金融资产”,“合约”或“合同”的义务即为“金融负债”,从合约权利和义务分别定义金融资产和金融负债,能够使其与资产、负债的定义与特征更好地吻合。

(二)金融工具的内容

金融工具包括金融资产、金融负债和权益工具。金融资产是从金融工具持有者的角度来定义的,而金融负债和权益工具则是从金融工具发行者的角度来定义的。我国《企业会计准则第22号——金融工具确认和计量》将金融资产、金融负债和权益工具表述为:

1.金融资产

金融资产是指企业的下列资产:

(1)现金;

(2)持有的其他单位的权益工具,如股权投资;

(3)从其他单位收取现金或其他金融资产的合同权利,如应收账款、应收票据等;

(4)在潜在有利条件下,与其他单位交换金融资产或金融负债的合同权利,如期权的持有者以低于市场价格购入另一家公司的股票的权利;

(5)将来须用或可用企业自身权益工具进行结算的非衍生工具的合同权利,企业根据该合同将收到非固定数量的自身权益工具;

(6)将来须用或可用企业自身权益工具进行结算的衍生工具的合同权利,但企业以固定金额的现金或其他金融资产换取固定数量的自身权益工具的衍生工具合同权利除外,其中企业自身权益工具不包括本身就是在将来收取或支付企业自身权益工具的合同。

从“合约”或“合同”的角度讲,金融资产就是企业形成的收取现金或其他金融资产(或交换金融负债或权益工具)的“合约”或“合同”权利。而“合约”或“合同”的权利是指具有收取交换媒介或其他金融资产的现时“合约”或“合同”权利。从“合约”或“合同”的角度讲,库存现金、银行存款、应收账款、应收票据和其他应收款、债券投资、股票投资、融资租入形成的长期应收金额等资产,有的可以直接作为交换媒介,而有的具有收取现时“合约”或“合同”权利,属于金融资产;而存货、固定资产、无形资产、预付账款、经营租赁出租的固定资产等需要通过各种形式的转化才能形成收取的合同权利,因此不属于金融资产,如固定资产需要通过折旧的形式把它的价值转移到产品成本中,将产品出售后才会形成收取的权利。

2.金融负债

金融负债是指下列负债:

(1)向其他单位交付现金或其他金融资产的合同义务,如应付账款、应付票据等金融负债;

(2)在潜在不利条件下,与其他单位交换金融资产或金融负债的合同义务,如期权的发行者按照低于市场价格出售股票的义务;

(3)将来须用或可用企业自身权益工具进行结算的非衍生工具的合同义务,企业根据该合同将交付非固定数量的自身权益工具;

(4)将来须用或可用企业自身权益工具进行结算的衍生工具的合同义务,但企业以固定金额的现金或其他金融资产换取固定数量的自身权益工具的衍生工具合同义务除外,其中企业自身权益工具不包括本身就是在将来收取或支付企业自身权益工具的合同。

从“合约”或“合同”的角度讲,金融负债就是企业负担的支付现金或其他金融资产或自身权益工具的“合约”或“合同”义务。“合约”或“合同” 的义务是指具有支付交换媒介或其他金融资产的现时“合约”或“合同”义务,如应付账款、应付票据、应付债券和其他应付款、融资租入承租人在租赁合同下承担的长期应付金额等负债,是企业负担的支付现金或其他金融资产或自身权益工具的“合约”或“合同”的义务,属于企业的金融负债;而因政府的法定要求应当缴纳的各种税费等非合同性质的负债,不属于企业的金融负债。

3.权益工具

权益工具是指能证明拥有某个企业在扣除所有负债后的资产中剩余权益的合同,如企业发行的普通股、使持有者有权以固定价格购入固定数量本企业普通股的认股权证等。

二、金融工具的分类

金融工具可以按照多种标准进行分类,不同的分类提供不同的经济信息。

按企业持有金融工具的目的和意图,分为金融资产、金融负债和权益工具。

按照期限,可分为定期金融工具、不定期金融工具和永续性金融工具。其中,定期金融工具有确定的到期日,其存续期限在发行时确定;不定期金融工具,其存续期是一个不固定的时间段,如可赎回优先股;永续性金融工具,没有既定的偿还时间表,没有限定固定的期限,如普通股。

按照金融工具的支付方式,分为保证支付金融工具、条件支付金融工具、证券化支付金融工具、选择支付金融工具和无支付金融工具。

按照与标的物的关系,分为基本金融工具和衍生金融工具。

1.基本金融工具

基本金融工具是指能证明债权、债务和权益关系的具有一定格式的法律文件。包括企业持有的库存现金、存放于金融机构的款项、普通股,以及代表在未来期间收取或支付金融资产的合同权利或义务等,如应收账款、应付账款、其他应收款、其他应付款、存出保证金、客户贷款、客户存款、债券投资等。

基本金融工具的特征为:①其取得或者发生通常伴随着资产的流入和流出,如支付银行存款,取得债券等;②其价值由标的物本身价值决定,如票据的价值就是票据本身的价值。

基本金融工具属于传统金融工具,纳入了企业的日常会计核算和监督,构成了传统会计报表的有关项目,有关确认和计量参见"中级财务会计"的内容。

2.衍生金融工具

衍生金融工具亦称衍生金融产品、派生金融产品或衍生品等,是相对于基本金融工具而言的金融工具。

国际互换和衍生品协会(ISDA)对衍生工具的定义如下:"衍生产品是有关互换现金流量和旨在为交易者转移风险的双边合约。合约到期时,交易者所欠对方的金额由基础商品、证券或指数的价格来决定。"①

1998年6月,FASB发布了《衍生金融工具及套期活动的会计处理》(FAS133),其对衍生金融工具的定义是具有以下三个特征的金融工具或其他合约:

(1) 一种或多种标的物,一个或多个名义数量或支付条款;

(2)不要求初始净投资,或与对市场因素变动具有类似反应的其他类型合约相比,要求较少的净投资;

(3)要求或允许净额交割。

IASC在2003年12月发布了《金融工具:确认和计量》(IAS39),其对衍生金融工具的定义是满足下述三个特征的金融工具或其他合约:

---

① 转引自:常勋.财务会计四大难题[M].2版.上海:立信会计出版社,2005.

(1)根据特定利率、金融工具价格、商品价格、外汇汇率、价格或利率指数、信用等级或信用指数,或其他变量(有时被称为“标的”)的变动而发生价值变动;

(2)不要求初始净投资或要求的初始净投资小于预计对市场因素变化有类似反应的其他类型合约所要求的初始净投资;

(3)在未来某日进行结算。

IAS39 与 FAS133 对衍生金融工具的定义有一点差异,即 IASB 认为衍生金融工具要求在未来日期结算,而 FASB 认为能够进行净额交割是衍生金融工具的重要特征,不具备这个特征的金融工具就不是衍生金融工具。

按照 CAS NO.22 的规定,衍生工具是指金融工具确认和计量准则涉及的、具有下列特征的金融工具或其他合同:

(1)其价值随着特定利率、金融价格、商品价格、汇率、价格指数、费率指数、信用等级、信用指数或其他类似变量的变动而变动,变量为非金融变量的,该变量与合同的任一方不存在特定关系;

(2)不要求初始净投资,或与对市场情况变动有类似反应的其他类型合同相比,要求很少的初始投资;

(3)在未来某一日期结算。

3.衍生金融工具的特点

从以上衍生金融工具的概念可以看出,衍生金融工具有其独特的特点:

(1)衍生性。衍生金融工具是从基本金融工具派生出来的,它是为了规避风险对基础金融工具的价格、利率、信用等级等在时间、空间的变动的约定。

(2)杠杆性。杠杆的作用就是以较小的力通过一个支点去拨动很大的物体,衍生金融工具不要求初始净投资,或要求很少的初始投资,并按照净额结算,这就是杠杆的“以小搏大”的效应。

(3)灵活性。衍生金融工具的灵活性主要体现在三个方面,一是标的物可以是基础金融工具与衍生金融工具或基础金融工具、衍生金融工具的组合;二是目的的灵活性,既可以为了保值也可以为了套利;三是合约内容既可以是价格、利率,也可以是汇率、指数。

(4)风险可转移性。为了规避风险,通过签订特定利率、金融价格、商品价格、汇率、价格指数、费率指数、信用等级、信用指数或其他类似变量的合同进行风险转嫁或分担来达到保值或套利的目的。

4. 衍生金融工具的分类

衍生金融工具的分类标准有很多,主要有:根据交易的方式,可分为金融远期、金融期货、金融期权和金融互换;根据基础工具的不同,可分为外汇衍生金融工具、利率衍生金融工具和股票衍生金融工具。

三、金融工具的确认

金融工具的确认是指将符合金融工具确认条件的项目，作为企业的金融资产、金融负债和权益工具加以记录及列入资产负债表的过程。这是对与金融工具有关的经济事项或交易的一种确认行为，主要解决这些经济事项或交易是否属于会计准则规范的金融工具，是金融资产、金融负债还是权益工具，以及何时作为会计要素登记入账等问题。

金融工具的确认，与其分类密切相关。参照 IAS39 并结合我国的具体情况，CAS NO.22将金融工具分为金融资产、金融负债和权益工具。

(1)以公允价值计量且其变动计入当期损益的金融资产或负债，可以进一步分为交易性金融资产或金融负债和直接指定为以公允价值计量且其变动计入当期损益的金融资产或金融负债。

企业的金融资产或金融负债在满足以下条件之一时，才能作为交易性金融资产或金融负债：①取得该金融资产或承担该金融负债的目的，主要是为了近期内出售、回购或赎回；②属于进行集中管理的可辨认金融工具组合的一部分，且有客观证据表明企业近期采用短期获利方式对该组合进行管理；③属于衍生工具。

企业只有在满足以下两个条件之一时，企业才能将某项金融资产直接指定为以公允价值计量且其变动计入当期损益的金融资产：①该指定可以消除或明显减少由于该金融资产的计量基础不同所导致的相关利得或损失在确认或计量方面不一致的情况；②企业风险管理或投资策略的正式书面文件已载明该金融资产组合等，以公允价值为基础进行管理、评价并向关键管理人员报告。

(2)持有至到期投资是指到期日固定、回收金额固定或可确定，且企业有明确意图和能力持有至到期的非衍生金融资产。

(3)贷款和应收款项是指在活跃市场中没有报价、回收金额固定或可确定的非衍生金融资产。

(4)对于公允价值能够可靠计量的金融资产，企业可以将其直接指定为可供出售金融资产。例如，在活跃市场上有报价的股票投资、债券投资等。

(5)其他金融负债是指没有划分为以公允价值计量且其变动计入当期损益的金融负债。例如，企业购买商品形成的应付账款、长期借款、商业银行吸收的客户存款等。

(6)权益工具是指能证明拥有某个企业在扣除所有负债后的资产中剩余权益的合同。如企业发行的普通股等。

四、金融工具的计量

根据 IASC 的概念框架,计量是指为了在资产负债表和损益表中确认和记录财务报表要素而确定其货币金额的过程,包括金融工具的初始计量和后续计量。

(一)金融资产和金融负债的初始计量

金融工具的初始计量,是指金融工具初始确认所进行的计量。

(1)以公允价值计量且其变动计入当期损益的金融资产以及不作为有效套期工具的衍生工具和以公允价值计量且其变动计入当期损益的金融负债,应当按照取得时的公允价值作为初始确认金额,相关的交易费用在发生时计入当期损益。支付的价款中包含了已宣告发放的债券利息或现金股利的,应当单独确认为应收项目。

(2)持有至到期投资,应当按照取得时的公允价值和相关的交易费用作为初始确认金额。支付的价款中包含已到付息期但尚未领取的债券利息,应当单独确认为应收项目。

(3)贷款和应收款项,应当按照取得时的公允价值和相关的交易费用作为初始确认金额。

(4)可供出售金融资产,应当按照取得时的公允价值和相关的交易费用作为初始确认金额。支付的价款中包含了已宣告发放的债券利息或现金股利的,应当单独确认为应收项目。

(5)企业发行权益工具时,按照所收到的价款(发行价格扣除交易费用)后,按照面值乘以股数确认股本或实收资本,多余的价款计入资本公积。

(二)金融资产和金融负债的后续计量

后续计量指的是金融工具初始计量之后的再计量。就初始计量而言,采用历史成本或公允价值,其结果不会出现很大的差别,但后续计量则不然。

CAS NO.22 对金融资产的后续计量规定如下:

(1)以公允价值计量且其变动计入当期损益的金融资产,应当按照公允价值计量,公允价值变动的利得或损失,计入当期损益,且不扣除将来处置该金融资产时可能发生的交易费用。

(2)持有至到期投资,应当采用实际利率法,按摊余成本计量。

(3)贷款和应收款项,应当采用实际利率法,按摊余成本计量。

(4)可供出售金融资产,应当按公允价值计量,公允价值变动的利得或损失,计入权益(资本公积——其他资本公积)。

(5)金融负债:

①以公允价值计量且其变动计入当期损益的金融负债,应当按照公允价值计量,且不扣除将来结清金融负债时可能发生的交易费用。

②不属于指定为以公允价值计量且其变动计入当期损益的金融负债的财务担保合同,应当在初始确认后按照下列两项金额之中的较高者进行后续计量:按照《企业会计准则第13号——或有事项》确定的金额;初始确认金额扣除按照《企业会计准则第14号——收入》的原则确定的累计摊销额后的余额。

③没有指定为以公允价值计量且其变动计入当期损益并将以低于市场利率贷款的贷款承诺,应当在初始确认后按照下列两项金额中的较高者进行后续计量:按照《企业会计准则第13号——或有事项》确定的金额;初始确认金额扣除按照《企业会计准则第14号——收入》的原则确定的累计摊销后的余额。

④上述金融负债以外的金融负债,应当按摊余成本后续计量。

(6)权益工具:权益工具的回购、注销和出售,按照支付的对价和费用,依次减少股本(实收资本)、资本公积、留存收益。

(三)金融工具持有损益的计量

CAS NO.22对金融工具的利得和损失规定如下:

1.金融资产相关利得或损失的处理

(1)对于按照公允价值进行后续计量的金融资产,其公允价值变动形成利得或损失,除与套期保值有关外,应当按照下列规定处理:①以公允价值计量且其变动计入当期损益的金融资产公允价值变动形成的利得或损失,应当计入当期损益;②可供出售金融资产公允价值变动形成的利得或损失,除减值损失和外币货币性金融资产形成的汇兑差额外,应当直接计入所有者权益,在该金融资产终止确认时转出,计入当期损益。

可供出售外币货币性金融资产形成的汇兑差额,应当计入当期损益。采用实际利率法计算的可供出售资产的利息,应当计入当期损益;可供出售权益工具投资的现金股利,应当在被投资单位宣告发放股利时计入当期损益。

(2)以摊余成本计量的金融资产,在发生减值、摊销或终止确认时产生的利得或损失,应当计入当期损益。但是,该金融资产被指定为套期项目的,相关的利得或损失的处理适用套期保值的相关规定。

2.金融负债相关利得或损失处理

(1)对于按照公允价值进行后续计量的金融负债,其公允价值变动的利得或损失,除与套期保值有关外,应当计入当期损益。

(2)以摊余成本或成本计量的金融负债,在摊销、终止确认时产生的利得或损失,应当计入当期损益。但是,该金融负债被指定为被套期项目的,相关利得或损失的处理,适用套期保值的相关规定。

五、金融工具转移和终止确认

(一)金融工具转移的概念

我国《会计准则第23号——金融资产转移》规定:金融资产转移,是指企业(转出方)将金融资产让与或交付给该金融资产发行方以外的另一方(转入方)。这里所指的金融资产,既包括单项金融资产,也包括一组类似的金融资产;既包括单项金融资产(或一组类似金融资产)的一部分,也包括单项金融资产(或一组类似金融资产)整体。

企业金融资产转移,包括下列两种情形:

(1)将收取金融资产现金流量的权利转移给另一方。

(2)将金融资产转移给另一方,但保留收取金融资产现金流量的权利,并承担将收取的现金流量支付给最终收款方的义务,同时满足下列条件:①该金融资产收到对等的现金流量时,才有义务将其支付给最终收款方;②根据合同约定,不能出售该金融资产或作为担保物,但可以将其作为对最终收款方支付现金流量的保证;③有义务将收取的现金流量及时支付给最终收款方。

(二)金融资产和金融负债转移的确认

金融资产和金融负债转移采取了"控制""风险和报酬"等作为判断金融资产和金融负债是否转移的依据,并将金融资产和金融负债转移分为终止确认和未终止确认。

1.终止确认

终止确认,是指将金融资产或金融负债从企业的账户和资产负债表内予以转销。

(1)企业已将金融资产所有权上几乎所有的风险和报酬转移给了转入方时,应当比较转移前后该金融资产未来现金流量净现值及时间分布的波动使其面临的风险。企业面临的风险因金融资产转移而发生实质性改变,致使该风险与所转移金融资产未来现金流量净现值的总体变化相比显得不重大的,表明该企业已将金融资产所有权上几乎所有的风险和报酬转移给了转入方。

(2)企业既没有转移也没有保留金融资产所有权上几乎所有的风险和报酬,但放弃了对该金融资产控制的,应当终止确认该金融资产。

2. 金融资产和金融负债未终止确认

与终止确认相对应,未终止确认时,企业不得将金融资产或金融负债从企业的账

户和资产负债表内予以转销。

(1)企业保留了金融资产所有权上几乎所有的风险和报酬的,不应当终止确认该金融资产。

(2)企业既没有转移也没有保留金融资产所有权上几乎所有的风险和报酬,也未放弃对该金融资产控制的,应当按照其继续涉入所转移金融资产的程度确认有关金融资产,并相应确认有关负债。

六、金融工具转移和终止确认的计量

基本金融工具转移和终止确认的计量参见《中级财务会计》的有关章节,衍生金融工具转移和终止确认的计量见本章其他节。

第二节　衍生金融工具的会计核算

一、账户设置

基本金融工具需要通过设置“库存现金”“银行存款”“应收账款”“应收票据”“交易性金融资产”“持有至到期投资”“可供出售金融资产”等科目进行会计核算,具体内容参见《中级财务会计》的有关章节,对衍生金融工具需要通过设置“衍生工具”“套期工具”和“被套期项目”等账户来进行会计核算。

“衍生工具”账户属于共同类账户,既用来核算企业取得的衍生资产,也用来核算企业形成的衍生负债。企业取得的衍生工具,按其公允价值借记本科目,按其发生的交易费用借记“投资收益”科目,两者之和贷记“银行存款”等科目;资产负债表日,衍生工具的公允价值与账面价值的差额,记入“公允价值变动损益”科目;终止确认的衍生工具,比照“交易性金融资产”“交易性金融负债”等科目的规定进行处理,本科目的期末余额,反映企业衍生工具形成的资产公允价价值(借方余额)或衍生工具形成的负债公允价值(贷方余额)。

“套期工具”账户属于共同类账户,既用来核算企业取得套期工具形成的资产,也用来核算企业套期工具形成的负债,期末余额反映企业套期工具形成的资产公允价值(借方余额)或套期工具形成的负债公允价值(贷方余额)。

“被套期项目”账户属于共同类账户,既用来核算企业被套期项目形成的资产,也用来核算企业被套期项目形成的负债,期末余额反映企业被套期项目形成的资产公允价值(借方余额)或被套期项目形成的负债公允价值(贷方余额)。

二、会计核算举例

[例7－1][①]购入股票看涨期权——按现金净额结算。2013年2月1日甲公司与乙公司签订一份欧式期权合同，该合同要求乙公司承担一项支付义务，同时赋予甲公司一项可在2014年1月31日以每股102元的价格购回本公司股票1 000股的权利。如果甲公司到期行权，该合同将以现金净额结算。假设有关股票市价以及该看涨期权公允价值资料见表7－1。假定甲公司在行权日行使了该买权。

表7－1　甲公司股票市价及看涨期权公允价值资料

项　目	2013年2月1日	2013年12月31日	2014年1月31日
股票的每股价格	100	104	104
看涨期权的公允价值	5 000	3 000	2 000

分析：

(1)根据表7－1整理出该看涨期权的内在价值和时间资料，见表7－2。

表7－2　甲公司股票市价及看涨期权公允价值资料

项　目	2013年2月1日	2013年12月31日	2014年1月31日
公允价值(1)	5 000	3 000	2 000
内在价值(2)＝(行权价－市价)×1 000	0	2 000	2 000
时间价值(3)＝(1)－(2)	5 000	1 000	0

合同签订日的数据表明行权价102元超过了股票市价100元，所以没有内在价值，只有时间价值，该期权为价外期权。这时看来，甲公司行权并不经济。合同到期日，该看涨期权为价内期权，甲公司应该行权。

(2)从合同规定的结算方式来看，以现金净额结算，意味着结算时甲公司应向乙公司交付102 000元，乙公司则应向甲公司交付104 000元。所以，甲公司按净额收取2 000元。换句话说，甲公司购入的期权合约令其具有将来按股票市价大于行权价之差计算的向乙公司收取现金净额的权利，应该确认金融资产。

根据上述资料和分析，甲公司的账务处理为：

(1)2013.2.1买入看涨期权：

借：衍生工具——看涨期权资产　　　　5 000

　　贷：银行存款　　　　5 000

---

① [例7－1]至[例7－5]资料引自：财政部会计司．国际财务报告准则2008[M]．北京：中国经济出版社，2008．材料略有改动．

(2)2013.12.31 确认公允价值变动：

借：公允价值变动损益 2 000

贷：衍生工具——看涨期权资产 2 000

(3)2014.1.31 确认公允价值变动：

借：公允价值变动损益 1 000

贷：衍生工具——看涨期权资产 1 000

以现金净额结算期权合同：

借：银行存款 2 000

贷：衍生工具——看涨期权资产 2 000

[例 7－2] 购入股票看涨期权——按股票净额结算。资料仍见[例 7－1]，只是将结算方式改为按股票净额结算。

分析：根据期权合同规定的结算方式，行权时乙公司有义务向甲公司交付价值为 104 000 元的甲公司股票，以换取价值为 102 000 元的甲公司股票。所以，乙公司向甲公司交付净额为 2 000 元的甲公司股票。对于甲公司来说，相当于收回本公司股票 19.2 股(2 000 ÷ 104)。

所以，甲公司的有关账务处理与[例 7－1]基本相同，只有行权日结算合同的处理为：

借：库藏股(或股本)等权益类账户 2 000

贷：衍生工具——看涨期权资产 2 000

[例 7－3] 购入股票看涨期权——按实物总额结算。资料仍见[例 7－1]，只是将结算方式改为按实物总额结算，即行权时甲公司将以支付固定金额的现金来收取固定数量的本公司股票的方式与乙公司结算期权合同。

分析：根据金融资产的含义，金融资产中包括将来需用或可用企业自身权益工具进行结算的衍生金融工具合同权利，但企业以固定金额的现金或其他金融资产换取固定数量的自身权益工具合同除外。所以，甲公司签订的购入看涨期权合同符合权益工具的定义，不确认金融资产。

根据上述资料和分析，甲公司的账务处理为：

(1)2013.2.1 买入看涨期权行使的权益工具：

借：资本公积 5 000

贷：银行存款 5 000

(2)2013.12.31 不确认公允价值变动。

(3)2014.1.31 以实物总额结算期权合同：

借：库藏股(或股本)等权益类账户 102 000

贷:银行存款　　102 000

[例 7-4]签出股票看涨期权——按现金净额结算。2013 年 2 月 1 日甲公司与乙公司签订一份以现金净额结算的欧式期权合同,赋予乙公司一项 2014 年 1 月 31 日以每股 102 元的行权价向甲公司收取 1 000 股甲公司普通股公允价值的权利,同时使甲公司承担一项支付义务。假设有关股票市价以及该看涨期权公允价值资料见表 7-1。假定乙公司在行权日行使了该买权。

分析:甲公司签出看涨期权,合同规定的结算方式是以现金净额结算,意味着如果乙公司在 2014 年 1 月 31 日行使这项权利,则甲公司有按行权日甲公司普通股的公允价值超过行权价之差计算的向乙公司交付现金的义务,所以应该确认金融负债。根据上述资料和分析,甲公司的有关账务处理如下:

(1)2013.2.1 签出看涨期权:

借:银行存款　　5 000

贷:衍生工具——看涨期权负债　　5 000

(2)2013.12.31 确认公允价值变动:

借:衍生工具——看涨期权负债　　2 000

贷:公允价值变动损益　　2 000

(3)2014.1.31 确认公允价值变动:

借:衍生工具——看涨期权负债　　1 000

贷:公允价值变动损益　　1 000

以现金净额结算期权合同:

借:衍生工具——看涨期权负债　　2 000

贷:银行存款　　2 000

[例 7-5] 股票看涨期权——按实物总额结算,资料仍见[例 7-4],只是结算方式改为按实物总额结算。假定乙公司在行权日行使了该买权。

分析:根据会计准则,企业承担的将以固定价格交付指定数量的企业自身股票的义务,不属于金融负债。实际上,该看涨期权将导致签出方在持权方行权时发行指定数量的股票以换取固定金额的现金。

根据上述资料和分析,甲公司的账务处理为:

(1)2013.2.1 签出看涨期权:

借:银行存款　　5 000

贷:资本公积　　5 000

(2)2013.12.31 不确认公允价值变动。

(3)2014.1.31 记录期权合同的结算:

借:银行存款　　　　102 000

　贷:股本等　　　　102 000

第三节　衍生金融工具——套期保值会计

一、套期和套期关系的界定

(一)套期的含义

套期(hedge)是指两面下注以避免(赌博、冒险等)损失。它揭示了套期的经济实质和经济效果。

从会计的角度而言,套期活动是指购销一项或多项套期工具,使其公允价值或未来现金流量的变动方向与被套期项目相反,从而有效地抵消未来风险导致的被套期项目价值变动所可能带来的损失。

可以从以下三个方面对套期的概念进行进一步的解释:

(1)套期(hedge)是指金融工具与金融工具、金融工具与非金融工具之间的一种特殊关系,而 hedging 可以理解为指定(designated)套期工具和被套期项目的过程,即建立一种套期关系。

(2)套期可以减少甚至消除风险,降低风险暴露可能形成的不利影响。其作用机制是:针对被套期项目,购入或出售一项或多项衍生金融工具或非衍生金融工具(特定情况),使其公允价值或未来现金流量的变动方向与被套期项目相反、金额相当,以全部或部分抵消特定风险所导致的被套期项目价值变动可能带来的损失。

(3)套期与套利有本质区别。套利是买空卖空,利用市场上金融工具或非金融工具的价格差别获取利润。套期则着重于缓解风险,尽可能规避价格等因素的波动可能给企业带来的不利影响。从交易效果上看,套期在规避风险的同时,也可能将获利的机会降低或消除。

套期活动是通过套期工具的价值或现金流量与被套期项目的价值或现金流量的反方向变化实现的,确定其核算对象的范围,即对套期工具和被套期项目进行界定。

套期工具是指被指定的衍生工具或其他金融工具,其公允价值或现金流量变动预期抵消被套期项目的公允价值或现金流量变动。

被套期项目是指企业面临公允价值变动或未来现金流量变动风险影响的资产、负债、确定承诺、预期交易和国外净投资。

(二)套期关系

1.套期关系的认定

套期关系是指企业为了规避价格、利率等风险而将套期工具与被套项目有机地联系在一起的关系。为了正确判断套期关系,IAS NO.39 规定了认定套期关系的条件,指出:只有当以下五个条件同时具备时,才可认定一项套期关系。

(1)在套期开始时,企业对套期关系须有正式记录,包括对套期关系、企业进行此项套期行为的风险管理策略和套期有效性评价方法的描述等;

(2)该套期可有效地抵消公允价值或现金流量变动,并与企业最初为该项套期所确定的风险管理策略一致;

(3)对于现金流量套期,预期交易必须可能发生,且必须使企业面临最终将影响净收益的现金流量变动风险;

(4)套期的有效性可予以可靠计量;

(5)企业应该对套期有效性进行持续评价,且确保该套期关系在整个报告期内有效。

我国 2006 年发布的《企业会计准则第 24 号——套期保值》(CAS NO.24)也提出了关于认定套期关系的五条标准,从内容上看,这五条标准与上述标准几乎没有差别。

(三)套期关系的分类

套期保值(以下简称套期)按套期关系(即套期工具和被套期项目之间的关系)可划分为公允价值套期、现金流量套期和境外净投资套期。

公允价值套期,是指对已确认资产或负债、尚未确认的确定承诺,或该资产或负债、尚未确认的确定承诺中可辨认部分的公允价值变动风险进行的套期。该类价值变动源于某类特定风险,且将影响企业的损益。公允价值套期包括外币公允价值套期,如对未确认的确定承诺的外币风险所做的套期、对可出售证券的外币风险所做的套期等。

现金流量套期,是指对现金流量变动风险进行的套期。该类现金流量变动源于与已确认资产或负债、很可能发生的预期交易有关的某类特定风险,且将影响企业的损益。现金流量套期中包括外币现金流量套期、对确定承诺的外汇风险进行的套期等。

境外经营净投资套期,是指对境外经营净投资外汇风险进行的套期。境外经营净投资是指企业在境外经营净资产中的权益份额。

企业既无计划也无可能于可预见的未来会计期间结算的长期外币货币性应收项目(含贷款),应当视同境外经营净投资的组成部分。因销售商品或提供劳务等形成的期限较短的应收账款不构成境外经营净投资。

二、套期有效性

套期有效性,是指套期工具的公允价值或现金流量变动能够抵消被套期风险引起的被套期项目公允价值或现金流量变动的程度。

套期有效性反映了套期工具抵消被套期项目公允价值或现金流量变动的程度。套期有效性可以体现套期保值的效应,是验证套期关系是否有意义的重要标志。只有套期工具和被套期项目在报告期内的价值变动能够大部分抵消的情况下,才属于有效套期,属于 CAS NO.24 所规范的内容。

套期有效性是可以量化的,一般的会计准则中都给定一个判断有效套期的标准。CAS NO.24 对套期有效性标准的规定是:

(一)高度有效套期的认定

套期只有满足下列全部条件时,企业才能认定其为高度有效:

(1)在套期开始及以后期间,该套期预计会高度有效地抵消套期指定期间被套期风险引起的公允价值或现金流量变动。

(2)该套期的实际抵消结果在 80% ~ 125% 的范围内。例如,某企业套期的实际结果是,套期工具现金流量变动形成的损失为 200 万元,而被套期项目的现金流量变动形成的利得为 160 万元,两者相互抵消的程度可以计算如下:200 ÷ 160,即 125%;或者 160 ÷ 200,即 80%。如果该套期也满足上述条件(1),那么该企业可以认定该套期是高度有效的。

企业至少应当在编制中期报告或年度财务报告时对套期有效性进行评价。

(二)套期有效性评价

运用套期会计方法的条件实际上隐含了两项套期有效性评价要求:①预期性评价,即评价套期在未来会计期间是否高度有效。这就要求企业在套期开始时或至少在中期报告或年度财务报告日对套期有效性进行评价。②回顾性评价,即评价套期在以往的会计期间实际上是否高度有效。这就要求企业至少在中期报告或年度财务报告日对套期有效性进行评价。

常见的套期有效性评价方法有三种:主要条款比较法、比率分析法、回归分析法。

主要条款比较法,是通过比较套期工具和被套期项目的主要条款,以确定套期是否有效的方法。

比率分析法,也称金额对冲法,是通过比较被套期风险引起的套期工具和被套期项目公允价值或现金流量变动比率,以确定套期是否有效的方法。

回归分析法是一种统计学方法,它是在掌握一定量观察数据基础上,利用数理统计方法建立自变量和因变量之间回归关系函数的方法。

三、套期保值会计核算

套期会计方法是指在相同的会计期间内,将套期工具和被套期项目公允价值变动的抵消结果计入当期损益的会计核算方法。套期会计核算的关键是对套期工具和被套期项目在套期过程中已经发生但尚未实现的损益如何进行确认和计量。CAS NO.24 规范了公允价值套期、现金流量套期和境外经营净投资套期。

(一)公允价值套期会计

1.公允价值套期会计处理原则

(1)基本要求。公允价值套期满足运用套期会计方法条件的,应当按照下列规定处理:

第一,套期工具为衍生工具的,公允价值变动形成的利得或损失应当计入当期损益;套期工具为非衍生工具的,账面价值因汇率变动形成的利得或损失应当计入当期损益。

第二,被套期项目因被套期风险形成的利得或损失应当计入当期损益,同时调整被套期项目的账面价值。被套期项目为按成本与可变现净值孰低进行后续计量的存货、按摊余成本进行后续计量的金融资产或可供出售金融资产的,也应当按此规定处理。

(2)被套期项目利得或损失的处理要求。

第一,对于金融资产或金融负债组合一部分的利率风险公允价值套期,企业对被套期项目形成的利得或损失可按下列方法处理:①被套期项目在重新定价期间内是资产的,在资产负债表中资产项下单列项目反映,待终止确认时转销;②被套期项目在重新定价期间是负债的,在资产负债表中负债项下单列项目反映,待终止确认时转销。

第二,被套期项目是以摊余成本计量的金融工具的,对被套期项目账面价值所做的调整,应当按照调整日重新计算的实际利率在调整日至到期日的期间内进行摊销,计入当期损益。

对利率风险组合的公允价值套期,在资产负债表中单列的相关项目,也应当按照调整日重新计算的实际利率在调整日至相关的重新定价期间结束日的期间内摊销。采用实际利率法进行摊销不切实可行的,可以采用直线法进行摊销。此调整金额应当于金融工具到期日前摊销完毕;对于利率风险组合的公允价值套期,应当于相关重新定价期间结束日前摊销完毕。

第三,被套期项目为尚未确认的确定承诺的,该确定承诺因被套期风险引起的公允价值变动累计额应当确认为一项资产或负债,相关的利得和损失应当计入当期损益。

第四,在购买资产或承担负债的确定承诺公允价值套期中,该确定承诺因被套期风险引起的公允价值变动累计额(已确认为资产或负债),应当调整履行该确定承诺所取得的资产或承担的负债的初始确认金额。

(3)终止运用公允价值套期会计方法的条件。套期满足下列条件之一的,企业应终止运用公允价值套期会计:

第一,套期工具已到期、被出售、合同终止或已行使、套期工具展期或被另一项套期工具替换时,展期或替换是企业正式书面文件所载明的套期策略组成部分的,不作为已到期或合同终止处理。

第二,该套期不再满足运用套期会计方法的条件。

第三,企业撤销了对套期关系的指定。

2.公允价值套期会计处理举例

[例 7-6] 2013 年 1 月 1 日,某公司为规避所持有商品 A 公允价值变动风险,与某金融机构签订了一项衍生工具合同(即衍生工具 B),并将其指定为 2013 年上半年商品 A 价格变化引起的公允价值变动风险的套期。衍生工具 B 的标的资产与被套期项目商品在数量、质次、价格变动和产地方面相同。

2013 年 1 月 1 日,衍生工具 B 的公允价值为零,被套期项目(商品 A)的账面价值和成本均为 1 200 000 元,公允价值为 1 320 000 元。2013 年 6 月 30 日,衍生工具 B 的公允价值上涨了 30 000 元,商品 A 的公允价值下降了 30 000 元。当日该公司将商品 A 出售,并将衍生工具 B 结算。

该公司采用比率分析法评价套期有效性,即通过比较衍生工具 B 和商品 A 的公允价值变动评价套期有效性。该公司预期该套期完全有效。

假定不考虑衍生工具的时间价值、商品销售相关的增值税及其他因素。

分析:该公司是为所持有商品 A 公允价值变动风险,而与某金融机构签订了衍生工具 B 的套期,属于为已确认资产或负债的公允价值变动风险进行的套期,应将其确认为公允价值套期。有关账务处理如下:

(1)1 月 1 日:

借:被套期项目——库存商品 A　　1 200 000
　贷:库存商品——A　　1 200 000

(2)6 月 30 日:

借:套期工具——衍生工具 B　　30 000
　贷:套期损益　　30 000
借:套期损益　　30 000
　贷:被套期项目——库存商品 A　　30 000
借:应收账款/银行存款　　1 290 000
　贷:主营业务收入　　1 290 000
借:主营业务成本　　1 170 000
　贷:被套期项目——库存商品 A　　1 170 000
借:银行存款　　30 000
　贷:套期工具——衍生工具 B　　30 000

注:由于该公司采用了套期策略,规避了商品公允价值变动风险,其商品公允价值下降没有对预期毛利额 120 000 元(即 1 320 000 - 1 200 000)产生不利影响。

假定 2013 年 6 月 30 日,衍生工具 B 的公允价值上涨了 27 000 元,商品 A 的公允价值下降了 30 000 元。其他资料不变,该公司的账务处理如下:

(1)1 月 1 日:

借:被套期项目——库存商品 A　　1 200 000
　贷:库存商品——A　　1 200 000

(2)6 月 30 日:

借:套期工具——衍生工具 B　　27 000
　贷:套期损益　　27 000
借:套期损益　　30 000
　贷:被套期项目——库存商品 A　　30 000
借:应收账款/银行存款　　1 290 000
　贷:主营业务收入　　1 290 000
借:主营业务成本　　1 170 000
　贷:被套期项目——库存商品 A　　1 170 000
借:银行存款　　27 000
　贷:套期工具——衍生工具 B　　27 000

说明:两种情况的差异在于,前者不存在“无效套期损益”,后者存在“无效套期损益”3 000 元,从而对该公司当期利润总额的影响相差 3 000 元。

(二)现金流量套期会计

1.现金流量套期会计处理原则

(1)基本要求。现金流量套期满足运用套期会计方法条件的,应当按照下列规定处理:

第一,套期工具利得或损失中属于有效套期的部分,应当直接确认为所有者权益,并单列项目反映。该有效套期部分的金额,按照下列两项的绝对额中较低者确定:①套期工具自套期开始的累计利得或损失;②被套期项目自套期开始的预计未来现金流量现值的累计变动额。

第二,套期工具利得或损失中属于无效套期的部分(即扣除直接确认为所有者权益后的其他利得或损失),应当计入当期损益。

第三,在风险管理策略的正式书面文件中,载明了在评价套期有效性时将排除套期工具的某部分利得或损失或相关现金流量影响的,被排除的该部分利得或损失的处理适用《企业会计准则第22号——金融工具确认和计量》。

(2)套期工具利得或损失的后续处理要求。

第一,被套期项目为预期交易,且该预期交易使企业随后确认一项金融资产或一项金融负债的,原直接确认为所有者权益的相关利得或损失,应当在该金融资产或金融负债影响企业损益的相同期间转出,计入当期损益。但是,企业预期原直接在所有者权益中确认的净损失全部或部分在未来会计期间不能弥补时,应当将不能弥补的部分转出,计入当期损益。

第二,被套期项目为预期交易,且该预期交易使企业随后确认一项非金融资产或一项非金融负债的,企业可以选择下列方法处理:①原直接确认为所有者权益的相关利得或损失,应当在该非金融资产或非金融负债影响企业损益的相同期间转出,计入当期损益。但是,企业预期原直接在所有者权益中确认的净损失全部或部分在未来会计期间不能弥补时,应当将不能弥补的部分转出,计入当期损益。②将原直接在所有者权益中确认的相关利得或损失转出,计入该非金融资产或非金融负债的初始确认金额。

非金融资产或非金融负债的预期交易形成了一项确定承诺时,该确定承诺满足运用套期保值准则规定的套期会计方法条件的,也应当选择上述两种方法之一处理。

企业选择了上述两种处理方法之一作为会计政策后,应当一致地运用于相关的所有预期交易套期,不得随意变更。

第三,不属于以上第一、第二所指情况的,原直接计入所有者权益的套期工具利得或损失,应当在被套期预期交易影响损益的相同期间转出,计入当期损益。

(3)终止运用现金流量套期会计方法的条件。

第一,套期工具已到期、被出售、合同终止或已行使。在套期有效期间直接计入所有者权益中的套期工具利得或损失不应当转出,直至预期交易实际发生时,再按有关规定处理;套期工具展期或被另一项套期工具替换时,展期或替换是企业正式书面文件所载明的套期策略组成部分的,不作为已到期或合同终止处理。

第二,该套期不再满足运用套期保值准则规定的套期会计方法的条件。在套期有效期间直接计入所有者权益中的套期工具利得或损失不应当转出,直至预期交易实际发生时,再按有关规定处理。

第三,预期交易预计不会发生。在套期有效期间直接计入所有者权益中的套期工具利得或损失应当转出,计入当期损益。

第四,企业撤销了对套期关系的指定。对于预期交易套期,在套期有效期间直接计入所有者权益中的套期工具利得或损失不应当转出,直至预期交易实际发生或预计不会发生。预期交易实际发生的,应按有关规定处理;预期交易不会发生的,原直接计入所有者权益中的套期工具利得或损失应当转出,计入当期损益。

2.现金流量套期会计处理举例

[例7-8] 某公司预期在2013年6月30日将销售一批商品A,为规避该预计销售有关的现金流量变动风险,与某金融机构于2013年1月1日签订了一项衍生工具合同B,并将其指定为对该预期商品销售的套期工具。衍生工具B的标的资产与被套期项目商品在数量、质次、价格变动和产地方面相同,并且衍生工具B的结算日和预期商品销售日均为2013年6月30日。

2013年1月1日,衍生工具B的公允价值为零,商品A的预计销售价格为1 320 000元。2013年6月30日,衍生工具B的公允价值上涨了30 000元,商品A的预计销售价格下降了30 000元。当日该公司将商品A出售,并将衍生工具B结算。

该公司采用比率分析法评价套期有效性,即通过比较衍生工具B和商品A的预期销售价格变动评价套期有效性。该公司预期该套期完全有效。

假定不考虑衍生工具的时间价值、商品销售相关的增值税及其他因素,该公司如何进行账务处理?

分析:公司签订衍生工具合同B是对预期要销售的商品A进行的套期,属于对预期交易进行套期保值,应将其确认为现金流量套期进行会计处理。

(1)1月1日:该公司不做账务处理。

(2)6月30日:确认衍生工具的公允价值变动。

借:套期工具——衍生工具B　　30 000

　　贷:资本公积——其他资本公积(套期工具价值变动)　　30 000

确认商品 A 的销售

借:应收账款/银行存款　　1 290 000

　贷:主营业务收入　　1 290 000

确认衍生工具 B 的结算

借:银行存款　　30 000

　贷:套期工具——衍生工具 B　　30 000

确认将原计入资本公积的衍生工具公允价值变动转出,调整销售收入。

借:资本公积——其他资本公积(套期工具价值变动)　　30 000

　贷:主营业务收入　　30 000

[例 7-9] 甲公司于 2013 年 11 月 1 日与境外乙公司签订合同,约定于 2014 年 1 月 30 日以外币(FC)15 000 元购入一批商品 A,甲公司为规避购入商品 A 成本的外汇风险,于当日与某金融机构签订一项 3 个月到期的远期外汇合同,约定汇率为 1FC = 50 人民币,合同金额 FC15 000 元。2014 年 1 月 31 日,甲公司以净额方式结算该远期外汇合同,并购入商品 A。

假定:(1)2013 年 12 月 31 日,1 个月 FC 对人民币远期汇率为 1FC = 49.8 人民币元,人民币的市场利率为 6%;(2)2014 年 1 月 31 日,FC 对人民币即期汇率为 1FC = 49.6 人民币元;(3)该套期符合运用套期保值准则所规定的运用套期会计的条件;(4)不考虑增值税等相关税费。

分析:对确定承诺的外汇风险进行的套期,企业可以作为现金流量套期,也可以作为公允价值套期处理。

企业分别两种不同套期的账务处理见表 7-2。

表 7-2　公允价值套期和现金流量套期的有关账务处理

日　期	内　容	账务处理	
		公允价值套期	现金流量套期
2013/11/1	签订远期外汇合同	因套期工具和被套期工具的公允价值为 0,不做账务处理,将套期保值进行表外登记	因套期工具和被套期工具的公允价值为 0,不做账务处理,将套期保值进行表外登记
2013/12/31	确认公允价值变动	借:套期损益　2 985① 　贷:套期工具—远期外汇合同　2 985	借:资本公积—其他资本公积　2 985 　贷:套期工具—远期外汇合同　2 985
		借:被套期项目—确定承诺　2 985 　贷:套期损益　2 985	

① 2013 年 12 月 31 日远期外汇合同的公允价值 = (50 - 49.8) × 15000 ÷ (1 + 6% × 1/12) = 2 985(元)

（续表）

日　期	内　容	账务处理	
		公允价值套期	现金流量套期
2014/1/31	确认公允价值变动	借:套期损益 3 015① 贷:套期工具—远期外汇合同 3 015	借:资本公积—其他资本公积 3 015 贷:套期工具—远期外汇合同 3 015
		借:被套期项目—确定承诺 3 015 贷:套期损益 3 015	
	结算远期合约	借:套期工具—远期外汇合同 6 000② 贷:银行存款 6 000	借:套期工具—远期外汇合同 6 000 贷:银行存款 6 000
	履约购货	借:库存商品—A 744 000 贷:银行存款 744 000	借:库存商品—A 744 000 贷:银行存款 744 000
	结转被套期项目公允价值变动损益	借:库存商品——A 6 000 贷:被套期项目——确定承诺 6 000	借:库存商品—A 6 000 贷:被套期项目—确定承诺 6 000
该存货影响企业损益的期间	结转套期工具累计的公允价值变动额		借:主营业务成本 6 000 贷:资本公积—其他资本公积 6 000

（三）境外经营净投资套期会计

1.境外经营净投资套期会计处理原则

对境外经营净投资的套期,企业应按类似于现金流量套期会计的规定处理。

第一,套期工具形成的利得或损失中属于有效套期的部分,应当直接确认为所有者权益,并单列项目反映。处置境外经营时,上述在所有者权益中的单列项目反映的套期工具利得或损失应当转出,计入当期损益。

第二,套期工具形成的利得或损失中属于无效套期的部分,应当计入当期损益。

2.境外经营净投资套期会计处理

［例7-11］2013年10月1日,甲公司(记账本位币为人民币)在其境外子公司乙有一项境外净投资6 000万元(即FC6 000万元)。为规避境外经营净投资外汇风险,甲公司与某境外金融机构签订了一项外汇远期合同,约定于2014年4月1日卖出FC6 000万元。甲公司每季度对境外经营净投资余额进行检查,且依据检查结果调整对净投资价值的套期。其他有关资料见表7-3。

① 2014年1月31日远期外汇合同的公允价值 = (49.8 - 49.6) × 15000 ÷ (1 + 6% × 1/12) = 3 015(元)

② 2014年1月31日结算远期合约支付的款项 = 2 985 + 3 015 = 6 000(元)

表 7-3

日期	即期汇率(FC/人民币)	远期汇率(FC/人民币)	远期合同的公允价值
2013/10/1	1.71	1.70	0 元
2013/12/31	1.64	1.63	4 116 000 元
2014/3/31	1.60	不适用	6 000 000 元

甲公司在评价套期有效性时,将远期合同的时间价值排除在外。假定甲公司的上述套期满足运用套期会计方法的所有条件。

甲公司的账务处理如下(单位:人民币元):

(1)2013 年 10 月 1 日:

借:被套期项目——境外经营净投资　　102 600 000[6 000 万 × 1.71]

　贷:长期股权投资　　102 600 000

外汇远期合同的公允价值为零,不做账务处理。

(2)2013 年 12 月 31 日:

①确认远期合同的公允价值变动:

借:套期工具——外汇远期合同　　4 116 000

　财务费用——汇兑损失　　84 000

　贷:资本公积——其他资本公积　　4 200 000[6 000 万 × (1.71 - 1.64)]

②确认对子公司净投资的汇兑损益:

借:外币报表折算差额　　4 200 000

　贷:被套期项目——境外经营净投资　　4 200 000

(3)2014 年 3 月 31 日:

①确认远期合同的公允价值变动:

借:套期工具——外汇远期合同　1 884 000 [6 000 000 - 4 116 000]

　财务费用——汇兑损失　　516 000

　贷:资本公积——其他资本公积　　2 400 000[6 000 万 × (1.64 - 1.60)]

②确认对子公司净投资的汇兑损益:

借:外币报表折算差额　　2 400 000

　贷:被套期项目——境外经营净投资　　2 400 000

③确认外汇远期合同的结算:

借:银行存款　　6 000 000

　贷:套期工具——外汇远期合同　　6 000 000

注:境外经营净投资套期(类似现金流量套期)产生的利得在所有者权益中列示,直至子公司被处置。

第四节 金融工具披露

金融工具的披露，是指企业在附注中披露已确认和未确认金融工具的有关信息，有助于财务报告使用者就金融工具对企业财务状况和经营成果影响的重要程度做出合理评价。

金融工具披露是金融工具会计处理的重要组成部分，应当符合《企业会计准则第30号——财务报表列报》的规定，但由于金融工具确认和计量的特殊性，我国会计准则制定机构专门颁布了《企业会计准则第37号——金融工具列报》(以下简称金融工具列报准则)，规定如下：企业在披露金融工具(包括已确认和未确认的金融工具)信息时，应当根据所披露金融工具的性质和特征将金融工具进行恰当归类，同时还应提供足够的信息使之与财务报表内的项目反映的信息有机地联系起来。例如，在对金融资产和金融负债进行披露时，应当将其归为以摊余成本后续计量和以其他基础后续计量的金融资产和金融负债。又如，在对衍生工具进行披露时，也应当将其恰当归类，如按外汇衍生工具、利率衍生工具、信用衍生工具等归类。

一、金融资产和金融负债的相互抵消

(一)金融资产和金融负债相互抵消的条件

金融资产和金融负债应当在资产负债表内分别列示，不得相互抵消。但是，同时满足下列条件的，应当以相互抵消后的净额在资产负债表内列示：

(1)企业具有抵消已确认金额的法定权利，且该种法定权利现在是可执行的；

(2)企业计划以净额结算，或同时变现该金融资产和清偿该金融负债。

不满足终止确认条件的金融资产转移，转出方不得将已转移的金融资产和相关负债进行抵消。

(二)金融资产和金融负债不能相互抵消的情形

(1)将几项金融工具组合在一起模仿成某项金融资产或金融负债，这种组合内的各单项金融工具形成的金融资产或金融负债不能相互抵消。

(2)作为某金融负债担保物的金融资产，不能与被担保的金融负债抵消。

(3)企业与外部交易对手进行多项金融工具交易，同时签订“总抵消协议”。根据该协议，一旦某单项金融工具交易发生违约或解约，企业可以将所有金融工具交易以

单一净额进行结算,以减少交易对手可能无法履约造成损失的风险。如果只是存在这种总抵消协议,而交易对手尚没有违约或解约,则不能说明企业已满足金融资产和金融负债相互抵消的条件。

(4)保险公司在保险合同下的应收分保保险责任准备金,不能与相关保险责任准备金抵消。

二、金融工具一般信息披露要求

(1)企业应当披露编制财务报表时对金融工具所采用的重要会计政策、计量基础等信息,主要包括:

①对于指定为以公允价值计量且其变动计入当期损益的金融资产或金融负债,应当披露下列信息:指定的依据;指定的金融资产或金融负债的性质;指定后如何消除或明显减少原来由于该金融资产或金融负债的计量基础不同所导致的相关利得或损失在确认或计量方面不一致的情况,以及是否符合企业正式书面文件载明的风险管理或投资策略的说明。

②指定金融资产为可供出售金融资产的条件。

③确定金融资产已发生减值的客观依据以及计算确定金融资产减值损失所使用的具体方法

④金融资产和金融负债的利得和损失的计量基础。

⑤金融资产和金融负债终止确认条件。

⑥其他与金融工具相关的会计政策。

(2)企业应披露下列金融资产或金融负债的账面价值:

①以公允价值计量且其变动计入当期损益的金融资产。

②持有至到期投资。

③贷款和应收款项。

④可供出售金融资产。

⑤以公允价值计量且其变动计入当期损益的金融负债。

⑥其他金融负债。

(3)企业将单项或一组贷款或应收款项指定为以公允价值计量且其变动计入当期损益的金融资产的,应当披露下列信息:

①资产负债表日该贷款或应收款项使企业面临的最大信用风险敞口金额,以及相关信用衍生工具或类似工具分散该信用风险的金额。其中,信用风险是指金融工具的一方不能履行义务,造成另一方发生财务损失的风险。

②该贷款或应收款项本期因信用风险变化引起的公允价值变动额和累计变动

额，相关信用衍生工具或类似工具本期公允价值变动额以及自该贷款或应收款项指定以来的累计变动额。

(4)企业将某项金融负债指定为以公允价值计量且其变动计入当期损益的金融负债的，应当披露下列信息：

①该金融负债本期因相关信用风险变化引起的公允价值变动额和累计变动额。

②该金融负债的账面价值与到期日按合同约定应支付金额之间的差额。

(5)企业将金融资产进行重分类，使该金融资产后续计量基础由成本或摊余成本改为公允价值，或由公允价值改为成本或摊余成本的，应当披露该金融资产重分类前后的公允价值或账面价值和重分类的原因。

(6)对于不满足《企业会计准则第23号——金融资产转移》规定的金融资产终止确认条件的金融资产转移，企业应当披露下列信息：

①所转移金融资产的性质。

②仍保留的与所有权有关的风险和报酬的性质。

③继续确认所转移金融资产整体的，披露所转移金融资产的账面价值和相关负债的账面价值。

④继续涉入所转移金融资产的，披露所转移金融资产整体的账面价值、继续确认资产的账面价值以及相关负债的账面价值。

(7)企业应当披露与作为担保物的金融资产有关的下列信息：

①本期作为负债或或有负债的担保物的金融资产的账面价值。

②与担保物有关的期限和条件。

(8)企业收到的担保物(金融资产或非金融资产)在担保物所有人没有违约时就可以出售或再作为担保物的，应当披露下列信息：

①所持有担保物的公允价值。

②已将收到的担保物出售或再作为担保物的，披露该担保物的公允价值以及企业是否承担了将担保物退回的义务。

③与担保物使用相关的期限和条件。

(9)企业应当披露每类金融资产减值损失的详细信息，包括前后两期可比的金融资产减值准备期初余额、本期计提数、本期转回数、期末余额之间的调节信息等。

(10)企业应当披露与违约借款有关的下列信息：

①违约(本期没有按合同如期还款的借款本金、利息等)性质及原因。

②资产负债表日违约借款的账面价值。

③在财务报告批准对外报出前，就违约事项已采取的补救措施、与债权人协商将借款展期等情况。

(11)企业应当披露与每类套期保值有关的下列信息：

①套期关系的描述。

②套期工具的描述及其在资产负债表日的公允价值。

③被套期风险的性质。

(12)企业应当披露与现金流量套期有关的下列信息：

①现金流量预期发生及其影响损益的期间。

②以前运用套期会计方法处理但预期不会发生的预期交易的描述。

③本期在所有者权益中确认的金额。

④本期从所有者权益中转出、直接计入当期损益的金额。

⑤本期从所有者权益中转出、直接计入预期交易形成的非金融资产或非金融负债初始确认的金额。

⑥本期无效套期形成的利得或损失。

(13)对于公允价值套期，企业应当披露本期套期工具形成的利得或损失，以及被套期项目因被套期风险形成的利得或损失。

(14)对于境外经营净投资套期，企业应当披露本期无效套期形成的利得或损失。

(15)企业在披露金融资产或金融负债的公允价值信息时，除非这些金融资产或金融负债是账面价值与公允价值相差很小的短期金融资产或金融负债，或者是在活跃市场中没有报价的权益工具投资，以及与该权益工具挂钩并须通过交付该权益工具结算的衍生工具，否则应当按照每类金融资产和金融负债披露下列公允价值信息：

①确定公允价值所采用的方法，包括全部或部分直接参与活跃市场中的报价或采用估值技术等。采用估值技术的，按照各类金融资产或金融负债分别披露相关估值假设，包括提前还款率、预计信用损失率、利率或折现率等。

②公允价值是否全部或部分采用估值技术确定，而该估值技术没有以相同金融工具的当前公开交易价格和易于获得的市场数据作为估值假设。这种估值技术对估值假设具有重大敏感性的，披露这一事实及改变估值假设可能产生的影响，同时披露采用这种估值技术确定的公允价值的本期变动额计入当期损益的数额。

企业在判断估值技术对估值假设是否具有重大敏感性时，应当综合考虑净利润、资产总额、负债总额、所有者权益总额(适用于公允价值变动计入所有者权益的情形)等因素。

金融资产和金融负债的公允价值应当以总额为基础披露(在资产负债表中金融资产和金融负债按净额列示的除外)，且披露方式应当有利于财务报告使用者比较金融资产和金融负债的公允价值和账面价值。

企业在做上述披露时，对于不存在活跃市场的金融资产或金融负债，其计量不是以实际交易价格为基础，而是采用更公允的相同金融工具的公开交易价格或估值结果计量的，应当按照金融资产或金融负债的类别披露下列信息：在损益中确认原实际交易价格与公允价值之间形成的差异所采用的会计政策；该项差异的期初和期末余额。

(16)企业应当披露在活跃市场中没有报价的权益工具投资，以及与该权益工具挂钩并须通过交付该权益工具结算的衍生工具有关的下列信息：

①因公允价值不能可靠计量而未做相关公允价值披露的事实。

②该金融工具的描述、账面价值以及公允价值不能可靠计量的原因。

③该金融工具相关市场的描述。

④企业是否有意处置该金融工具以及可能的处置方式。

⑤本期已终止确认该金融工具等，应当披露该金融工具终止确认时的账面价值以及终止确认形成的损益。

(17)企业应当披露与金融工具有关的下列收入、费用、利得或损失：

①本期以公允价值计量且其变动计入当期损益的金融资产或金融负债、持有至到期投资、贷款和应收款项、可供出售金融资产、按摊余成本计量的金融负债的净利得或净损失。

②本期按实际利率法计算确认的金融资产或金融负债利息收入总额或利息费用总额。

③下列项目形成的、在确定实际利率时未包括的手续费收入或支出：以公允价值计量且其变动计入当期损益的金融资产或金融负债以外的金融资产或金融负债；企业为他人管理信托财产和其他托管行为。

④已发生减值的金融资产产生的利息收入。

⑤持有至到期投资、贷款和应收款项、可供出售金融资产本期发生的减值损失。

三、金融工具风险信息披露要求

(一)总体要求

企业既应披露金融工具风险的描述性信息，同时还应披露金融工具风险的数量信息。

1.描述性信息

(1)风险敞口及其形成原因。

(2)风险管理目标、政策和过程以及计量风险的方法。

上述描述性信息在本期发生改变的，应当做相应说明。

2.数量信息

(1)资产负债表日风险敞口总括数据。企业在提供该数据时,应当以内部提供给关键管理人员的相关信息为基础。企业运用多种方法管理风险的,应当说明哪种方法能提供最相关和可靠的信息。

(2)信用风险、流动性风险、市场风险等方面的数量信息。

(3)资产负债表日风险集中信息。风险集中信息应当包括管理层如何确定风险集中点的说明、确定各风险集中点的参考因素(包括交易对手、地理区域、货币种类、市场类型等)、各风险集中点相关的风险敞口金额。

上述数量信息不能代表企业本期风险敞口情况的,应当进一步提供相关信息。

(二)信用风险信息

(1)企业应当披露与每类金融工具信用风险有关的下列信息:

①在不考虑可利用的担保物或其他信用增级(如不符合相互抵消条件的净额结算协议等)的情况下,最能代表企业资产负债表日最大信用风险敞口的金额,以及可利用担保物或其他信用增级的信息。

②尚未逾期和发生减值的金融资产的信用质量信息。

未逾期金融资产指本金和利息都没有逾期的金融资产。

③原已逾期或发生减值但相关合同条款已重新商定过的金融资产的账面价值。假如这些金融资产在企业资产负债表日又出现逾期,就作为已逾期金融资产披露。

(2)最能代表企业资产负债表日最大信用风险敞口的金融资产金额,应当是金融资产的账面余额扣除下列两项金额后的余额:

①满足金融资产和金融负债相互抵消条件、已抵消的金额。

②已对该金融资产确认的减值损失。

(3)企业应当按照类别披露已逾期或发生减值的金融资产的下列信息:

①资产负债表日已逾期但未减值的金融资产的期限分析。

②资产负债表日单项确定为已发生减值的金融资产信息,以及判断该金融资产发生减值所考虑的因素。

已逾期金融资产指本金或利息逾期1天或以上的金融资产。已发生减值的金融资产指单独进行减值测试后确定的已发生减值的金融资产。

③企业持有的、与各类金融资产对应的担保物和其他信用增级对应的资产及其公允价值。相关公允价值确实难以估计的,应当予以说明。

(4)企业本期因债务人违约而处置担保物或其他信用增级对应的资产所取得的金融资产或非金融资产满足资产确认条件的,应当披露下列信息:

①所取得资产的性质和账面价值。

②这些资产不易转换为现金的,应当披露处置这些资产或拟将其用于日常经营的计划等。

(三)流动性风险信息

(1)企业应当披露金融资产和金融负债按剩余到期日所做的到期期限分析,以及管理这些金融资产和金融负债流动性风险的方法。

流动性风险,是指企业在履行与金融负债有关的义务时遇到的资金短缺的风险。

(2)企业在披露金融资产和金融负债到期期限分析时,应当运用专业判断确定适当的时间段。列入各时间段内的金融资产和金融负债金额,应当是未经折现的合同现金流量。

企业可以但不限于按下列时间段进行到期期限分析:①1个月以内(含本数,下同);

②1个月至3个月以内;③3个月至1年以内;④1年至5年以内;⑤5年以上。

(3)债权人可以选择收回债权时间的,债务人应当将相应的金融负债列入债权人要求收回债权的最早时间段内。

债务人应付债务金额不固定的,应当根据资产负债表日的情况用于到期期限分析的金额。

债务人承诺分期支付金融负债的,债权人应当把每期将收取的款项列入相应的最早时间段内;债务人应当将支付的款项列入相应的最早时间段内。

债权人吸收的活期存款以及其他具有活期性质的存款,应当列入最早时间段内。

(四)市场风险信息

金融工具的市场风险,是指金融工具的公允价值或未来现金流量因市场价格变动而发生波动的风险,包括外汇风险、利率风险和其他价格风险。其中,外汇风险,是指金融工具的公允价值或未来现金流量因外汇汇率变动而发生波动的风险;利率风险,是指金融工具的公允价值或未来现金流量因市场利率变动而发生波动的风险;其他价格风险,是指外汇风险和利率风险以外的市场风险。

(1)企业应当披露与敏感性分析有关的下列信息:

①资产负债表日所面临的各类市场风险的敏感性分析。该项披露应当反映资产负债表日相关风险变量发生合理、可能的变动时,将对企业当期损益或所有者权益产生的影响。

②本期敏感性分析所使用的方法和假设,该方法和假设与前一期不同的,应当披

露发生改变的原因。

(2)企业采用风险价值法或类似方法进行敏感性分析能够反映风险变量之间(如利率和汇率之间等)的关联性,且企业已采用该种方法管理财务风险的,可不按照上述1的要求进行披露,但应当披露下列信息:

①用于该种敏感性分析的方法、选用的主要参数和假设。

②所使用方法的目的,以及使用该种方法不能充分反映相关金融资产和金融负债公允价值的可能性。

(3)如果按上述1或2对敏感性分析的披露不能反映金融工具内在市场风险的,企业应当披露这一事实及其原因。

【复习思考题】

1.什么是金融工具、金融资产、金融负债和权益工具?

2.金融工具可以分为哪几类?应如何进行初始计量和后续计量?

3.金融工具的初始确认和终止确认标准分别是什么?

4.什么是衍生金融工具?衍生金融工具有哪些特征?

5.衍生金融工具应当如何进行会计核算?

6.为什么要采用套期会计方法?应如何判断套期有效性?

7.应怎样区分公允价值套期和现金流量套期?两者的会计处理有何不同?

CHAPTER 8 第八章 物价变动会计

【学习目标】

1. 通过了解物价变动会计的产生背景，熟悉物价变动会计的相关概念。
2. 理解物价变动会计理论结构和物价变动会计的主要模式。
3. 掌握一般物价水平会计及现行成本会计的程序和方法。
4. 通过物价变动会计的国际比较，掌握我国物价变动会计的发展与应用现状。

第一节　物价变动会计概述

一、物价变动会计的产生背景

会计的产生与发展与其所处的社会经济环境有着极为密切的关系。一些西方会计学家早在20世纪30年代就开始研究物价变动会计。第二次世界大战前，绝大多数发达国家的年通货膨胀率较低，由于通货膨胀并未产生严重后果，当时的研究成果一直未被重视，企业并不过多地考虑物价变动对利润计量的影响。但在二战后，西方国家的物价变动频繁，特别是20世纪70年代石油危机造成的石油价格上涨和美元的大幅贬值，通货膨胀迅速席卷世界各国，进入所谓的“滞胀”阶段。这引起人们对物价变动会计课题的关注。

持续的通货膨胀动摇了历史成本原则，动摇了会计的计量基础，对会计实务产生了极大的影响。由于货币贬值和物价持续上升，各企业经营管理会面临极大困难，企业管理当局和其他利益相关者必然需要企业提供有关物价变动对企业财务状况和经营成果影响的指标。以币值不变假设和历史成本为基础的传统会计不能提供反映物价水平变动的会计资料,无法满足这方面的需要,会计信息的质量受到影响,其决策有用性大大降低。这迫使会计理论界对物价变动的影响与对策进行大量的研究,逐渐形成了"物价变动会计"这一新的会计学科。

二、物价变动会计的相关概念

(一)物价变动

物价变动,是指同一商品或服务的价格在不同时间的波动。物价变动包括一般物价水平变动和个别物价水平变动两种类型。

1.一般物价水平变动

一般物价水平变动是指货币一般购买力的升高或降低,也就是全部商品和服务的价格发生平均变动。一般物价水平变动是由通货膨胀或通货紧缩期间货币价值的变动引起的。通货膨胀是在商品经济条件下,由于货币发行量超过了商品流通正常需要的数量而造成的单位币值降低和以货币计量的单位商品价格上涨的经济现象。与通货膨胀相对应,通货紧缩是物价总水平的普遍下跌,货币价值持续上升的经济现象。这里的"上涨"和"下跌"都是一种持续的状况,而且是针对物价总水平而言,并非是某种或某类商品的价格。

2.个别物价水平变动

个别物价水平变动或特定物价水平变动是由供求状况变化引起的针对某类商品和劳务的市场价格变动。在当今经济生活中,由于对特定商品和服务的供求关系、生产技术条件和消费者的偏好不同,个别物价水平变动在所难免。例如,某一期间一般物价水平上升10%,个别企业所持有、生产和销售的商品和服务的价格可能有涨有跌,而且变动幅度不一定是10%。一般来说,个别物价变动水平更能反映企业所承受的物价变动影响。

(二)物价变动会计

由于会计目标的需要和传统财务会计中消除物价变动对会计信息质量影响方法的不足,各国的会计研究机构和学者在实践中创立了物价变动会计,其目的是改变现行的会计模式,从根本上解决物价变动引起的会计问题。

所谓物价变动会计,是指利用一定的物价资料,或者通过改进计量单位,或者通过改进计量基础,或者兼而有之,对传统财务报表提供的会计信息加以调整,以反映或消除物价变动对会计信息影响的会计程序和方法。物价变动会计是对传统财务会计的发展,它是对以历史成本为基础的财务报表进行调整,并不谋求取代传统财务会计,而是谋求在物价变动的情况下解决传统财务会计无能为力的会计问题,以提高会计信息质量。

(三)货币性项目与非货币性项目

在一般物价水平变动情况下,企业的各种资产或负债项目所受的影响不同,需要划分货币性项目和非货币性项目两大类。

1.货币性项目

货币性项目是指在一般物价水平变动的条件下,以期末名义货币为等值货币,依据一般物价指数对传统财务会计报表各项目的期末数据进行换算调整时,其换算结果的金额固定不变而实际购买力发生变化的、具有一定购买力的货币性质的资产、负债和所有者权益项目。例如,某企业年初持有 10 000 元现金,年度内未发生现金收支,年末资产负债表上的现金项目余额仍为 10 000 元,但年末的这 10 000 元与年初相比,实际购买力下降了 50%。

货币性项目又可分为货币性资产项目和货币性负债项目。货币性资产项目主要有仅以货币直接反映的各种货币资金,以固定金额收回的各种应收账款及票据,以及收取固定利息或股利的各类证券投资等。货币性负债项目主要是按固定金额支付的各种应付款项及票据,以及长短期借款等。就这些负债项目而言,不论物价水平或货币购买力如何变动,其到期应偿付的金额固定不变。货币性所有者权益项目主要有收取固定红利的优先股和企业停业清理时对剩余资产有固定求偿权的优先股。

可以看出,持有货币性资产和货币性负债项目所产生的购买力损益相反。物价上涨时,持有货币性资产遭受购买力损失,而持有货币性负债能够带来购买力利得。当物价下跌时,持有货币性资产产生购买力利得,持有货币性资产遭受购买力损失。

2.非货币性项目

非货币性项目是指一般物价水平变动的条件下,以期末名义货币为等值货币编制的一般物价水平会计报表中各项金额并非固定不变,而是随着物价的变动而变动的资产、负债和所有者权益项目,包括股票投资、可转换债券、存货、厂房设备等固定资产、无形资产、递延资产以及股本等。这些项目的金额随着一般物价水平的上升而增加,反之减少,因而非货币性项目的期末金额在调整后一般是变化了的。

和货币性项目类似,非货币性项目也可分为非货币性资产项目、非货币性负债项目以及非货币性所有者权益项目。非货币性资产项目主要有存货、按非固定金额支付的预付货款、按合同规定收取商品或劳务的应收款项、固定资产以及无形资产等;非货币性负债项目主要是按合同规定以商品或劳务偿还的应付账款;非货币性所有者权益项目主要有普通股、参与分红的优先股和可兑回优先股等。通常，非货币性项目不会发生购买力损益，但企业为日后使用或出售而取得的货币性资产在物价水平变动的情况下，应按照一般物价指数变动比率进行调整。

三、物价变动对会计理论的冲击和影响

在物价变动条件下，传统的以历史成本为中心的会计理论暴露出严重缺陷，受到多方面的冲击。

（一）物价变动冲击货币计量假设

传统会计核算是采用货币计量并假设币值稳定作为前提的。在商品经济条件下，假设币值保持稳定，即货币购买力的波动不予考虑时，货币才能作为统一计量尺度对会计主体发生的经济业务进行度量，并可对不同时期的会计信息进行比较、分析和评价。但是，在物价发生变动时，货币币值本身就不稳定，货币量与价值量发生背离，若仍按传统会计进行计量和核算，会计提供的信息也就不可能真实可靠。况且，在物价发生较大波动的情况下，币值的不稳定性使相同的货币量在不同的时间代表的购买力不同，或者使相同的商品在不同的时间对应着不同的货币量。这样，资产负债表上计列的资产价值成为不同时期不同货币购买力购置价值的简单加总，丧失了会计信息应有的可比性和综合性，成为一堆没有综合意义和可比性的数据。

（二）物价变动动摇历史成本计价原则

历史成本原则是在假设币值稳定前提下计价的，即企业的各项财产物资应当按取得时的实际成本计价，而不考虑随后市场价格变动的影响。在物价平稳或物价涨跌幅度不大的情况下，按历史成本原则计价所反映的财务信息还是比较客观和可靠的。在市场经济条件下，货币购买力并不是稳定不变的，物价剧烈变动是客观存在的，历史成本计价原则失去了客观性和可靠性，会计核算和会计信息就会失真，以此为基础计算出来的数据将与实际大相径庭。物价变动，使得企业库存的商品在不知不觉中自行改变了其本身所代表的价值，但企业账面上的价值一直以历史成本加以反映，因而，计算出来的财产转移价值，不符合实际转入产品中的数额；结算出来的实存物品的价值与企业实存物品所代表的现时价值不符。企业如果在不同期间购入完全相同的资产，也会出现相差悬殊的入账价值。因此，在物价剧烈变动时，资产负债表上资产的历史成本可能远低于或高于编制报表时的市场价格，难以反映出资产的真实价值，不能反映出企业拥有的以现时价格表示的经济资源规模和现时的经营能力。

(三)物价变动影响收入与费用的配比原则

配比原则是为了按谁受益谁负担的精神准确地计算出各会计期间生产经营成果设定的一项原则。当物价存在较大幅度的波动时,会计报表所列的收入是本期的现时收入,而与其相关配比的费用中,除工资费用和其他本期销售费用所反映的是现行成本外,其他费用项目,如折旧费和销售商品成本所反映的则是历史成本,这主要是由于企业所耗用的资产有相当一部分是在前期购买并按历史成本计价的。不同时点的收入代表不同时点的物价水平,用历史成本与现时收入配比是不合理的,所得出的收益也就不能真实反映会计主体的经营成果,导致收入与费用成本的配比原则名存实亡。

(四)物价变动冲击"决策有用"会计目标

"决策有用观"下,企业财务报表的基本目标是对企业现时的和潜在的投资者、债权人和其他利益主体负责,向他们提供真实、可靠的有关企业财务状况和经营成果的信息。然而,在物价上涨的情况下,企业的资产负债表上非货币资产的历史成本就会低于现时成本,货币资产就会贬值。企业的利润表上,销售收入是现时的价格,而与此对应的销售成本如存货和折旧费等都是历史成本,这样一方面计算出来的成本明显偏低,使得已耗资产的补偿资金并不能满足所耗资产的重置,从而导致企业成本补偿不足,再生产难以维持。另一方面,收入和成本费用的配比不在同一时间上,物价上涨而形成的存货利润和固定资产折旧利润也计入到会计利润之中,从而使利润虚增,必然导致企业承担不应有的纳税义务。企业虚增利润上缴的所得税实际上是资本税,侵蚀了公司的产权资本。企业分配股利,实际上是把股东投资的一部分资本退回给了股东,导致企业不自觉地陷入自我清算之中,直接结果是现金过度支出、营运能力和偿债能力下降、经营业绩和财务状况被扭曲。总之,财务信息失真导致企业各利益主体预测和决策失误,严重地妨碍了财务会计目标的实现。

四、物价变动会计的观念基础与理论结构

(一)物价变动会计的观念基础

一般来说,资本保持(或保全)理论是物价变动会计的观念基础。通常认为比较完整的资本保持概念是 1972 年诺贝尔奖获得者、英国经济学家希克斯在其《价值与资本》一书中提出来的。他认为企业收益是"企业在某一会计基础外置的而不致损害其原有财力的那部分金额或者是在能够保持原有资本的前提下所取得的盈余"。所

谓资本保持,就是指企业在其持续的经营活动中,要以保持期初资本价值的完整为前提来确认企业的收益,即只有当资产的流入量超过当期所需保持的资本额时,其差额才可视为当期的收益。

资本保持理论的核心是如何确定真实收益。所谓真实收益,是指企业收益的确定必须以保持企业经营资本完整无缺为前提,这对保证投资者利益、维持企业再生产的能力起到巨大作用。该学说提出以来,已成为物价变动会计的理论基础。在物价变动下,要确定企业的资本保持与否,就必须首先消除物价变动的影响。资本保持的价值衡量有三种观念:货币价、购买力调整价、经营能力。基于这三种不同的观念,便产生两种不同的资本保持标准:财务资本保持和实物资本保持。

1. 财务资本保持

财务资本保全概念下的资本,是业主投入资产的价值在货币单位上的体现,即投入的货币或购买力。在此观念基础上,资本与资产或企业产权是同义词。该资本保全观对会计模式中的计量属性和计量单位均无特别的限制,其所要保持的投入资本的货币价值,就可以通过一般购买力货币单位予以反映。例如,通货膨胀出现后,币值下跌,货币购买力下降,需用购买力调整价这个价值衡量观念,用一般购买力指数对货币资本进行调整,使其成为具有实际购买力的真实财务资本。对一个会计期间来说,企业必须在保持原有货币量或购买力的情况下才能确定收益。即:当期收益=期末净资产-期初净资产-当期业主净投入额。显然,在这种情况下就将已实现的资产价值增加额列为收益,使资产价值的变动计入收益,物价变动的影响就计入企业的利润表之中。

2. 实物资本保持

在这个概念下,资本是业主投入资产的实际生产能力,而实物资本则成为生产能力的客观载体,是业主投入资产的生产能力价值计量反映的具体对象。此时的资本保持其实就是资产实际生产能力的保持。在一个会计期间内,企业的收益应该是:期末实物生产能力或经营能力减去期初实物生产能力或经营能力以及当期实物资本的净投入。此种观念下,对企业来说收益只能是当期实体的增量。按西方的会计惯例,物价变动对企业生产能力或负债的影响作为实物生产能力或经营能力在计量上的变动,不能计列为收益,只能作为资本保持调整、物价变动准备等类似的准备而列入资产负债表。下面举例来说明两者的差别:

[例 8-1] 假定某企业期初资产净值为 3 000 元,期末资产净值为 4 000 美元,另外,假定期末维持实际生产能力的资产净值为 3 500 元,则在两种不同概念下计算的差异如下:

(1)货币资本保持观念的收益=4 000 元-3 000 元=1 000 元

(2)实物资本保持观念的收益 = 4 000 元 - 3 500 元 = 500 元

上述简单实例说明了货币资本保持观念是以历史成本计量所需维护的资本,而实物资本保持观念是以重置成本(实际生产能力)计量所需维护的资本。一般而言,在物价普遍上涨时期,货币资本保持观念下的收益要大于实物资本保持观念下的收益,其差额主要是由于币值的下降,企业资本仅得到货币资本的维护,而未能得到实物资本的维护。

(二)物价变动会计理论结构的主要特点

1.物价变动会计的基本目标

物价变动会计作为对物价变动影响具有特定反映功能的会计信息加工系统,其目标与传统的历史成本会计基本一致,主要特征是在物价变价的情况下,能按当前物价水平提供会计信息。

2.物价变动会计的基本假设

物价变动会计承袭了传统会计上的会计主体、持续经营、会计期间假设,却否定了货币计价假设的币值不变,其特有的基本假设是资产价值和货币价值经常变动。

3.物价变动会计的基本原则

它否定了历史成本原则,部分否定了收入实现原则和配比原则,沿袭了一致性原则和充分揭示原则,而对于成本效益原则、重要性原则、客观性原则和谨慎性原则在一定程度上赋予了新的内涵。

五、物价变动会计模式

(一)物价变动会计的两种模式

基于以上两种不同观念,产生了物价变动会计的两种不同模式:一是一般物价水平会计,指按一般物价指数将会计报表中的各项数值加以调整,按货币的现行购买力反映企业的财务状况和经营成果,从而消除一般物价水平变动的影响;二是现行成本会计,是指以资产的现时成本计价,而不是以历史成本或一般物价指数调整后的历史成本计价。可以看出,一般物价水平会计的理论基础为财务资本保持观念,现行成本会计的理论基础为实物资本保持观念。

理解商品生产中生产要素的价值补偿方面,存在着两种观点,一种观点认为要补偿的是投入资本的原始价值,另一种观点认为要补偿的是所消耗的生产要素的实物量。这两种观点直接影响到会计上究竟是应计量所消耗生产要素的原始成本属性还是重置成本属性。如果坚持原始价值补偿观点,则在会计中必然要计量资产的原始成本属性。一般物价水平会计遵循的就是原始价值补偿观点。如果坚持实补偿观点,则在会计中必然要计量资产的重置成本属性。现行成本会计就是在实物补偿观点的基础上提出来的。

(二)对物价变动会计两种模式的简评

1.对一般物价水平会计模式的简评

(1)一般认为,一般物价水平会计具有如下优点:

①一般物价水平会计可以在一定程度上消除物价变动的影响。该模式并不改变历史成本的计量属性,另外,该模式又将计量单位重述为报告期的一般购买力货币,因而比较客观,能在一定程度上提供比传统财务会计模式更相关的信息。

②该模式为评估企业管理人员的业绩提供了相关信息。通过一般物价水平会计提供的会计信息,可以更现实地揭示企业的资产规模、营运能力、物价变动对企业所持有的货币性项目形成的购买力损益及其对企业最终财务成果形成的影响,以及企业在物价变动情况下规避风险的能力。所以,一般物价水平会计信息的有效使用必将有利于评价企业管理者对物价变动的反应是否敏感,也有利于评价他们是否加强了对货币性资产的管理以及是否正确而充分地利用了通货膨胀时期债务上的潜力。因而,一般物价水平会计模式也为评估企业管理人员的业绩提供了相关信息。

(2)一般物价水平会计的缺点也是比较明显的:

①依据的一般物价指数难免与一些企业的实际不符。一般物价水平会计模式要求所有的企业都按同一个物价指数调整会计报表数据,这实际上是假定物价变动对所有的企业以及各类资产都有同等的影响,但这会与一些企业所拥有的资产、负债项目的具体内容及其市场价格变动情况不相符,与这些具体内容所用个别物价水平变动进行调整换算的结果会有较大差距。因此,调整后的金额可能会与企业的实际情况有较大出入。所以,当一般物价指数与特定商品物价指数相差较大时,就要考虑该模式的适用性。

②不便于企业在期中了解物价变动对财务状况的影响。由于一般物价水平会计只是在会计期末按一般物价指数对传统财务报表数据进行调整,企业管理人员平时无法了解物价变动对企业财务状况和经营成果的影响,削弱了他们对企业日常经营活动的管理。

③不符合成本效益原则。采用一般物价水平会计模式需要对会计报表项目进行复杂的换算调整,还要收集相关的物价资料,核算成本相当大。特别是当依据的一般物价指数与企业实际不符时,所花费的成本就不能得到补偿。

在物价变动条件下绝大多数企业主要是受个别物价水平变动的影响,然而反映这种影响并不是一般物价水平会计所能做到的，于是人们开始转向另一种改革方案，即将会计计量属性从历史成本改为现行成本。

2.对现行成本会计模式的简评

(1)一般认为，现行成本会计模式具有如下优点：

①可以更客观地评价管理人员的经营业绩。现行成本会计中，企业的收益被分为经营收益和资产持有收益。前者取决于企业的经营水平，后者主要取决于个别物价水平的变动。但是，在传统财务会计中并不做这种区分。因此，对企业的经营损益中，哪些是由于管理人员的业绩而哪些是由物价变动带来的根本划分不清。在现行成本会计中，正是由于有了这种区分，剔除了个别物价变动对经营业绩的影响，有助于对管理人员的工作业绩做出客观评价。

②可以提供更有用的会计信息。现行成本会计中的资产量度不是拘泥于它们的原始成本，而是随时根据市场价格的变化实时调整为当时的重置价格或再生产价值，这样的资产量度可较为接近它们的真实价值，这样可以如实地反映企业拥有资源的现实经济规模和生产经营能力。此外，用本期现行收入与现行成本费用相配比计算利润的做法避免了虚增利润和按一般物价水平变动计算财务成果不符合一些企业置存资产个别物价水平变动实际而造成的失误。

③可以有效维护业主权益和企业的生产经营能力。现行成本会计以现行成本计算和弥补企业所耗用的各项资产，可以保证所耗资本的回收和所耗资产的重置。在此基础上，再进一步合理地进行财务成果的分配，就可以有效地维护业主权益，维护企业的生产规模和生产经营能力。

(2)现行成本会计的缺点也是非常明显的，主要有：

首先，现行成本会计模式下，资产计价的主观性较强。该模式对资产的收进、付出和存储的核算要紧密依靠市场价格确定。对于物价资料的取舍和计算方法的确定，都不可避免会带有主观性。如果资产没有市场价格可以参考，则需要估计，由此得出的数据可靠性值得商榷，影响了会计信息的质量。

其次，不计列一般物价水平变动产生的购买力损益，未反映一部分物价变动因素影响。现行成本会计不计列一般物价水平变动对企业持有的货币性项目的影响，不计列购买力损益，实际是将货币性项目所受的物价变动影响未予计入。

最后，实施该模式可能造成成本激增，不符合成本效益原则。现行成本会计需要取得全部资产的现行成本资料；此外，如果要求企业将现行成本会计报表作为补充报表，就需要设置两套账簿，加大了生成会计信息的成本。

第二节　一般物价水平会计

在一般物价水平普遍上涨或下跌的情况下,必然导致货币购买力的降低或提高,使得不同时期的货币代表不同的购买力,不能保证各期数字的可比性。因此,可以采用等值货币单位,把财务报表上原先不同时期的不同购买力的历史货币单位转换为某个时期的等值货币单位。

除此之外,基本上仍然保持原有的历史成本会计模式。也就是说,日常的会计处理基本上与历史成本会计模式相同,因为物价变动的影响并不要求通过账户进行反映。所以,这一模式的独特之处在于用等值货币单位对传统会计报表重新换算,以求消除一般物价变动的影响,使得不同时期报表具有可比性。

一、一般物价水平会计的程序

(一)划分货币性项目与非货币性项目

会计报表中的项目受一般物价水平变动的影响是不同的,通过不同的归类和核算,可以反映一般物价水平变动和企业持有货币性项目对其财务成果的影响。因此,首先要将报表项目按照它们在一般物价水平变动中的特点分为货币性项目与非货币性项目。在一般物价水平会计模式中,当以期末名义货币为等值货币时,货币性项目的期末金额不变,不需按等值货币重述。而以会计期末的等值货币所反映的非货币性项目的计价金额是变化的,这是因为用以衡量商品价值量的货币单位所含价值量在一般物价水平变动时发生改变,故计量金额必然变化。

进行划分的基本原则是,对货币性项目不做数据调整,但要计算因持有货币性项目而影响的本期购买力损益;对非货币性项目要随物价变动水平而进行数据调整,以最终对外报出消除物价变动影响的财务报告。

(二)确定代表一般购买力水平的物价指数

用什么指标代表货币的一般购买力水平是一般物价水平会计运用需要解决的问题,考察一般物价水平的变动,一般以全部商品的价格为对象。例如,在美国已经建立起一个庞大的物价指数体系,其中包括:国民生产总值物价指数(Gross National Product Price Deflates,GNPPD)、国民生产总值内含物价指数(Gross National Product Implicit Price Deflator,GNPIPD)、消费物价指数(Consumer Price Index,CPI)、城市居民消费品物价指数(CPI－V Index)以及批发物价指数(Wholesale Price Index,WPI),等等,需要时会计人员就能根据要求很容易地从这个物价指数体系中直接获取相应的权威数据加以应用。

(三)用一般物价指数调整传统财务会计报表各项目金额

一般物价水平会计通常采用一般物价指数将不同时期的名义货币换算为以报告期末的名义货币为等值货币表示的金额。具体应用时要区分为期初物价指数、期末物价指数、期间平均物价指数和某一时点物价指数等,运用不同指数进行调整,结果不尽相同。因此,应根据选用的等值货币确定对各报表项目采用哪种指数。

1.资产负债表项目的调整

(1)资产负债表项目中,除货币性项目年末数外,货币性项目年初数和其余项目的年初及年末余额都需要经过换算,各个项目换算方法为:

调整后的项目金额＝用名义货币计价的财务数据×(期末一般物价指数/基期一般物价指数)

(2)留存收益一般采用余额法加以调整,公式为:

留存收益＝(调整后资产合计数－调整后负债合计数)－调整后的留存收益之外的各项权益合计数

2.利润表项目的调整

(1)销售收入、除折旧费外的销售费用和所得税,一般都假定在一年内均匀地发生,故以当年的平均物价指数作为上述换算公式的分母。

(2)由于销售成本是按期初存货加上本期进货再减去期末存货确定的,调整销售成本时要分别调整期初存货、本期进货和期末存货。“本期进货”可以假定均匀发生,分母可用期间平均物价指数。

(3)销售成本＝按年末指数换算的期初存货＋按年内平均指数换算的本期购货－按年末指数换算的期末存货。

(4)折旧费是按固定资产原价计提的,因此,其换算应与“固定资产”项目的调整保持一致,采用相同的调整计算公式,即用取得固定资产时的物价指数作为分母,分子采用期末一般物价指数。

(5)股利的发放于期末财务成果形成后确定,因此应根据其宣告时的物价指数作为换算公式的分母。

(四)计算货币性项目的购买力损益

购买力损益是指由于持有货币性项目的资产、负债和所有者权益因物价变动而给企业带来的损失和利得,它反映了一般物价水平变动对企业持有的货币性项目的影响。以相同金额表示的期末名义货币的购买力和该项业务非期末发生时名义货币表示的购买力不同,所以,期末货币性项目的实际购买力发生了变化。而非货币性项目用期末名义货币调整后虽然金额变动,但本身所含价值不变,不涉及购买力损益。

如果企业持有货币性资产,物价上涨会给企业带来购买力损失;反之,会带来购买力收益。由于货币性负债项目与权益项目与货币性资产性质相反,企业持有的货币性负债项目和权益项目在通货膨胀时会给企业带来收益,通货紧缩时带来损失。货币性项目要计算其购买力损益,并列示于利润表及利润分配表中。购买力损益会影响企业最终的实际利润形成,也是企业为满足货币资金需要而进行筹措及管理中应注意的问题。

货币性项目购买力损益 = 期末实际持有的货币性项目净额 - 期末应持有的货币性项目净额

式中,"期末实际持有的货币性项目净额"是指以等值货币单位计算的、根据各货币性资产、负债、权益项目相抵的差额;期末应持有的货币性项目净额 = 期初货币性项目净额 ×(期末一般物价指数/期初一般物价指数)+ 期间货币性项目增加额 ×(期末一般物价指数期间/一般物价指数)- 期间货币性项目减少额 ×(期末一般物价指数/期间一般物价指数)。

(五)编制一般物价水平会计报表

一般物价水平会计报表是指在物价变动条件下,以期末名义货币为等值货币计价,以名义货币为等值货币计价,以历史成本和一般物价水平变动为计价基准编制的,综合反映企业因一般物价水平变动影响而形成的财务状况和经营成果的会计报表。编制一般物价水平会计报表是一般物价水平会计的最后一个程序。一般物价水平会计报表包括资产负债表、利润表、购买力损益计算表等。

二、一般物价水平会计的基本方法

(一)确立等值货币为计价单位

货币是会计的主要计量单位,单位货币的价值反映了一定的购买力。在币值不变的情况下,相同货币量的价值相等。但是,在物价剧烈变动的情况下,不同时期的币值是不同的,于是相同的货币量代表不同的价值量,因而出现了名义货币和等值货币的概念。在物价剧烈变动时,传统财务会计的计量中所用的货币单位即是名义货币,这使得不同时期的会计数据缺乏可比性。为反映和消除剧烈物价变动对财务会计信息的影响，一般物价水平会计选取等值货币为计价单位，但等值货币在实际生活中并不存在。因此，必须以某一时点的名义货币为等值货币，用一般物价指数将不同时期的名义货币换算为所确定的等值货币计价的金额。为方便和便于理解，一般用报告期末的名义货币作为等值货币。

(二)以历史成本和一般物价水平变动为计价基准

会计模式的计价基准是指会计应予计量的会计对象和影响这些会计对象的因素的特征或本质表现。会计对象的计价基准主要有资产的历史成本、现行成本、现行销售价格等。影响会计对象的因素有一般物价水平变动、个别物价水平变动等。选定计价基准就是要确定应予计量的会计对象的特征，例如资产计价是按历史成本还是现行成本；影响会计对象因素的特征，如影响资产计价变动的因素是一般物价水平变动还是个别物价水平变动等等。一般物价水平会计的会计信息是以传统财务会计报表为基础，通过一般物价指数变动换算而成。由于传统财务会计信息是以历史成本为基础，历史成本原则也构成了一般物价水平会计的计价基准。或者说，一般物价水平会计的计价基准是按一般物价水平变动换算的历史成本。

(三)不需要进行日常特殊账户处理

一般物价水平会计在平时不进行特有的或单独的账户处理，也不需特别设置账户，只是在会计期末时，根据一般物价指数变动的幅度对传统财务报表数据的影响程度进行换算调整，从而编制出以等值货币为计量单位的财务报表，作为传统财务报表的补充资料。

三、一般物价水平会计的应用

(一)对存货项目的调整

对存货项目的调整应考虑其购入时间，因为这会涉及存货的计价方式。在实际工作中，要考虑存货的发出方式等前提假设。比方说，在使用先进先出法计算发出存货成本时，应假定年末存货的进货日期是最近日期，而在使用后进先出法时应假定年末存货的进货日期是最早月份。计算公式如下：

某非货币性项目的调整后金额 = 该项目的历史成本金额 ×（年末的物价指数/该项目取得时的物价指数）

[例 8 - 2] 某企业按照先进先出法计算存货成本，期末存货的成本是 1 000 000 元，最近进货月份的物价指数是 110，年末的物价指数为 143，则该企业的存货应调整

为1 100 000元(1 000 000×143/110)。

(二)对固定资产项目的调整

由于固定资产购置的时间不同,其账面记录的原值、累计折旧等,应按其购入时的物价指数进行调整,公式同上。

[例8-3] 某企业2006年12月份购入的机器设备价值1 200万元,当时的物价指数是110,按10年提取折旧,2007年末编制财务报告时的物价指数是143,则该资产调整后的金额应如下:

原值为1 560(1 200×143/110)万元;

累计折旧为156(120×143/110)万元;

净值为1 404(1 080×143/110)万元。

(三)对利润表项目的调整

利润表项目可分为营业收入、营业成本和营业费用三大类。其中,由于营业收入和营业费用(假设不包括折旧费用)的汇总数额为年度内的总和发生额,在进行上述调整时,应采用年度平均物价指数,以将整个年度内的营业收入中物价变动的因素加以清除。但营业成本要考虑期初存货成本、本期购货成本和期末存货成本。期初存货成本可以根据上年末的物价指数进行调整,期末存货成本可以根据本年末的物价指数进行调整,而本期购货成本则是为平均进货、采用年内的平均物价指数进行调整。企业本年净收益的数额,应根据上述三部分的计算结果进行列示。

(四)对留存收益项目的调整

一般来说,对该类项目的调整,应先按一般物价指数对上年末留存收益进行调整,然后使其与本年度已经调整过的净收益相加而求得。在实际工作中,留存收益项目大多采用“余额法”计算求得。计算公式为:

本年度按一般物价水平计算的留存收益=按一般物价水平计算的资产数额-按一般物价水平计算的负债和股本数额

我国现行会计制度中的留存收益是以盈余公积和未分配利润分别列示的,调整时也要遵循这一要求。

(五)货币性项目购买力损益的计算

货币性项目购买力损益实质上就是期末按照一般物价水平调整后的货币性项目金额与其期初名义货币金额之间的差额;换言之,即物价上升时因持有货币性资产而损失的购买力与持有货币性负债而获得的购买力之差。进行调整时，应按货币性项目的发生日期与当期的物价指数相配合而计算得出。

在实际计算时，一般是先将货币性资产与货币性负债的余额相互抵消，得出货币性项目的净额，再按净额计算购买力损益。

［例 8－4］某公司本期持有的货币性项目如下：期初的货币性资产 1 000 000 元，货币性负债 800 000 元；当期全年的营业收入为 5 000 000 元，全年的存货购买成本与营业费用 3 000 000 元；期末的货币性资产 3 100 000 元，货币性负债 900 000 元。假设收支均为均匀发生。该年度的物价指数为：年初 110，年内平均 150，年末 165。

调整过程如下：

1.计算期初持有的货币性项目净额，并按照期末的物价指数进行调整。

调整后的货币性项目净额为 300 000 元［(1 000 000－800 000)×165/110］。

2.对货币性收入进行调整，并计算本期的货币性项目增加的净额。

本期货币性收入的调整后数额为 5 500 000 元(5 000 000×165/150)；

本期货币性费用的调整后数额为 3 300 000 元(3 000 000×165/150)；

上述两项的差额为 2 200 000 元。

3.计算期末持有的货币性资产净额(期末的货币性项目不要调整，直接按账面数额计算)。

期末的货币性资产净额为 2 200 000 元(5 500 000－3 300 000)。

4.计算出本期的货币购买力损益为 300 000 元(300 000＋2 200 000－2 200 000)。

(六)编制调整后的会计报表

［例 8－5］假设 A 公司 2006 年 12 月 31 日的比较资产负债表和利润表见表 8－1、表 8－2。

(1)2005 年 12 月 31 日的物价指数为 100，2006 年内平均指数为 160，2006 年末物价指数为 200；

(2)存货按照先进先出法计价，假定期初存货全部购于 2005 年 12 月 31 日，期末存货购于 2006 年 11 至 12 月，其平均物价指数为 180；

(3)固定资产使用年限为 5 年，预计无残值，按直线法进行摊销，暂不考虑土地使用权的摊销问题；

(4)假定全部收入和费用在一年内均匀发生；

(5)股利宣告日为 2006 年年末；

(6)企业所得税税率为 30%。

表 8-1　A 公司按历史成本编制的比较资产负债表

	2005 年 12 月 31 日	2006 年 12 月 31 日
资产：		
货币性资产	300 000	350 000
存货	150 000	250 000
固定资产净值	250 000	200 000
土地	200 000	200 000
资产合计	900 000	1000 000
负债：		
流动负债(货币性)	100 000	150 000
长期负债(货币性)	500 000	500 000
负债合计	600 000	650 000
业主权益：		
普通股	300 000	300 000
留存收益	0	50 000
业主权益合计	300 000	350 000
负债与业主权益合计	900 000	1 000 000

表 8-2　2006 年度 A 公司按历史成本编制的利润表

销售收入	700 000
销售成本	400 000
其中：期初存货	150 000
本期购货	500 000
可供销售存货	650 000
期末存货	250 000
销售毛利	300 000
销售与管理费用	150 000
折旧费用	50 000
税前收益	100 000
所得税	30 000
净收益	70 000

根据上述资料，A 公司 2006 年度的财务报表按等值货币单位重新表述见表 8-3、表 8-4、表 8-5。

表 8-3　A 公司货币性项目购买力利润表

2006 年 12 月 31 日

货币性项目净值	未换算	换算系数	已换算
(1) 期初余额	300 000	200/100	600 000
(2) 本年净变动	0	200/160	0
(3) 期末余额	300 000	200/200	300 000
(4)购买力利得(损失) = (3) - [(2) + (1)]			300 000

表 8－4　A 公司按等值货币单位编制的比较资产负债表

2006 年 12 月 31 日

	未换算	换算系数	已换算
货币性资产	350 000	200/200	350 000
固定资产净值	200 000	200/100	400 000
存货	250 000	200/180	277 778
土地	200 000	200/100	400 000
资产合计	1 000 000		1 427 778
负债：			
流动负债(货币性)	150 000	200/200	150 000
长期负债(货币性)	500 000	200/200	500 000
负债合计	650 000		650 000
业主权益：			
普通股	300 000	200/100	600 000
留存收益	50 000		177 778*
业主权益合计	350 000		777 778
负债与业主权益合计	1 000 000		1 427 778

*按余额法计算，即留存收益＝资产(1 427 778)－负债(650 000)－普通股(600 000)＝177 778。

表 8－5　A 公司按等值货币单位编制的利润表

2006 年度

	未换算	换算系数	已换算
销售收入	700 000	200/160	875 000
销售成本	400 000		
其中：期初存货	150 000	200/100	300 000
本期购货	500 000	200/160	625 000
可供销售存货	650 000		
期末存货	250 000	200/180	277 778
销售毛利	300 000		
销售与管理费用	150 000	200/160	187 500
折旧费用	50 000	200/160	100 000
税前收益	100 000		(59 722)
所得税	30 000	200/160	37 500
不包括货币性项目购买力损益的收益			(97 222)
净货币性项目购买力利得			300 000*
净收益	70 000		202 778

该数字取自表 8－3 货币性项目购买力损益计算表。

第三节 现行成本会计

现行成本会计模式是用资产的现行成本替代历史成本,用名义货币为计价货币,反映和消除在通货膨胀条件下个别物价变动对企业财务状况和经营成果影响的会计程序和方法。现行成本主要指在当前市场条件下,按现行价格购置与现有资产相同或相近资产所需要支付的金额或再生产同样资产所需要的支出。该模式的主要特点是以现行成本在资产负债表上反映资产的价值,并在利润表上以现行收入与产生收入所耗用的生产要素的现行成本进行配比确定收益。这种会计模式所反映和消除的是个别物价变动对企业财务和经营状况的影响。

一、现行成本会计的程序

(一)确定各项资产的现行成本

正确确定各项资产的现行成本,是关系到正确确定企业资产价值和营业收益等财务数据,反映和消除个别物价变动影响的重要前提。企业资产的现行成本数据,主要来源于其当前的市场价格、基于公平交易的供货方销售报价以及资产的再生产成本等。在实际操作中,企业可以通过以下几个途径获取某项资产的现行成本:

(1)新购置同类新产品的当前发票含税金额;

(2)资产制造厂商的标准翻造成本;

(3)按照国家或权威部门发布的特定物价指数换算的重置成本;

(4)权威机构做出的估价;

(5)重新购置或制造同类资产的成本扣除持有资产已使用年限的累计折旧。

(二)确认企业持有资产损益

持有资产损益是指由于资产价格变动而形成的现行成本与历史成本的差异。如果资产的现行成本大于历史成本,其差异为持有利得;反之,为持有损失。资产的持有损益分为未实现持有损益和已实现持有损益。持有损益因资产的消耗和出售而实现,而期末所持有资产的现行成本和历史成本的差异,则是未实现持有损益。

在现行成本会计模式下,企业的收益由经营收益和资产持有收益组成。资产持有收益是指在现行成本会计核算中,企业置存资产在通货膨胀条件下由于现行市场价格上升给企业带来的收益。由于现行市场价格下降而形成的企业持有资产损失亦可视为资产持有收益的负值。资产持有收益又进一步分为未实现持有损益和已实现持有损益。未实现持有损益是指在现行成本会计核算中，企业资产在存储过程中因个别物价水平变动增加的账面价值，当该项资产销售出去或领用消耗后从现行收入中收回才能获得真正的收益，即为已实现持有损益，而出售前只是增加了收益的可能性，是一种尚未实现的收益，即未实现持有损益。未实现持有损益和已实现持有损益要单独设账户反映，并计列为利润表项目。存货在持有期间应按其重置成本（或可变现净值）计价，增加的价值就被确认为各个会计期间的未实现持有损益；当存货销售时，则通过销售收入与现行成本的配比，确定所实现的经营收益；而这时在持有期间尚未实现的持有收益也就实现了，只是它们中已经在未实现前分别归属于以前各期的金额，应在确定当期收益时扣除。

（三）计算本期现行成本收益

现行成本收益是指企业按本期现行收入和成本费用支出的现行成本进行配比计算的企业收益。

（四）编制现行成本会计报表

现行成本会计报表是指在现行成本会计中，报告期末编制的以名义货币为计价单位，以资产的现行成本和个别物价水平变动为计价基准，反映物价变动时期在个别物价水平变动影响下形成的企业财务状况和经营成果的会计报表。期末，根据现行成本会计的日常核算资料，编制现行成本会计的资产负债表和利润表，作为传统会计报表的补充资料，反映和消除通货膨胀对传统财务会计信息的影响。

二、现行成本会计的基本方法

（一）设置现行成本会计制度下的账户体系

现行成本的计量属性要求反映各项资产的现行成本和损益的现行成本调整额，因此，现行成本会计要求比历史成本会计多设相应的专门调整账户加以反映。

加设“已实现持有损益”和“未实现持有损益”账户，反映物价变动时企业持有资产的现行成本变动额及其实现情况；在权益类项目下加设“资本保全准备”账户，作为资本的调整项目。

（二）各项资产现行成本的账户处理方法

在资产被销售时，需按其现行成本来计列销售成本；在被耗用时，则以已消耗部分的现行成本抵减相应的资产账户，并将各项资产账户的余额按期末的现行成本进行调整，以反映其真实的价值水平。

(三)持有资产损益的账户处理方法

为记录企业的持有资产损益，又由于持有资产损益包括已实现持有资产损益和未实现持有资产损益，故需分别设置"已实现持有资产损益"账户和"未实现持有资产损益"账户，分别计列不同实现情况下的持有资产损益金额。

其中，"未实现持有资产损益"账户记录在物价上涨时，企业持有资产的增值。当资产被销售或被耗用后，由"未实现持有资产损益"账户的借方转入"已实现持有资产收益"账户的贷方。期末，将"未实现持有资产损益"账户和"已实现持有资产损益"账户的贷方余额结转入"资本保全准备"账户的贷方，并作为股东权益的调整项目记列于资产负债表中，反映企业当期的持有资产损益。结转后，"未实现持有资产损益"账户和"已实现持有资产损益"账户均无余额。

针对持有资产损益的会计处理，如前所述，通常有两种方法。其一，是将持有资产损益作为资本的调整项目列入资产负债表:其二，是将其作为当期收益的调整项目列入利润表。除此之外，还有人提出，将持有资产损益中的已实现持有资产收益和未实现持有资产损益分开列示，即把未实现持有资产收益作为资本调整项目列于资产负债表的股东权益下，而把已实现持有资产收益作为收益的调整项目列于利润表的当期收益下。

不难看出，第一种方法是遵循的实物资本保全观，而第二种方法遵循了财务资本保全观，第三种方法则是实物资本保全观和财务资本保全观在针对持有资产损益处理方法上的调和方式，没有坚持彻底的实物资本保全观，它将持有资产损益的一部分计入了当期损益，在实质上难以摆脱财务资本保全观的束缚。

由于第一种方法充分体现了现行成本会计下实物资本保持的思路，得到了大多数会计学者和专业人士的支持。同时，就我国目前来看，为了防止上市公司高估资产和利润以防范风险，同时和国际通行的财务方法趋同，我国明确要求上市公司对应收账款、存货、短期投资、长期投资、固定资产和无形资产计提跌价损失和减值准备，并在年度会计报表中以净额列示。其具体方法就是把各项准备金作为相应资产项目的备抵项目，以充分体现谨慎性原则。事实上，这些准备金项目可以被视为是企业持有资产未实现的预估减值部分，即未实现的持有资产损失。而作为现行成本会计下未实现的持有资产收益，如要与以上的计提准备在会计方法上保持一致，则也应作为相应资产未实现的增值部分，计列于资产负债表而非利润表。因此，为了保证持有资产损益性质的会计项目在处理方法上的一致，同时满足完全意义上的实物资本保全，较好的选择就是将已实现持有资产收益和未实现持有资产收益共同作为股东权益的调整,列于资产负债表上。

三、现行成本会计的应用

在现行成本法下,应根据资产等的现行成本对资产的计价基础进行调整,在此基础上确定对资产等的持有损益(或称置存损益),并作为所有者权益项目计入资产负债表,构成"资本保全调整"项目。但还有一种观点认为,应在调整的基础上对会计报表中的现行收入与产生收入所耗现行成本进行配比,确定出本期损益并计入利润表。但无论怎样对持有损益进行处理,现行成本会计的处理一般都表现为按现行成本确定流动资产、固定资产的价值及持有损益,并按现行成本编制利润表即资产负债表等几个步骤。

(一)资产持有损益的确定

持有损益可分为已实现持有损益和未实现持有损益,前者是指已被消耗资产的现行成本和历史成本之差,后者则是指企业期末按现行成本计算的仍持有资产与其历史成本之差。持有资产的计算,应按照流动资产、固定资产等项目分别进行。

1.流动资产持有损益的确定

[例 8-6] 某公司期初购入存货 2 000 件,单价 150 元,年中以每件 200 元售出 1 500件,当时该存货的重置成本为每件 170 元,期末公司结存 500 件,重置成本为每件 180 元。根据以上资料,该公司应进行如下会计处理:

首先计算已实现持有损益和未实现持有损益。

已实现持有损益 = 1 500 × (170 - 150) = 30 000(元)

未实现持有损益 = 500 × (180 - 150) = 15 000(元)

然后将其视为所有者权益部分,记入"资本保全调整"科目。

借:存货　　　　45 000

　　贷:资本保全调整　　　　45 000

也有人认为可以将已实现持有损益和未实现持有损益计入利润表,会计处理过程如下:

(1)期初购入存货时,按实际成本入账。

借:存货　　　　300 000

　　贷:现金　　　　300 000

(2)期中按重置成本记录售出的存货。

借:现金　　　　300 000

贷：营业收入　　300 000

同时，

借：营业成本　　255 000

贷：存货　　255 000

(3)计算本期的已实现和未实现的持有损益。

已实现持有损益 = 1 500 × (170 − 150) = 30 000(元)

未实现持有损益 = 500 × (180 − 150) = 15 000(元)

会计分录为：

借：存货　　45 000

贷：已实现持有损益　　30 000

未实现持有损益　　15 000

2.固定资产持有损益的确定

[例 8 − 7] 某公司上年末购入一项固定资产，价值 1 000 000 元，已于当月投入使用，该资产预计可使用 5 年，按直线法计提折旧，本年度提取了 200 000 元，本年末该固定资产的重置成本为 1 200 000 元。

按照资本保全的要求，企业应将物价变动的影响计入所有者权益。

借：固定资产　　200 000

贷：资本保全调整　　200 000

若将持有损益视为一项利润表项目，该公司应调整固定资产价值，使之与现行成本一致，同时调整已提折旧，并按已提折旧的情况确定出资产的已实现、未实现持有损益。固定资产持有损益为 200 000 元(1 200 000 − 1 000 000)，其中：

已实现持有损益为 40 000 元(1 200 000/5 − 1 000 000/5)，

未实现持有损益为 160 000 元(960 000 − 800 000)。

会计分录如下：

借：固定资产　　200 000

贷：已实现持有损益　　40 000

未实现持有损益　　160 000

借：营业费用——增补折旧费　　40 000

贷：累计折旧　　40 000

3.按现行成本调整资产负债表和利润表

[例 8 − 8] B 公司以历史成本为基础的 2006 年 12 月 31 日的资产负债表和 2006 年度利润表见表 8 − 6、表 8 − 7。

表 8－6　B 公司按历史成本编制的比较资产负债表

	2005 年 12 月 31 日	2006 年 12 月 31 日
资产：		
货币性资产	126 000	112 000
存货	160 000	240 000
固定资产	60 000	60 000
累计折旧	6 000	12 000
固定资产净值	54 000	48 000
资产合计	340 000	400 000
负债：		
流动负债(货币性)	40 000	60 000
长期负债(货币性)	196 000	230 000
负债合计	236 000	290 000
业主权益：		
普通股	100 000	100 000
留存收益	4 000	10 000
业主权益合计	104 000	110 000
负债与业主权益合计	340 000	400 000

表 8－7　B 公司按历史成本编制的利润表

2006 年度

销售收入	400 000
销售成本	274 000
其中：期初存货	160 000
本期购货	354 000
可供销售存货	514 000
期末存货	240 000
销售毛利	126 000
销售与管理费用	105 000
折旧费用	6 000
税前收益	15 000
所得税	5 000
净收益	10 000
留存收益(年初)	4 000
现金股利	4 000
留存收益(年末)	10 000

2006 年度的有关现行成本资料如下：

(1)存货：年初的现行成本为 200 000 元，年末的现行成本为 320 000 元。

(2)固定资产：年初的现行成本为 72 000 元，年末的现行成本为 80 000 元，使用期为10年,采用年限平均法摊销,无残值。

(3)销售成本:在2006年内均匀发生,其现行成本为360 000元。

(4)销售收入、销售费用、管理费用(折旧费除外)、所得税及现金股利均是按发生日的现行成本表示的,即其以历史成本为基础和以现行成本为基础所计算的金额均相同。

根据所给数据及以历史成本为基础编制的资产负债表和利润表,重编以现行成本为基础的现行成本会计下的资产负债表和利润表。具体处理如下:

第一步,以现行成本为基础,调整原有财务报表的有关数据。

(1)资产负债表数据调整。

①货币性项目。

由于货币性项目不受个别物价水平变动的影响,无须做任何调整,其现行成本就按其历史成本计列。如本例中的货币性资产、流动负债和长期负债项目。

②非货币性项目。

非货币性项目与货币性项目不同,其中,非货币性资产项目直接受个别物价变动的影响,分别按所提供的资料调整如下:

存货:期初现行成本200 000,期末现行成本320 000;

固定资产:期初现行成本72 000,期末现行成本80 000;

普通股:仍按历史成本表述,本例为100 000元;

留存收益:留存收益的现行成本是按结余法,将资产的现行成本总额与负债的现行成本总额、普通股的历史成本相减所得的差额。即:留存收益的现行成本 = 资产现行成本总额 - 负债现行成本总额 - 普通股历史成本,如本例中留存收益的现行成本 = 390 800 - 236 000 - 100 000 = 54 800(元)。

(2)利润表数据调整。

①销售收入、销售费用、管理费用(折旧费除外)、所得税、现金股利。这些项目均是以其发生日的现行成本来表示的,因而其现行成本与其按历史成本计量的金额是相同的,故不予调整。

②销售成本。销售成本是在整个经营期间里发生的,其现行成本来自所提供的资料,如本例为360 000元。

③折旧费。由于折旧费所依据的固定资产的现行成本较历史成本已经发生了变动,折旧费也相应要发生变动,并按期现行成本的平均值为计提基础。即:折旧费 = [(期初固定资产的现行成本 × 期末固定资产的现行成本)/2]/分摊年限。

本例为[(720 000 + 800 000)/2]/10 = 7 600元。

第二步,计算持有资产损益。

计算持有资产损益，即是计算非货币项目，如存货、固定资产以及销售成本和折旧费等现行成本的变动额，这是现行成本会计的核心步骤。在初次实行现行成本会计时，现行成本的变动额就是本期现行成本和历史成本的差额，而当前期已经采用现行成本会计时，其变动额就是本期现行成本和前期现行成本的差额。

①已实现持有资产损益。

存货：存货已实现持有资产损益 = 销售成本现行成本 - 销售成本历史成本

本例为 360 000 - 274 000 = 86 000(元)。

固定资产：

固定资产已实现持有资产损益 = 折旧费现行成本 - 折旧费历史成本

本例为 7 600 - 6 000 = 1 600(元)。

②未实现持有资产损益。

存货：存货未实现持有资产损益 =（期末存货现行成本 - 期末存货历史成本）-（期初存货现行成本 - 期初存货历史成本）=（期末存货现行成本 - 期初存货现行成本）-（期末存货历史成本 - 期初存货历史成本）

本例中存货未实现持有资产损益 =（320 000 - 240 000）-（200 000 - 160 000）=（320 000 - 200 000）-（240 000 - 160 000）= 40 000 元。

固定资产：固定资产未实现持有资产损益 =（期末固定资产净额现行成本 - 期末固定资产净额历史成本）-（期初固定资产净额现行成本 - 期初固定资产净额历史成本）=（期末固定资产净额现行成本 - 期初固定资产净额现行成本）-（期末固定资产净额历史成本 - 期初固定资产净额历史成本）

本例为（64 000 - 48 000）-（64 800 - 54 000）=（64 000 - 64 800）-（48 000 - 54000）= 5 200(元)。

本例中已实现持有资产损益合计 86 000 + 1 600 = 87 600(元)，未实现持有资产损益合计 40 000 + 5 200 = 45 200(元)，持有资产损益合计 87 600 + 45 200 = 132 800(元)。

第三步，重编以现行成本为基础的会计报表。

根据提供的有关资料和前面步骤得出的调整结果，以及计算得到的持有资产损益，重新编制以现行成本为基础的利润表和资产负债表，见表 8 - 8、表 8 - 9。

表 8-8　B 公司按现行成本编制的比较资产负债表

	2005 年 12 月 31 日	2006 年 12 月 31 日
资产:		
货币性资产	126 000	112 000
存货	200 000	320 000
固定资产	72 000	80 000
累计折旧固定资产净值	7 200	16 000
	64 800	64 000
资产合计	390 800	496 000
负债:		
流动负债(货币性)	40 000	60 000
长期负债(货币性)	196 000	230 000
负债合计	236 000	290 000
业主权益:		
普通股	100 000	100 000
留存收益	54 800	(26 800)
资本保持调整	0	132 800
业主权益合计	154 800	206 000
负债与业主权益合计	390 800	496 000

表 8-9　B 公司按现行成本编制的利润表

2006 年度

销售收入	400 000
减:销售成本	360 000
销售毛利	40 000
销售与管理费用	105 000
折旧费用	7 600
税前收益	(72 600)
减:所得税	5 000
净收益	(77 600)
加:留存收益(年初)	54 800
现金股利	4 000
留存收益(年末)	(26 800)

第四节　物价变动会计的研究现状与应用前景

一、物价变动会计的国际比较

(一)美国

美国是最早研究物价变动会计的国家之一,其现行成本的概念最早可追溯至

1865 年美国的铁路定价。1961 年,美国著名会计学家爱德华兹和贝尔在其《企业收益理论和计量》一书中,通过对决策有用论的分析,建议使用现行成本会计,并以现行成本作为计量企业收益的基准,这是对现行成本会计理论的最早的系统阐述。总体来说,在西方发达国家中,尽管美国在物价变动会计理论的研究中居于领先地位,但在 1976 年以前,主要是按照古典学派的基本理论来处理与物价变动有关的会计业务,物价变动会计实务中显得较为稳健和保守。

从 20 世纪 70 年代中期开始,美国的物价变动会计进入了实质性的发展阶段。1973 年,美国注册会计师协会下属的特鲁布拉德委员会在其《财务报表日的研究组的报告》即《特鲁布拉德委员会报告》中指出,会计报表的主要目标是提供决策所需的信息,而传统会计的单一计价基础并不能很好地满足这一要求,该报告就成为美国财务会计准则委员会建立现行成本会计概念框架体系的思想基础。1976 年 3 月,美国证券交易委员会发布了第 190 号会计系列公告,规定美国的大型上市企业必须向其呈报有关重要成本信息的报告,该公告的发布促使美国现行成本会计制度的实施。

1979 年 9 月,美国财务会计准则委员会(FASB)发布了第 33 号公告《财务报告和物价变动》,该公告要求大型的上市公司同时揭示一般购买力美元和现行成本的资料,作为历史成本会计报表的补充,但无须重编财务报表。该公告的发布,标志着物价变动会计进入了实施的历史阶段。

美国财务会计准则委员会在对第 33 号公告的实施效果进行调查后,于 1984 年发表的第 82 号财务会计准则公告中,取消了在利润表的补充信息中公布一般购买力信息的要求,而仅限于披露现行成本会计数据,但重申了美国大型企业必须编制现行成本的补充会计报表。

进入 20 世纪 80 年代后期,世界各国的通货膨胀普遍得到了有效控制,美国的通货膨胀水平也从 20 世纪 80 年代初期的 14%降到了其后期的 5%。尽管美国财务会计准则委员会仍然鼓励本国企业披露现行成本会计报表,但在业界编制现行成本会计报表的企业数量较过去剧烈物价变动时已经大大减少了。1986 年 12 月,美国财务会计准则委员会发布第 89 号公告《财务报告和物价变动》以取代原 33 号和 82 号公告,把对现行成本会计信息的披露从必须改为自愿。

(二)英国

英国会计界是从第二次世界大战以后开始逐步研究通货膨胀会计的。

到 20 世纪 60 年代末 70 年代初,持续上涨的物价水平促使由英政府赞助的特别调查委员会——“桑德兰委员会”开始对企业报表如何反映物价变动的影响展开调查研究。1975 年 9 月,桑德兰委员会发表了《通货膨胀会计》,即著名的“桑德兰报告”,

建议所有公司废除以历史成本为基础的财务报表，尽可能采用现行成本会计体系，资产负债表中的资产和负债项目应以现行价格表示。

1976年11月英国会计准则委员会在吸收桑德兰报告有关观点的基础上，又提出了《公开讨论草稿第18号》，建议以现行成本会计取代历史成本会计，但该草稿于1977年被英格兰和威尔士特许会计师协会成员否决。

此后不久，英国会计准则委员会于1977年11月发表了新的建议书《通货膨胀会计——一项临时性建议》，即《海德委员会指南》。1980年3月，英国会计准则委员会在于1979年5月发布的第24号征求意见稿《现行成本会计》的基础上，发布第16号标准会计惯例公告《现行成本会计》，该项公告要求企业编制现行成本会计下的两步式资产负债表和利润表，它集中体现了英国关于物价变动会计的立场和思想，并形成了英国的现代通货膨胀会计制度。

随着20世纪80年代英国国内通货膨胀率的下降，实际公布现行成本信息资料的企业越来越少，终于该公告在1985年6月被宣布中止，1988年4月在没有立即为新的惯例公告所取代的情况下被宣布撤销了，而且至今为止，由于当前英国的通货膨胀率不及两位数，英国尚无关于通货膨胀的新准则出现。但是，相对于美国而言，英国更注重现行成本会计，而且英国的会计准则建议现行成本会计仍是公司在通货膨胀时首选的会计方法。

（三）其他国家

此外，荷兰和德国也是提倡使用现时成本会计的国家。在法国、比利时、澳大利亚、加拿大和新西兰等国，为了反映物价变动对会计信息的影响，也要求在财务报表上补充现行成本会计资料。拉丁美洲诸国由于普遍存在较高的通货膨胀率，大多数国家规定将物价变动会计报告作为正式会计报表。国际会计准则委员会（IASC）在1981年发布的《国际会计准则第15号——反映价格变动影响的资料》中，明确提出应采用“一般购买力法”和“现时成本法”来考虑价格变动对会计信息的影响，提供与此相关的会计信息。

二、我国物价变动会计的发展与应用现状

我国传统会计理论和实务的水平都不高，又加之长期实行计划经济的运行体制，因而在20世纪80年代前鲜有对现行成本会计等物价变动会计的讨论。20世纪80年代末期，我国开始建立社会主义市场经济运行机制，过去比较稳定的物价也出现了波动，但由于国家采取了一系列宏观调控措施，使通货膨胀问题得到一定程度的抑制。进入20世纪90年代以后，我国的物价又几度出现反复。随着我国经济体制改

革的逐步深入,物价变动问题不可避免地摆在我们面前。而迄今为止,我国尚未制定出专门的物价变动会计准则和物价变动会计制度。因此,这对我国的理论界而言,仍然是一项尚未结束的任务。

从实务普及方面看,传统会计模式是我国目前主要的会计模式,我国大部分企业都采用历史成本计价,而实际会计工作者对物价变动会计知之甚少。这都在一定程度上增加了物价变动会计方法在实施上的难度。总结起来,我国推行物价变动会计模式受到以下客观条件的制约:

(1)我国在存在物价变动的同时,市场机制远未完全发育成熟,多种价格并存,这就增加了会计在计量上的复杂性和资料取得的困难。

(2)我国目前的价格评估体系还很不成型,物价指数的类型也不全面,物价信息的公布也相对滞后,缺乏及时性,无法为物价变动会计的实施提供最为直接和可靠的信息支持。

(3)我国会计职业界的会计人员的整体素质还不够高,所采用的会计手段仍落后,受传统会计模式的影响较深。

一个理想的会计模式应使企业资本得以保全,使企业具有重置资产的能力,所提供的会计信息具有可靠性、可理解性、可比性。但任何会计模式都有自己的运用环境和适用条件,即都必须与具体的国情、经济发展水平等融合才能发挥其积极作用。所以,我们在选择会计计量模式时必须考虑其与我国具体国情的相容性,也就是在我国现实条件下的可行性。但是,我们也应该看到有利的一面,我们虽然没有现成经验可借鉴,却也减少了局限和约束,探索建立的会计模式更适合我国国情。同时,由于我国的会计制度具有高度的统一性,管理和控制起来要相对容易些。

三、物价变动会计的前景展望

目前,全世界范围内,一般物价水平与个别物价水平尽管都有变动,但尚未像20世纪70年代那样普遍出现持续性的物价上涨,特别是并不多见大规模通货膨胀的情况。由于物价变动是市场经济的常态,物价变动会计的研究仍有一定的现实意义。我国在物价变动会计方面起步较晚,而且所面临的情况又很复杂,这就意味着我国不能完全照搬西方国家现成的做法,而应该选择符合国情的物价变动会计,从而减轻物价变动对会计的冲击。

总体思路是可以首先在某些上市公司试行,然后逐步推广到其他大中型企业,建立一般物价水平变动会计模式。待我国市场经济发育比较成熟且有关条件具备以后,再改为现行成本变动会计模式。这一思路的设计基于以下事实:

首先,从调整过程看,一般物价水平变动会计不否认传统会计必须遵循的一般公认的会计原则,不需要按现值取代历史成本予以正式入账,只是将历史成本财务报表按一般物价水平调整为现值财务报表,它并未脱离历史成本的框架。现行成本变动会计则是以个别商品或劳务的现时价格取代历史成本正式入账,并据以编制现值财务报表。前者是对传统财务报表中的名义货币额加以调整,使财务报表中各项目数据能以平均购买力的货币单位重新计量和表达;后者是在对传统财务报表中的名义货币单位不加改变的前提下,以现行成本计价代替历史成本计价进行调整。显然,前者较后者调整过程简单,比较适合当前和今后一段时间内的我国经济。

第二,从采用方法看,一般物价水平变动会计是在历史成本财务报表的基础上确定报告期的货币购买力,报告期的货币购买力是基期与报告期一般物价指数的比值,而一般物价指数通常是由政府公布的,在我国可以由政府指定部门如国家统计局定期公布。现行成本变动会计的现行成本确定,一般有未来现金收入流量折现价值、现时产生价值和重置成本三种方法。

第一种方法,在预测未来现金流量和选择折现率时不可避免地带有主观成分;后两种方法,由于不少资产或劳务价格多元化,其入账价格就有一定的随意性,且获取需要有一个过程,不仅增大了获取费用,还延误了入账和编表时间。此外,有些资产因缺乏市场性或其他原因,其价格难以获取,给入账和编表带来了无法克服的困难。相比之下,一般物价水平变动会计要容易得多,比较符合我国国情。

第三,从会计人员业务素质看,由于现行成本变动会计技术性较强,而我国现今实际会计工作者大多数没有学习过物价变动会计,业务素质还不能适应这种会计模式的需要。一般物价水平变动会计相对容易,难度较小,经过培训是能够逐步实行的。在采用物价变动会计模式时只能先易后难,先采用一般物价水平变动会计模式,待条件具备后才能更换为现行成本变动会计模式。因而,逐步建立我国物价变动会计模式是我国经济不断发展的需要,它有利于企业各利益主体的预测和决策,是我国会计的发展方向。

【复习思考题】

1.物价变动会计是怎样形成的?有哪些因素对其形成起到了推动作用?它们又是如何影响物价变动会计的形成过程的?

2. 物价变动是怎样冲击和影响传统会计理论的?

3.物价变动会计的观念基础是什么?它的理论结构又是怎样的?

4. 一般物价水平会计和现行成本会计的主要区别是什么?

5.在我国推行物价变动会计的前景如何?

【课后练习】

一、单选题

1.在物价变动会计中,企业应收账款期初余额、期末余额均为50万元,如果期末物价比期初增长10%,则意味着本期应收账款发生了(　　)。

A.购买力变动损失5万元

B.购买力变动收益5万元

C.资产持有收益5万元

D.资产持有损失5万元

2.一般物价水平会计对物价变动而产生的影响,其处理方法为(　　)。

A.计入当期损益

B.予以递延

C.作为留存收益的调整项目

D.作为少数股东权益项目

3.企业期末所持有资产的现行成本与历史成本的差额,称为(　　)。

A.持有损益

B.已实现的持有损益

C.未实现的持有损益

D.购买力变动损益

二、多选题

1.物价大幅度变动对会计理论产生的冲击主要表现在(　　)。

A.基本上否定了币值不变的假设

B.基本上否定了会计主体的假设

C.使历史成本原则缺乏基础

D.严重降低了会计信息有用性的质量

E.影响了会计目标的实现

2.下列体现实物资本保全的会计计量模式是(　　)。

A.历史成本/名义货币单位

B.历史成本/不变购买力货币单位

C.现行成本/名义货币单位

D.现行成本/不变购买力货币单位

E.可变现净值/名义货币单位

三、业务题

1.目的:练习一般物价水平会计。

2.资料:

(1)A 公司 2001 年 1 月 1 日的货币性项目如下:

现金 800 000 元

应收账款 340 000 元

应付账款 480 000 元

短期借款 363 000 元

(2)本年度发生以下有关经济业务:

销售收入 280 000 元,购货支出 250 000 元;

以现金支付营业费用 50 000 元;

3 月底支付现金股利 30 000 元;

3 月底增发股票 1 000 股,收入现金 3 000 元;

支付所得税 20 000 元。

有关物价指数如下:

2001 年 1 月 1 日:100

2001 年 3 月 31 日:120

2001 年 12 月 31 日:130

2001 年度平均:115

3.要求:以年末货币为稳值货币,计算货币性项目购买力变动损益。

CHAPTER 9　第九章

企业重组与破产清算会计

【学习目标】

1.了解企业重组与破产清算的概念、重组的主要类型和清算的基本程序。

2.理解企业重组与破产清算等相关概念之间的关系以及清算会计的基本前提。

3.掌握企业重组与破产清算会计的主要内容、程序和方法,以及企业重整、准改组、分立与破产清算的会计处理方法。

第一节　企业重组与破产清算及其相互关系

按照制度经济学的理解,“企业”是为降低市场交易成本而构建的一系列契约的联结,即企业以一种集中的契约方式代替了市场价格机制对生产要素的配置。企业之所以存在,是因为在某种程度上企业内部可以被理解为一种小范围的相对集约的计划经济,通过这种形式能够降低市场以分散方式配置资源所花费的大量谈判、签约等交易成本。正常情况下,企业这一契约联合体在很多方面比市场具有更高的效率。因此,企业的存在和经营具有长期的合理性。与此相应,财务会计一般也都是以“持续经营”作为企业会计核算的基本前提。但在特定情况下,企业可能因某些原因经营不善,直接表现就是盈利能力下降甚至发生亏损,这意味着企业配置资源的效率与市场相比已经处于劣势。这时,企业继续按原有方式维持其经营活动已不符合优胜劣汰的市场法则,需要通过重组以变更经营方式,从而维持自身的存续;或者通过解散或破产清算而终止经营,由市场重新选择合适的资源配置方式。这样,企业的主体地位就可能变更或丧失。

造成企业主体地位变更或丧失的原因很多,不同企业的情况也千差万别,但归结起来其直接原因无外乎两方面:一是因某些原因导致经营难以维持,出现严重亏损和财务状况恶化,最典型和直接的表现就是现金流量出现问题,无法偿付到期债务;二是企业出于某种目的,以特定方式主动调整其原有资源配置和经营方式,如合并、分立和改组等。

企业终结或改变持续经营的主要方式包括重组、解散或破产清算等。与之相应,就产生了企业重组会计、解散清算会计和破产清算会计。

一、企业重组

(一)企业重组的概念

在我国,企业重组(Enterprise Re-organization)是一个具有多重含义的概念。狭义的企业重组也称为企业重整,是指企业发生财务困难而暂时失去偿债能力时,经债权人同意或法院裁定,使企业在一定时间内继续存在并进行整顿,而不是宣告破产,从而使企业复兴并最终偿还债务的行为。显然,这层意义上的重组经常出现在企业的破产程序中。作为破产程序的一个重要(但不是必须)的组成步骤,这种企业重组在法律上被称为"和解与重整"(在我国称为"和解整顿"),其主要方式又包括债务重组(或债务重整)和改组。而广义上的企业重组,是指企业为达到一定目的,通过特定方式,改变原有的存在形式和经营方式,重新配置各种资源要素的活动,同时又表现为企业各种契约关系的重新安排。这种广义的企业重组方式更为多样,除了上述狭义重组概念下的和解与重整外,还包括正常经营状态(即未发生财务困难或破产威胁)下的债务重组和改组,以及企业合并、分立、改制等多种形式。在市场经济条件下,企业的契约关系通过一定的法律形式体现,因而企业重组又表现为法律关系的调整。所以,企业重组是一个兼具经济意义和法律范畴的概念。

在我国,企业重组的概念首先来自"资产重组",这两个概念均体现了优化资源配置的意图。但二者在含义、范围、具体内容和形式上都存在明显的差别。资产是企业资源的主要构成要素,但并不是全部,而企业重组是比资产重组远为宽泛的概念。在实践中,除资源的重新配置外,企业重组还表现为各种契约关系的重新安排和相关法律关系的调整。所以,许多时候这一名词经常与企业兼并、收购、法人变更等具有法律意义的概念相联系。另外,资产重组的概念在我国的最初含义仅限于国有资产或国有企业,随着市场经济发展,非公有制经济逐渐发育,国有企业产权改革和股份制改造不断深入,对社会主义市场经济和公有制产权制度的认识也不断深化,重组的范围才不再局限于国有企业,企业重组的含义也不断扩展并日趋完整和科学化。重组的内涵从单纯资产重组扩展到企业全部要素，重组的手段也由国有经济体系内部行政性的资产转移、分化和组合，向市场化、微观化和企业化的方式转变，并与国有企业产权改革相联系。随着经济市场化程度的提高和资本市场的发育，企业产权结构逐步明晰和多元化，法人治理结构趋于规范，同时企业间竞争合作方式也日渐复杂多样，资本经营成为企业制度创新、改善生产要素配置和提高效率的重要手段，与之密切相关的、以产权为核心的企业重组也逐渐成为重组的主要形式。

正确认识企业重组，还应将其与“和解重整”以及“债务重组”的概念相区别。有些会计教材中将企业重组限定于狭义的概念，即企业破产程序中的和解与重整，并与破产清算合称为财务会计的一类特殊业务，意即企业非持续经营状态下的业务。还有些甚至连改组也不包括在内，仅仅将企业重组定义为和解程序中的债务重组。因此，虽然名义上使用了“企业重组与破产”或类似的说法，实质上却是“和解重整”甚至“债务重组(整)与破产”的含义。其实，不论和解与重整还是债务重组都不是完整的企业重组概念，与严格意义上的企业重组是有明显不同的。

(1)从范围和方式上看，和解重整与债务重组主要针对企业债务关系，范围相对狭窄，一般以债权债务调整为核心。而完整意义上的企业重组，其范围和方式要广泛得多，除了破产程序中的和解重整外，还包括正常经营状态下的债务重组和改组，此外还有合并、分立、企业联合、企业托管、资产或业务剥离等多种方式。这些方式中，既包括企业内部资源配置，也涉及不同企业之间资源的整合，还包括企业内部、外部各种利益相关者之间契约关系的调整。其中，产权关系的调整是其核心和最高形式。

(2)从前提上看，和解重整作为狭义的企业重组概念，主要发生于企业面临财务困难的情况下。而广义企业重组既可以是在面临财务困难甚至破产威胁的情况下，也可以是在正常的持续经营过程中。

(3)从会计角度看，和解重整与债务重组的核心是负债的调整，而企业重组则是包括企业整体资产、负债和所有者权益等要素在内的全面重组，而且一般以所有者权益为重心。

(4)从结果上看，和解重整可能使企业通过重组而复兴，从而继续原会计主体的经营，也可能重组失败而最终破产清算。而广义企业重组除了整体复兴和清算这两种可能的结果外，还可能导致企业部分经营的终结，或原主体地位发生改变，但其资源却可以在重组后的新主体中继续存在和经营。

(5)和解重整与债务重组在概念上也是有所区别的。一方面，作为狭义的企业重组，和解重整并不限于债务重组，还包括准改组等方式；另一方面，债务重组也未必像和解重整一样总是与破产相联系。事实上，根据债务重组背景的不同又可分为两类：一类是企业在破产(但尚未进行宣告和清算)程序中的重组，另一类则是企业暂时面临财务困境但尚未达到破产程度时(有时甚至是在正常经营状态下),与债权人达成协议而对原债务契约进行调整所发生的重组。所以,将企业重组片面地理解为和解与重整甚至债务重组,并与破产合称为一类业务,是不够完整和准确的。有关企业重组、和解重整和债务重组的概念、方式及相互关系,可见图9-1。

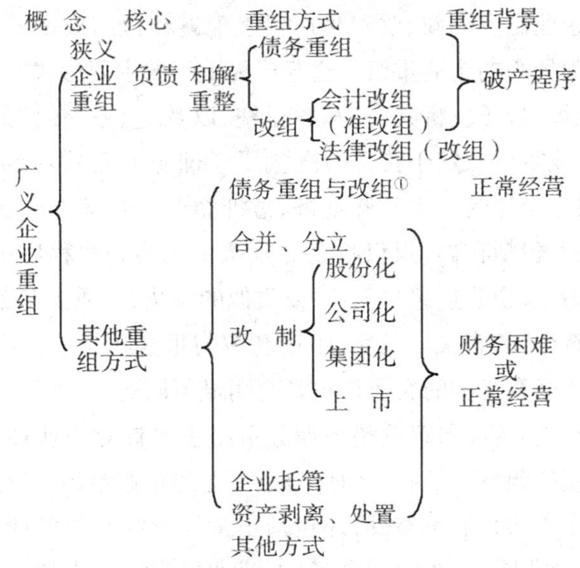

图9-1 企业重组的不同含义与主要方式

说明①:这里指的是企业正常经营或发生暂时财务困难的情况,很明显,和解与重整(或和解整顿)主要包括债务重组和改组两种方式,但债务重组和改组却并不一定总是发生在和解与重整业务之中,也就是并不局限于破产程序。

本章所称的企业重组,是指广义上的概念,但由于和解重整在企业重组中具有较强的代表性,并且与破产业务有着更为密切的联系(即都与企业破产程序有关),所以对会计处理的介绍以此作为重点。

(二)企业重组的特点

各种概念和形式的企业重组,一般都具有如下一些特点:

1.参与主体的多样性

在企业重组中,有权提出重组申请的既可以是股东,也可以是债权人,还可能是董事会或公司负责人。而参与主体就更多,除上述主体外,还可能包括政府、司法机构和企业员工等多个方面。

2.重组原因的多样化

企业重组的原因是非常复杂多样的,既可以是企业内部的,也可以是企业外部的;既可以是主动实施的;也可能是被动实施的,既可以在正常经营状态下,也可能是在面临财务困境之时。但总体而言,企业重组一般都是为改善企业经营状况和增加企业价值而进行的。

3.重组过程的规范化

企业重组一般都要遵守有关法律法规的规定,而且经常需要司法机关的参与。在有关程序的规范性、资产处置的合法性、担保物权的优先性等方面,经常受到相关法律的约束。

4.重组目的的长期性与重组期限的有限性

一般说来,企业重组都是以维持、调整或改善企业的经营,而不是终止企业的存续为目的,多数情况下这种目的的实现也是长期的。不过,企业重组的期限却是有限的。很多情况下(如和解重整),企业重组往往有法定的期限;即使没有法律规定,重组主体一般也会设定较为明确的重组期限。

(三)企业重组的类型

从动因上看,企业重组可分为主动性重组和被动性重组两大类。主动性重组是企业为达到某些目的而主动对自身原有资源配置和经营方式进行的调整;被动性重组则往往是因客观原因(如持续或严重亏损、无法到期偿债等)导致企业正常经营无法存续而被迫进行的重组。

从形式上看,企业重组内容丰富,类型多样,而且不断发展。从近年的实践看,和解重整,兼并收购,公司化改制、股份制改组,跨行业或地区的企业联合,国有资产授权经营,企业托管,集团化改组,企业分拆、资产或业务剥离以及处置等,都属于广义上企业重组的范畴。

从重组与持续经营的关系看,企业重组可分为破产重组和经营重组。破产重组是在企业破产程序中先于破产宣告而实施的重组活动,相当于以企业拯救为目的的和解重整;经营重组则是在企业正常经营过程中实施的,为改善企业经营和增加企业价值而进行的重组。

此外还有其他一些分类方式,如根据动机的不同,可将企业重组分为战略型重组和财务型重组;从会计角度,又可将企业重组分为资产重组、债务重组和产权重组,等等。

(四)企业重组的程序

不同的重组目的和方式之下,其内容和程序是不完全相同的,各国法律对此的不同规定也形成了不同的重组制度。相对于其他重组形式而言,债务重组更具有普遍性,各国法律的相关规定也比较详细和具体。所以,相对来说债务重组的程序较为明确、规范和统一。而其他企业重组的程序则根据原因和形式的不同而有所区别,但总体上还是有一些共同点。比如,企业重组对企业资源和契约关系的重新配置,一般都涉及企业财务结构特别是资本结构的调整,所以多数情况下都要经过董事会或股东大会等企业权力机构批准,并且遵循有关法律(如《公司法》)的规定。另外,在很多情况下都需要经过清产核资、资产评估等程序。总体而言,各类企业重组的主要程序大致包括:

1.提出重组申请

不同原因和形式下,申请重组的主体和方式也有所不同。在企业面临财务困难需要进行债务重组和改组时,一般由企业董事会或股东,也可能由债权人或上级主管部门等其他主体向法院提出申请,并且需要符合法律规定。在企业正常经营过程中的重组,则一般是由企业董事会或管理当局向企业最高权力机构如股东大会提出申请。通常,重组申请的提出需要满足一定的条件,不同目的的重组应符合不同的条件和要求。企业提出重组申请时,应当说明实施重组的必要性、拟采用的重组方式以及理由等。

2.批准重组申请

企业重组的申请主体不同,批准主体也有所不同。有些时候是股东,有些时候是企业主管部门,有些时候是债权人,还有些时候是法院或其他机构,需要视企业重组的形式而定。

3.组成重组机构,制订和提交重组计划

根据重组性质和形式的不同,分别由具有相应权限的不同权力主体如法院、债权人或股东会议等设置和组成重组机构,如债权人委员会、公司改组委员会等,由其制订重组计划。企业的重组计划可能改变股东、债权人和员工等多方面利益主体的契约权利,应尽可能公正和公平(Fair and Equitable),同时具有可行性(Feasibility)。唯有如此,才能具有充分的合法性。重组计划的内容,一般应在分析重组动因的基础上,提出切实可行而被股东和债权人认可的改组和经营方案,并对重组期间的资金需求、融资方案等提出针对性建议。重组计划拟订后,需报请具有审批权限的机构,如债权人会议、股东大会等批准。

4.执行重组计划

按照重组计划,由重组执行机构展开重组业务,如清理债权、评估资产、改组企业管理机构、变更企业形式、财务结构和经营方针,修改公司章程,选举新的董事和监事等。

5.完成重组

重组工作应当在重组计划规定的期限内完成,之后召开重组后的股东大会或董事会，根据重组结果的不同决定企业是恢复正常经营、调整营业活动、变更登记还是进入破产程序。如有必要，还应向法院提出裁决批准重组结束的申请，或向登记机关提出变更登记的申请。如果重组计划未能被批准通过，或由于某些原因使重组无法继续进行，或继续进行重组无法达到预期目标，都会导致重组失败，企业可能放弃重组计划而恢复原经营方式，或者宣告破产。如果在重组期间企业运行良好，重组的预期目标得以完成，重组获得成功，企业可能由困难状态恢复原有的正常经营，但也可能改变了原营业内容和方式，或者变更为新的企业。

（五）企业重组的会计意义

前已述及，企业重组的概念存在着广义和狭义之分。同样，会计上对企业重组也存在着类似的两种理解。会计上狭义的企业重组主要表现为以负债为核心的要素调整，其重点是债务重组和准改组，很多高级财务会计教材中所称的重组会计主要是指这一形式。而会计角度广义上的企业重组，包括了企业的资产、负债、所有者权益等各种要素，以及这些要素之间结合方式的重新配置与调整。

二、破产清算

（一）破产清算的概念

“破产”（Bankruptcy）这一概念可分别从经济意义和法律意义上理解。经济意义上的破产是指债务人无力支付到期债务，而不得不以其全部财产偿还债务的一种特殊经济状态。这是对企业经营活动失败这一客观事实的描述。而法律意义上的破产，指的是一种概括性地解决债务人和债权人之间债权债务关系的法律手段和程序，是在债务人不能清偿到期债务时，由法院强制执行其全部财产，公平清偿全体债权人，或者在法院监督下由债务人与债权人达成和解协议，整顿复苏企业和清偿债务，避免倒闭清算的法律制度。这层意义上的破产，是对一种法律现象的概括。但不论出于哪一种理解，从财务角度而言，破产最根本、最突出的表现就是债务人不能清偿到期债务，即通常所谓“资不抵债”（Insolvency）。

所谓“清算”（Liquidation），是企业因某些原因终止经营时，清理财产、收回债权后，将全部资产用于偿还企业的负债，并以剩余资产分配于投资者的行为。清算按原因可分为解散清算、撤销清算和破产清算。解散清算是企业经营期满或因其他原因不宜或无法继续经营时，投资人根据合同或章程约定，通过董事会或股东大会决议，对企业实施解体所导致的清算。撤销清算是企业因违反有关法律法规被依法撤销而进行的清算。破产清算则是企业在宣告破产后依据破产法的规定而进行的清算。按照清算的法律性质,又可分为一般清算、特别清算和破产清算。一般清算属于当事人之间一种非诉讼活动,特别清算和破产清算则是在法院主持下的一种诉讼活动。

(二)企业破产的类型

1.清算型破产(Liquidation Bankruptcy)和预防型破产(Preventing Bankruptcy)

所谓清算型破产,是指以破产清算为唯一目的的破产;所谓预防型破产,则是以破产预防为主要目的的破产。前者是传统意义上的破产,早期的破产主要是这一形式;而后者是由近代发展起来的、现代意义上的破产,我们今天所说的破产,主要是这一类型。

2.自愿型破产(Voluntary bankruptcy)和非自愿型破产(Involuntary bankruptcy)

自愿型破产与非自愿型破产也是近现代才产生的相对概念。所谓自愿与不自愿,主要是针对债务人的破产态度,而与债权人并不直接相关。体现在法律上,凡由债务人对自己提出破产申请的,一般称为“自愿破产”;反之,由债权人对债务人提出破产申请的,则称为“非自愿破产”。

3.所有权型破产和非所有权型破产

所有权型破产是指以企业全部财产所有权为客体的破产形式,而非所有权型破产则是不以终极所有权为客体的破产形式。后者又有多种表现形态,其中较为典型的是经营权型破产和法人财产权型破产。这种划分是我国企业破产中的特殊分类,在西方国家一般很少见。因为所谓破产就是以破产债务人的财产偿债,自然会改变破产财产的所有权,或者说破产就是要破坏所有权,这在以私有制为经济基础的国家中不存在争议。但这种基于私有制基础上的破产概念与社会主义国家的公有制经济基础存在一定冲突,导致了后者对破产机制的排斥。可是商品经济的发展又使破产具有必然性,这样就在现实中形成了一种矛盾的妥协:一方面,社会主义国家存在破产现象;另一方面,国有企业的破产并不破坏财产所有权,而只涉及内涵小得多的经营权和其他相关权利。这样,一种特殊形态的破产——非所有权型破产就产生了。

其实,“破产”是商品经济或市场经济的产物,这一点并不因社会主义和资本主义而不同。商品经济三大规律之一的优胜劣汰规律决定了只要存在市场竞争,就会有破产现象。既然承认我国尚处于社会主义初级阶段,必须发展社会主义市场经济,那么破产机制的作用就应当得到肯定和发挥。关键的问题是:破产究竟是否破坏财产所有权?随着经济体制改革的逐步深化,对这一问题的认识也逐渐变化。对于“三资”企业和私营企业来说,其破产原理与西方国家基本相同,其破产概念就是以所有权为客体的破产。集体企业属于公有制范畴,但范围上有一定限制而并非全民所有,因此其所有权破产也不存在不可逾越的理论障碍。理论上最难以突破的是全民所有制企业的破产。在高度集权的计划经济体制下，所有国营企业的所有权与经营权均整体统一于国家，企业之间实际上并不存在财产界限。在这种背景下，是不可能发生真正的企业破产的。

在1984年中共中央提出的国有资产所有权和经营权相分离的“两权分离”理论的指导下，1986年通过的《民法通则》第48条规定：全民所有制企业法人以国家授予它经营管理的财产承担民事责任。1988年《全民所有制工业企业法》第2条规定：企业对国家授予其经营管理的财产享有占有、使用和依法处分的权利；企业依法取得法人资格，以国家授予其经营管理的财产承担民事责任。1990年《全民所有制工业企业转换经营机制条例》第6条规定：企业经营权是指企业对国家授予其经营管理的财产享有占有、使用和依法处分的权利。在这种“两权分离”的企业所有权结构模式下，全民企业的破产有了一定可能，但其所触及的程度是肤浅的，仅意味着经营权的丧失而不改变所有权。这种意义上的破产，事实上偏离了破产的原始含义和本意，因此破产机制的很多方面，如将破产原因分为政策性亏损和经营性亏损，债务人没有独立的破产申请权，和解与整顿联为一体并必须经企业上级主管部门同意和由其主持，还有关于清算程序、破产权利和责任等的规定，都呈现出矛盾性和具有浓厚的行政色彩。

1993年，中共十四届三中全会通过了《中共中央关于建立社会主义市场经济体制若干问题的决定》，提出“全部法人财产权”理论，发展了“两权分离”理论。在这一理论支配下，破产的概念再次发生嬗变。这种破产既不同于西方国家的所有权破产，也不同于两权分离理论下的经营权破产，而是在保存国家所有权的前提下，使企业的法人财产权和经营权一并丧失。这是现代企业制度下破产概念的应有内涵，尽管与以所有权为客体的破产仍存在一定差异，但随着现代企业制度的真正建立，这种差异最终将更多地具有形式而非实质意义。这样，破产的概念在我国经过否定之否定的辩证过程而逐渐达于合理，健全的破产机制有望得以最终形成。2007年6月，修订后的新《破产法》开始施行，为这一机制提供了法律保障。未来我国企业破产的基本趋势是以法人财产权型破产为主。

（三）企业破产的基本程序

1.破产申请和受理

破产申请的提出和受理，标志着破产程序的开始。从世界各国的法律来看，破产申请可由债务人、也可由债权人提出。由债务人提出的，一般称作“自愿或非限制性破产申请”；而由债权人提出的，一般又称作“强制或非自愿破产申请”。债权人或债务人在提出破产申请时，应当向法院提交有关证明，如债权发生事实及相关证据，债权性质、数额，有无财产担保，企业亏损情况，债权债务清册，以及企业无力偿付债务等的证据材料。法院应在收到破产申请后一定时间内做出是否立案受理的决定，在我国，这一期限一般为15天。如果法院受理，应当自裁定受理破产申请之日起25日内就申请人、被申请人的名称或姓名，受理破产申请的时间，申报债权的期限、地点，破产管理人及其处理事务的地址，第一次债权人会议召开的时间和地点等事项通知已知债权人，并予以公告。

2.和解整顿

世界各国的破产制度中大多实行了和解制度。其实，无论强制破产还是自愿破产，申请破产的同时也就意味着对企业进行破产保护(order for relief)。这时，债权人不得在破产程序之外向债务人采取其他法律行动，也不得对债务人财产执行其他民事程序。也就是说，申请破产并不等于宣告企业破产，更不意味着立即进入清算程序。相反，在多数情况下，破产申请的提出往往附带一个挽救决议，以便为企业恢复偿债能力或法院对债务人采取法律行动提供一定的缓冲时间。当债权人认为维持企业继续生存以恢复偿债能力比立即进行破产清算更为有利时，就可能选择暂缓破产偿债，而与债务人企业达成允许企业继续经营、延期偿还或减免债务及进行整顿等协议，这就是破产程序中的和解协议。在和解协议达成后，由被申请破产的企业采取一系列措施扭亏为盈、偿还债务，进入整顿阶段。此时，破产程序便公告中止。当然，和解整顿并非法律所强制规定，也不是破产程序所必须，如果债权人未就整顿事项达成和解协议，则企业直接进入破产程序。提出整顿申请的债务人企业应向债权人会议提交和解协议草案，主要包括以下内容：①清偿债务的财产来源；②清偿债务的方法；③清偿债务的期限等。如请求减少债务清偿，还应包括要求减少的数额或比例。同时，企业还应向法院和债权人会议提交整顿方案，主要包括以下内容：①企业达到破产界限的原因分析；②整顿的期限和目标；③调整或组建企业新领导团队的计划；④改善经营管理的措施和可行性；⑤扭亏增盈的方法等。

经过整顿，企业按照和解协议偿还债务的，可由法院终结其破产程序；整顿期满，不能按照和解协议清偿债务的，法院应宣告企业破产，并重新登记其债务。这两种情况属于和解整顿的正常终结。如果在整顿期间债务人企业出现下列情况之一，法院也可裁定整顿的非正常终结，宣告企业破产：①不执行和解协议；②财务状况持续恶化，债权人会议申请终结整顿；③有隐匿、私分或者无偿转让财产、非正常压价出售财产、对原无财产担保的债务提供担保、对未到期债务提前清偿、放弃自己债权的行为之一，严重损害债权人利益。

3.破产宣告

破产宣告是法院裁定宣布债务人破产，并予以公告的法律行为。这种宣告标志着企业经营的正式终结和企业由此进入清算阶段。在具备以下几种条件之一时，法院可宣告企业破产:①债务人未提出重整申请,或债权人不同意企业提出的和解协议或整顿方案,因而未能达成和解协议;②在整顿期间未履行和解协议;③整顿期间企业财务状况持续恶化,或存在严重损害债权人利益的行为;④整顿期满企业未能走出困境,无法按照和解协议偿付债务。

4.破产清算

自破产宣告日起,破产企业便丧失了法人资格,并停止生产经营活动。此后企业的控制权由债权人会议接管,并在法院组织下设立由专业人员组成的清算组,由其接管破产企业的财产、账册和印鉴等,依法进行必要的民事活动,并进行具体的清算工作,包括成立清算组,清查企业债务、债权和其他财产,通知或公告债权人申报债权,清偿债务,在投资者之间分配剩余财产,以及编制清算报告和办理企业注销手续等。

(四)破产业务对会计的影响

在破产程序中,一般需要通过和解程序进行重整,如不能达成和解协议,或和解协议不能得到有效执行,就会进入破产清算程序。这些导致财务会计中产生了不同于正常经营状态下的债务重组、准改组和破产清算业务。更为重要的是,破产业务的出现,动摇了财务会计以持续经营为核算基本前提的假设,并影响到权责发生制、历史成本计量等重要的会计原则,以及部分会计要素的定义和内容。所以,破产业务不但丰富了财务会计的内容,更发展了财务会计的理论基础。

三、企业重组与破产、清算的关系

(一)三者的区别

1.企业重组与破产

首先,完整的企业破产程序中包括和解整顿程序,也就是狭义上的企业重组,但是企业重组不仅仅发生于企业破产或面临经营困境之时,也可能出现于正常经营过程之中,并且这才是更为广泛意义上的重组概念。其次,在企业面临破产威胁时,往往会先通过重组争取避免破产的发生,在重组失败的情况下才进入破产清算。尽管这并不是绝对化和法定的要求,但很多时候直接宣告破产不仅对企业和股东,而且对债权人都意味着更大的损失。所以,即使是破产程序中的重组,在未宣告企业破产之前也未改变企业的持续经营状态。至于其他广义上的企业重组方式,虽然可能从形式上改变了企业原有的经营状态,或者从法律上导致企业主体地位的终结,但实际上是使原企业的资源在新的主体形式中继续经营下去。归根结底,企业重组是为维持继续经营而进行的,而在重组结束之前企业仍处于持续经营状态。而一旦宣告破产,就意味着企业经营已经终止,其全部资产都要用于清算和分配,最终企业主体地位也将丧失。因此可以说,是否在持续经营假设的基础上,是否导致企业经营活动的完全终止,这是企业重组与破产的根本区别所在。

2.破产与清算

破产是宣告企业主体地位的终结和法人财产权丧失的行为,而清算则是对终止经营和解体的企业进行清理财产、债务,偿还负债和分配剩余资产的行为。从时间上看,破产包括了从申请破产到资产全部分配完毕为止的全过程,而破产清算作为对破产财产进行处置的过程,是整个破产程序中的一个环节。破产是清算的主要但不是唯一原因,其他原因如企业解散和撤销也会导致清算。因此,把企业宣告破产后的清算称为"破产清算",以与其他原因导致的清算相区别。从会计核算上看,破产会计中还包括和解重整业务,而严格的清算会计则不包括重组事项。但是,从清算会计的内容看,又包括解散清算会计、破产清算会计等,即破产会计只是其中的一类。当然,单纯从会计处理过程和方法上看,解散清算与破产清算并没有本质的不同。

3.企业重组与清算

当企业发生广义重组如合并、分立或改组时,虽然重组后企业的主体地位可能丧失或发生改变,但在重组结束之前企业仍处于持续经营状态。对于狭义的企业重组,虽然发生在破产程序中,但也是先于破产宣告的。而清算是在企业已经破产,或因其他原因导致经营终止时进行的。所以,在企业重组中一般不存在清算业务,而当重组无效、正式宣告破产,最终进入清算程序时,就无法也不需要再进行重组了。总的说来,重组是在企业存续的前提下进行的,而清算的前提则是企业经营的终止。从完整的破产程序来看,包含了狭义的企业重组和破产清算,二者分别发生在破产宣告之前和之后。

(二)三者的联系

1.三者都与企业持续经营状态的改变有关

只不过企业重组是在企业尚未宣告终止经营的状态下,为维持可能的继续经营而进行的;而破产则是企业经营面临终止状态下的业务,但从法律角度说,完整的破产程序又包含了和解整顿阶段,因而又涉及部分企业重组业务;至于清算,则是在企业已经明确宣告破产或解散后发生的。可以说,完整的破产程序包括了狭义的企业重组、破产宣告和破产清算。

2.三者在特定情况下存在相互联系和先后次序

在企业的经营面临终止时,重组与破产清算都是可能的选择。但在进入破产程序前,企业一般会首先尝试合并、联合、分立等重组方案;而在破产程序中,也存在着先于破产宣告的、以债务重组为重心的和解整顿程序；在重组失败和宣告破产之后，则又需要经过清算的处理程序。

3.三者在会计处理中存在着某些类似和相关的内容

如都有不同于正常经营的特定会计期间，特殊的资产计价方式，以及某些类似的相关费用和特殊损益的核算等。

第二节　企业重组会计

如前所述，企业经营主体地位改变或终止的常见方式有重组、破产和解散等。在正常经营状态面临改变时，根据有限理性假设，从企业角度考虑，出于自利的动机，最有利的选择恐怕是首先维持企业存续，或改善其经营，从而尽可能避免清算。所以，这种情况下企业的首选往往是进行广义或狭义的重组。以下，我们就介绍有关企业重组业务会计。

一、企业重组会计的主要内容

由于企业重组的范围广泛、形式多样，企业重组会计的内容也非常丰富，常见的有债务重组会计、改组和准改组会计、企业合并会计、企业分立会计、企业改制会计等。

债务重组的概念已经在上一节中加以介绍，此处不再重复。需要说明的是，我国《企业会计准则第12号——债务重组》中所称的债务重组，不但包括企业破产程序中的重组，也包括持续经营状态下的债务重组。不过，不论在哪种情况下，债务重组的方式和会计处理都是基本相同的。

改组的含义和相关概念也比较复杂。从广义上说，改组是包含多种形式的概念，泛指企业调整财务结构（尤其是资本结构）、管理机构和经营方针，或进行整顿的活动。这种意义上的改组可能发生于财务困难的企业，也可能发生于经营状况良好的企业。经营良好企业的改组又包括公司化、股份化、创立合并与吸收合并等多种方式，从这层意义上说，与改制的概念相类似。财务困难企业的改组则是指企业为摆脱困境，调整资本结构和进行整顿的活动，尤其常见于破产程序中的和解整顿。很明显这是狭义的概念，根据形式的不同，又可分为“会计改组”和“法律改组”，前者又简称为“准改组”，后者又简称为“改组”，但在实践中以准改组居多。为避免与“改制”相混淆，本章下文中所称的“准改组”和“改组”，不包括经营良好的企业，而专指和解整顿中的改组，即狭义的概念，而且以介绍准改组业务为主。

由债务重组与狭义的改组构成了狭义的企业重组，即和解与重整业务，这是企业重组中较常见和主要的形式，也是本节会计处理部分的重点。但应当明确的是，债务重组和改组都不是只有在和解重整中才会发生。只不过不论是否在和解重整之中，债务重组的会计处理都是大同小异，至于广义上的改组业务，又与企业改制相类似。因此，为了简便和避免重复，以下主要以和解重整中的业务举例，不再单独介绍正常经营中的债务重组和改组业务。

企业合并是两个或两个以上的独立企业的联合，或一家企业通过购买权益性证券、签订协议或其他方式，取得另外一家或几家企业的控制权的行为。企业分立则是由一家企业分解为几家独立企业的行为，是与合并相反的过程。由于企业合并的有关内容已在前面的章节做了较为详细的介绍，本章对这一部分的介绍将主要针对企业分立会计。

“企业改制”是我国近年来使用较为频繁、同时也是具有多重含义的概念。笼统地说，企业改制可泛指企业体制和运行机制的改革，包括国有经营主体的企业化改造、脱钩改制、国有企业的公司化、股份制改组和上市，以及企业集团化改造等。其中主要的和较为常见的形式是国有企业的主体化、市场化和股份化，包括明晰产权、两权分离、政企分开，和完善现代企业制度以及公司治理结构等。企业改制给会计核算带来了很多现实和具有中国特色的问题，对丰富我国会计的内容、形成我国会计的实践特色和促进我国会计的发展具有非常明显的价值。但是，从会计角度看，目前这些问题相对比较散乱，尚未类型化、系统化；而且其中很多也不属于改变企业经营主体地位的特殊业务类型，在企业重组中不具有明显的代表性或稳定性，其会计处理方法很多属于一般财务会计业务，甚至有些还是比较简单的业务。另外，这些“特殊”业务出现的根源并不在会计本身，而在于经济体制改革中的某些新情况、新问题，因此解决的关键也不在于会计。对很多与改制有关的业务，只要体制上的问题有了答案，相关的会计问题便很容易迎刃而解。因此，本章不对企业改制会计做详细介绍。

除上述业务外，企业重组会计还包括其他内容，如联合经营、资产或业务剥离、企业托管和授权经营等，由于这些业务相对比较简单，或不具有典型性，此处不再一一介绍。

二、企业重组会计的理论基础及主要特点

企业重组既是一种有别于正常经营的特殊经济活动，又是一种特殊的法律行为。作为反映和监督这一特殊业务的手段，企业重组会计无论在理论上还是在实务中，都具有不同于传统会计的特征。

1.会计期间假设的部分修订

在重组期间，企业的经营活动并未停止，所以持续经营假设仍然成立。但是，企业重组一般都有期限限制，进入重组期间后，虽然生产经营活动仍可继续，但从会计信息使用者对重组信息的需求来看，与正常经营状态下有明显不同。因为他们特别关注企业重组期间内重组计划的执行情况和结果，所以要求在持续经营的基础上，划分重组期间和正常经营期间的界限，也就是将企业重组期间视为一个单独的特殊会计期间，反映在此期间内的重组事项，并在重组结束后编制重组会计报告。这种特殊期间的确立，在一定程度上修订了会计分期假设。

2.重组损益与经营损益并存

企业在重组期内一方面继续进行经营活动，另一方面要实施重组计划，包括重新确认债权债务、处置资产、调整资本等。在生产经营与重组活动并存的情况下，重组期间的损益也包括正常经营损益和重组损益两部分。

3.会计信息披露的复杂性

企业重组的信息既要反映正常经营的情况，又要反映重组业务，这导致了会计信息披露的多样性、复杂性。比如正常的资产负债表应分别反映流动负债和长期负债，而债务重组中需要分别反映纳入重组范围和不纳入重组范围的负债，又比如重组损益需要在正常经营损益外单独反映，等等。

4.会计处理方法的不确定性

由于企业重组的结果可能成功也可能失败，重组结束后，可能恢复正常的生产经营而采用建立在持续经营基础上的会计处理方法；也可能进入破产程序，在终止经营的前提下采用破产清算会计的方法。

三、和解与重整会计

在各种形式的企业重组中，和解与重整与破产业务的关系最为紧密，因为它们都与广义的企业破产程序有关，而且相对于其他重组形式更为常见和具有普遍性，所以狭义的企业重组就专指和解与重整业务。和解与重整是在破产程序中，通过达成和解协议，由债务人企业采取措施扭亏为盈，以挽救企业和偿还债务的活动，主要包括债务重组和准改组（或改组）两种方式。反过来，正如前面已经提到的，债务重组和改组都不一定只发生在和解重整之中。

（一）债务重组

在本章第一节中曾介绍过，债务重组从背景上可分为两类，即在企业正常经营过程中的债务重组和破产程序中的债务重组。从范围上看，对债务重组还有两种认识：一种是将债务重组限定在债务人发生财务困难时，另一种则认为债务重组不仅包括债务人财务困难,也应包括债务人财务状况正常时的情况。美国财务会计准则委员会(FASB)于1977年发布的美国财务会计准则公告第15号(SFAS15)——《债务人和债权人对困难债务重组的会计处理》中,对债务重组的界定是:“债权人基于与债务人和财务困难有关的经济或法律上的原因,而对债务人作通常不会考虑的让步”,这明显是基于狭义上的定义。我国在2006年修订后的《企业会计准则第12号——债务重组》中的定义是“在债务人发生财务困难的情况下,债权人按照其与债务人达成的协议或者法院的裁定作出让步的事项”,也就是限定在债务人发生“财务困难”的前提下,所以我国现行会计准则对于债务重组的定义也属于狭义范畴。

从方式上看,企业债务重组主要又包括5种:以低于债务账面价值的现金清偿债务;以非现金资产清偿债务;通过发行股票等方式将债务转为资本;修改其他债务条件;以上各种方式的组合。

债务重组的有关会计处理在中级财务会计中都已有所介绍,此处不再重复。以下主要介绍准改组的会计处理。

(二)准改组和改组

一个企业如果发生长期亏损或严重亏损,不但难以有足够的盈余公积用于支付股利,而且往往出现现金短缺从而引发财务困难。时间一久,势必影响投资者和债权人的信心,反过来又会导致融资困难,财务负担加重,甚至形成财务危机而引起破产。此时,根本的出路是尽快改善企业战略和经营管理,恢复和开拓市场,通过提高经济效益最终改善企业的财务状况。但这无疑需要一定的时间,在短期内难以产生明显效果。同时,在财务状况恶化时,企业的资产质量也会降低,突出表现为资产收益能力显著下降。但这时企业账面资产仍为原历史成本,并未反映亏损所导致的贬值,这不但使企业账面资产明显高估,还会使各期摊销费用巨大,从而进一步降低账面盈利,加大扭亏和发放股利的难度。在这种情况下,企业可以通过减资补亏以消除账面亏损,同时调低账面价值偏高的资产计价以减少各期费用和亏损额,降低企业负担,改善财务形象,增强投资人信心,为企业赢得改善经营管理的时间和走出困境的机会。这就是“准改组”或“会计改组”。

准改组主要是从会计账面上进行,而且主要以调整所有者权益和资产计价为主,一般不改变企业的债务关系,也不直接减少实物资产,因此不影响债权人的利益,也不会引起债权人的反对。另外,准改组不解散企业和进行清算,也不改变企业的法律地位,所以一般也不需要法院的直接参与。但有些时候,准改组可能与债务重组同时进行,这种情况下就必须经过债权人同意。

[例9-1] LS股份有限公司因账面累积巨额亏损,经股东大会讨论,决定批准董

事会提出的准改组计划。进行准改组前该公司资产负债表见表 9-1。

表 9-1　LS 公司资产负债表

200×年×月×日　　　　金额:元

资　产	期末余额	负债和所有者权益	期末余额
货币资金	15 800 000	短期借款	8 000 000
应收账款	200 000	应付职工薪酬	18 500 000
存货	24 000 000	应缴税费	6 000 000
流动资产合计	40 000 000	长期借款	34 000 000
长期股权投资	3 000 000	负债合计	66 500 000
固定资产	75 000 000	股本①	40 000 000
减:累计折旧	23 000 000	资本公积	2 000 000
固定资产净值	52 000 000	盈余公积	150 000
无形资产	1 500 000	未分配利润	(12 150 000)
		所有者权益合计	30 000 000
资产总计	96 500 000	负债和所有者权益总计	96 500 000

说明①:每股面值 1 元,共 40 000 000 股。

经过资产清查和重新估价,发现存货价值应减少 300 万元,固定资产价值应减少 220 万元(原值降低 320 万元,累计折旧 100 万元),无形资产价值应减少 30 万元。累计亏损首先冲减资本公积,不足部分通过冲减股本的方式弥补。

有关会计分录如下:

(1)冲减有关资产账面价值:

借:未分配利润　　5 500 000
　　累计折旧　　1 000 000
　贷:存货　　3 000 000
　　　固定资产　　3 200 000
　　　无形资产　　300 000

(2)以资本公积弥补亏损:

借:资本公积　　2 000 000
　贷:未分配利润　　2 000 000

(3)减少股本,弥补亏损:

经过资产减值和资本公积补亏后,LS 公司账面留存收益仍有红字 1 565 万元(12 150 000 + 5 500 000 - 2 000 000),即仍需补亏 1 565 万元,因此冲减股本 1 565 万元,每股面值需降低 0.391 25 元(1 565/4 000)。会计分录如下:

借:股本　　15 650 000

　　贷:未分配利润　　15 650 000

经过准改组,LS公司资产负债表调整见表9-2。

表9-2　LS公司资产负债表

200×年×月×日　　金额:元

资　产	期末余额	负债和所有者权益	期末余额
货币资金	15 800 000	短期借款	8 000 000
应收账款	200 000	应付职工薪酬	18 500 000
存货	21 000 000	应缴税费	6 000 000
流动资产合计	37 000 000	长期借款	34 000 000
长期股权投资	3 000 000	负债合计	66 500 000
固定资产	71 800 000	股本	24 350 000
减:累计折旧	22 000 000	资本公积	0
固定资产净值	49 800 000	盈余公积	150 000
无形资产	1 200 000	未分配利润	0
		所有者权益合计	24 500 000
资产总计	91 000 000	负债和所有者权益总计	91 000 000

减少股本还有另外一种方法,即收购并注销本公司流通在外的股票,这样可以不必降低每股面值。采用这种方法,一般应选择公司股票价格低于面值的时机,这样就可以用收购价格与股票面值的差额冲减亏损。当企业亏损额巨大时,股票市价往往低于其面值,而且采用这种方法可减少股本总数,在未来企业利润一定的前提下能够提高每股盈利,所以这种方法也比较常见。不过采用这一方法需要支付一定现金,这对亏损严重的企业又是不小的负担。

假设上例中LS公司以每股0.5元的价格回购股票,需收购1 565 /(1－0.5)＝3 130万股,会计分录如下:

借:库存股　　31 300 000

　　贷:银行存款　　15 650 000

　　　　资本公积　　15 650 000

借:资本公积　　15 650 000

　　贷:未分配利润　　15 650 000

注销股票:

借:股本　　31 300 000

　　贷:库存股　　31 300 000

经过上述准改组之后，LS公司资产负债表调整见表9-3。

表9-3　LS公司资产负债表

200×年×月×日　　　　　　　　　　　金额：元

资　产	期末余额	负债和所有者权益	期末余额
货币资金	150 000	短期借款	8 000 000
应收账款	200 000	应付职工薪酬	18 500 000
存货	21 000 000	应交税费	6 000 000
流动资产合计	21 350 000	长期借款	34 000 000
长期股权投资	3 000 000	负债合计	66 500 000
固定资产	71 800 000	股本①	8 700 000
减：累计折旧	22 000 000	盈余公积	150 000
固定资产净值	49 800 000	未分配利润	0
无形资产	1 200 000	所有者权益合计	8 850 000
资产总计	75 350 000	负债和所有者权益总计	75 350 000

说明①：每股面值1元，共870 000股。

准改组不需要法院直接参与，至多由法院监督，而且可以不受《破产法》约束。从会计角度看，准改组的后果主要是企业财务结构的改变，其实质就是账面数字的调整，而企业法律地位不变，所以又称为"会计改组"。至于"改组"，则不仅在账面上进行调整，同时也改变了原企业的法律地位，甚至变更了企业名称，所以需经法院批准后进行，又称为"法律改组"。不过从具体措施和相关会计处理来看，改组与准改组基本相同，主要也是按公允价值调整资产计价，以资本补亏，将留存利润抵消为零。在现实当中改组业务不如准改组常见，因此不再赘述其会计处理。

四、企业分立会计

企业重组的另一常见形式是合并和分立，由于前面的章节中已较为详细地介绍了合并业务会计，以下仅对企业分立会计做简要介绍。

企业分立是由一家企业分解为几家独立企业的行为，因此在分立后会计主体将会由一个变为多个，会计核算体系也需要相应地分解。企业分立的具体方式又有两种：其一是由原企业分离出一家或几家新的企业，原企业保留，即法律主体地位不变；其二是由一家企业分解为两家以上新的企业，原企业注销，失去其法律和会计主体地位。在两种方式下，都需要对分立前的企业资产进行清查，编制财产清册，并在分立后转入新的会计主体，建立相应的账簿核算体系。

［例9-2］WS公司系一家有限责任公司，经董事会讨论决定，分立为两家独立的

W公司和S公司,经过财产清查和评估,编制分立前WS公司的资产负债表见表9-4。

WS公司董事会决议规定,分立后的W公司和S公司,各自取得WS公司60%和40%的资产,并承担相应比例的债务。

表9-4 WS公司资产负债表

200×年×月×日　　金额:元

资　产	期末余额	负债和所有者权益	期末余额
货币资金	250 000	短期借款	100 000
交易性金融资产	200 000	应付账款	1 500 000
存货	1 550 000	应付债券	1 600 000
流动资产合计	2 000 000	负债合计	3 200 000
长期股权投资	1 000 000	实收资本	1 000 000
固定资产	2 400 000	资本公积	200 000
减:累计折旧	600 000	盈余公积	400 000
固定资产净值	1 800 000	所有者权益合计	1 600 000
资产总计	4 800 000	负债和所有者权益总计	4 800 000

分立后W公司和S公司分别开立账户,并登记期初余额如下:

W公司:

借:银行存款　　150 000
　交易性金融资产　　120 000
　存货　　930 000
　长期股权投资　　600 000
　固定资产　　1 440 000
　贷:累计折旧　　360 000
　　短期借款　　60 000
　　应付账款　　900 000
　　应付债券　　960 000
　　实收资本　　600 000
　　资本公积　　120 000
　　盈余公积　　240 000

S公司:

借:银行存款　　100 000
　交易性金融资产　　80 000
　存货　　620 000

长期股权投资　　400 000
固定资产　　960 000
贷:累计折旧　　240 000
　短期借款　　40 000
　应付账款　　600 000
　应付债券　　640 000
　实收资本　　400 000
　资本公积　　80 000
　盈余公积　　160 000

登记有关账户后,W 公司和 S 公司分别编制资产负债表见表 9-5、表 9-6。

表 9-5　W 公司资产负债表

200×年×月×日　　金额:元

资　产	期末余额	负债和所有者权益	期末余额
货币资金	150 000	短期借款	60 000
交易性金融资产	120 000	应付账款	900 000
存货	930 000	应付债券	960 000
流动资产合计	1 200 000	负债合计	1 920 000
长期股权投资	600 000	实收资本	600 000
固定资产	1 440 000	资本公积	120 000
减:累计折旧	360 000	盈余公积	240 000
固定资产净值	1 080 000	所有者权益合计	960 000
资产总计	2 880 000	负债和所有者权益总计	2 880 000

表 9-6　S 公司资产负债表

200×年×月×日　　金额:元

资　产	期末余额	负债和所有者权益	期末余额
货币资金	100 000	短期借款	40 000
交易性金融资产	80 000	应付账款	600 000
存货	620 000	应付债券	640 000
流动资产合计	800 000	负债合计	1 280 000
长期股权投资	400 000	实收资本	400 000
固定资产	960 000	资本公积	80 000
减:累计折旧	240 000	盈余公积	160 000
固定资产净值	720 000	所有者权益合计	640 000
资产总计	1 920 000	负债和所有者权益总计	1 920 000

分立后,WS公司注销,结束账簿记录,会计分录如下:

借:累计折旧	600 000	
短期借款	100 000	
应付账款	1 500 000	
应付债券	1 600 000	
实收资本	1 000 000	
资本公积	200 000	
盈余公积	400 000	
贷:银行存款		250 000
交易性金融资产		200 000
存货		1 550 000
长期股权投资		1 000 000
固定资产		2 400 000

分立后原企业保留的会计处理与此相类似,只是少了注销原企业会计记录的步骤,因而相对更加简单,此处不再举例说明。

五、资产剥离和处置的会计处理

企业存在的理由在于其具有比市场更高的效率,而效率来自于分工基础上的专业化和集约化。为提高效率,在现代企业竞争中越来越强调核心优势,这就要求企业集中精力和优质资源于核心业务。因此,在某些情况下,当企业的资源配置和经营方式妨碍了上述要求时,就需要将不能构成企业核心优势的业务停止或转移,将盈利能力较低或亏损的业务部门清理退出企业,或处置对企业核心盈利能力贡献较低的资产,以减少不必要的资源占用和消耗,增强经营的专注性、专业性和有效性。这就是所谓的"剥离",其常见形式有资产剥离和业务剥离,但实践中经常是将二者结合,在清理企业某些业务和机构的同时清理部分资产。剥离出去的资源有时会被用于成立新的企业,这时的剥离与企业分立相类似。不过更常见的是将其转让给企业的其他部门或者其他企业。剥离并不一定都是整体性的,被剥离的资产可能分别处置。在我国,剥离这一形式常见于国有企业的重组之中,尤为典型的是对一些非盈利部门的处置,并经常结合其他方式的改组,比如股份化、上市等。

剥离业务的会计处理相对简单,基本的账务处理只需将有关资产的账面数额冲销。如果在剥离的同时进行改组,影响到企业资本的数额和构成,则相应调整账面所有者权益。如果在剥离过程中有资产出售,则将出售收入计入损益。

[例9-3] 为股票发行上市,G集团公司经批准,将核心业务所在的全资子公司C

进行股份化改组并包装上市，与其他集团下属公司脱离。在此过程中，将C公司所属职工服务中心由企业剥离，除库存商品以100 000元的价格出售外，资产全部转归集团下属的非上市分公司N。C公司职工服务中心资产清册见表9－7。

C公司会计处理：

(1)出售库存商品：

借：银行存款　117 000
　贷：主营业务收入　100 000
　　应缴税费——应缴增值税(销项税额)　17 000

(2)转让其他资产(假定这些资产转让均不涉及税金)：

借：资本公积　100 000
　累计折旧　16 000
　贷：原材料　30 000
　　周转材料　6 000
　　固定资产　80 000

表9－7　C公司资产清册

200×年×月×日　　金额：元

项　目	期末余额
原材料	30 000
周转材料	6 000
库存商品	70 000
固定资产	80 000
减：累计折旧	16 000
固定资产净值	64 000
资产总计	170 000

六、其他重组形式的会计处理

除上述业务外，企业重组会计还包括其他内容，如联合经营、集团化改组、企业托管和授权经营等。这些业务可分为两大类：一类是重组后改变原经营主体地位的，需要进行注销、结束旧账和开立新账，如集团化改组，有时还需要进行资产的重新估价，如联合经营；另一类是重组后不发生经营主体地位的改变，只是改变原企业的经营方式，如企业托管，这时只需要在原有业务核算的基础上，相应增加新业务的核算，不需要改变核算主体。此处不再一一举例说明。

七、企业重组的信息披露

不同的企业重组形式下,信息披露的要求也不尽相同,但有一点是共同的,即都应向有关重组利益关系人提供反映重组计划执行及重组期间相关事项的充分可靠的信息。为此,需要采用表内与表外披露相结合的信息揭示方式。在某些重组方式下,如不涉及破产清算(如局部的债务重组),可以在正常期间会计报表附注中说明债务重组的原因、数额和影响等,不需单独编制重组期间会计报表。在另外一些整体重组方式下,如准改组和分立,需要单独编制重组日资产负债表、重组期间利润表和重组结束日资产负债表等重组会计报表。

在重组会计的资产负债表和利润表中,有时为了满足信息披露的要求,可能需要在保留传统报表项目的基础上,对表内部分项目进行调整。比如在资产负债表中区分需要重组的资产、负债,和不需要进行重组的资产、负债,在利润表中分别反映企业的正常经营损益和重组损益等。

重组企业的表外信息,可通过附表、报表附注等多种方式进行披露。在重组后企业的资本结构发生改变后,一般应当以表外信息的形式进行揭示。另外,重组企业还应在附注中披露重组方式如变更债权债务关系的条件、内容,重组的原因及对企业损益的影响等信息。同时,还应以文字说明重组计划的执行情况,如企业管理层变更、股权结构变动等。

第三节　破产清算会计

在本章第一节已经介绍,企业清算可分为解散清算、撤销清算和破产清算等情况。其中,前两者除在程序方面与破产清算有所不同外,在基本内容和会计处理上与破产清算并无本质区别。因此,本节不再单独说明解散清算和撤销清算,主要介绍破产清算会计。

一、破产清算会计的理论基础及主要特点

由于破产清算会计是建立在终止企业经营过程和主体地位的基础上,与持续经营会计有着明显的不同。这些差异不仅仅表现在会计处理的内容和方法上,更为重要的是对构成传统会计理论基础的一些基本前提的冲击和影响。

(一)会计报告目标的改变

传统的财务会计目标是面向企业投资人、债权人等外部信息需求者为主的利益主体，提供反映企业财务状况、经营成果和现金流量的可靠信息。而清算会计的主要信息需求者是债权人和法院，其次才是投资人。从会计信息的内容来看，清算会计提供的主要是破产企业清算财产处理和偿还债务的有关信息，与正常经营状态下有明显的不同。

(二)会计假设的修正

会计假设是对财务会计领域基本问题和核算前提的基本而合理的判断，是财务会计的理论前提和基础，也是选择会计方法的基本依据。会计假设主要包括会计主体、持续经营、会计分期和货币计量等。在破产清算会计中，由于所处环境的重大变化，一些会计假设赖以存在的某些条件已不复存在，因而面临冲击和挑战，变得不再合理和必要，需要做出相应的修正。

1.会计主体假设的修正

进入破产清算后，破产企业作为一个会计主体已丧失了法人资格，其主要工作就是清查财产及债权、债务，进行相应的会计处理、编制破产宣告日会计报告和办理会计档案的移交。此后清算组取代企业股东或董事会进行必要的民事活动，开展清算工作，并承担相应的权利和责任，会计反映的对象也由企业的经营活动变为清算组的清算活动。因此，清算组作为一个新的会计主体出现，并实际上取代了企业的主体地位。

2.持续经营假设的修正

持续经营是假定一个作为会计主体的企业能够无限期的存在和经营下去，在可预见的未来不会因解散、破产等原因而清算。因此，其资产将按照预定用途使用，其负债也能够按期偿付。在企业正常经营的情况下，这一假设对于解决资产计价、费用分配等问题，并在此基础上保证各期财务成果的合理性方面具有无可争议的价值和意义。但在进入破产清算后，企业正常经营已经终止，清算程序终结后清算会计主体也最终解散，持续经营假设显然已不再成立，在此基础上的一些会计处理原则、程序和方法也就失去了存在的基础。因此，清算会计在计量基础、账务处理以及会计报告等方面，采用了一系列不同于持续经营条件下的特殊原则和形式。

3.会计分期假设的修正

在经营终止的前提下，企业事实上已无分期核算经营成果的必要和可能，也就不需要按照公历年度分期编制会计报告。在此背景下，企业自破产宣告日至破产终结日之间的期间构成破产会计期间,并具有明显的不确定性,因而不同于正常经营下的会计期间。

4.币值可变的假设

传统财务会计的货币计量假设认为货币是企业会计确认、计量、报告的最佳计量单位,而且假定币值不因物价而变动。清算会计仍然以货币为基本单位,但因为清算中采用包括现行市价、现行成本等在内的多种计量属性,而现行市价随着物价和币值的变动而不断变化,所以清算会计事实上承认了币值的变动,也就改变了币值稳定的假设。

(三)会计原则的变化

这里的会计原则,不是广义上的会计规范,而是指在会计假设和目标的基础上,规范会计核算的基本原则,也是选择会计程序和方法以及进行会计核算的基本依据。主要是会计要素确认、计量标准和会计信息质量特征。在破产清算的情况下,一些传统财务会计的基本原则同样面临挑战,需要做出某些变更或调整。

1.历史成本原则的重新评价

一般情况下,历史成本因其可验证而具有较高的可靠性,而且较容易取得,在大多数情况下被作为基础的计量属性。但在终止经营的前提下,资产不再被作为继续使用以获得收益的资源,而是按现时条件下的可变现价值被用来偿债。同时,因为企业经营的终止,过去为形成资产所发生的历史成本已无法在未来通过收入得到补偿,即不再与收入配比。所以,建立在持续经营基础上的历史成本此时已没有实际意义,现时基础上的清算价格才是有意义并为债权人、投资者所关心的。因此,为维护债权人利益和满足各方对清算信息的需要,资产在按历史成本计价的同时,更注重以现时价格计价。

2.权责发生制的改变

作为传统会计确认基础的权责发生制,根据获得权利和承担责任的程度作为确认会计要素的依据,这是建立在对过去形成的权利或责任的承诺能够在未来得到履行这一假设的基础上。在破产清算中,由于持续经营假设不复存在,以未来履行为基础的权责实现失去了作为会计确认前提的合理性。清算企业没有理由将收入或费用在并不存在的未来期间进行跨期分配,而只能以款项的实际收付作为判断依据,也就是以收付实现制作为会计确认的主要标准。

3.划分收益性支出与资本性支出原则的废止

在持续经营状态下,企业应按照受益期限将各项支出划分为仅与本年度收益有关的收益性支出和与以后若干会计期间有关的资本性支出。在清算状态下,由于持续经营和会计分期假设的失效,建立在未来期间基础上的资本性支出也就失去了存在的前提和意义。对于清算期间发生的各项支出,均作为收益性支出计入清算期间损益。

4.发展了部分破产清算会计所特别强调的原则

(1)公允性原则。即破产清算会计应保持公正、中立、不偏不倚。因为破产清算关系到企业债权人、投资者和职工等多方面利益,唯有坚持公允,才能有效维护各方面的合法权益。

(2)效益性原则。清算组在清算过程中,应权衡各种情况,将破产损失尽量降至最低。比如对未履行的合同和未完全终止的经营活动,应视不同后果选择合理的方案和时机。

(3)对等偿债原则。在清算过程中,应区分各种债务的不同性质,如有无担保、可否抵消、是否具有优先受偿权等,根据有关法律的规定,按照各种债务与相应资产的对等关系,依据一定的顺序依次偿付各项债务。对于同一性质的债务,则应按照公平原则,按比例清偿。

(4)合法性原则。即严格按照破产法等有关法律、法规进行会计处理和清算活动。这是因为破产不仅是企业的一种经济行为,更是一种法律行为。因此必须强调充分的合法性,这也是公允性、效益性和对等性的重要保证。

(5)划分破产费用与非破产费用原则。即将为全体债权人共同利益而发生的费用和为部分债权人个人利益而发生的费用区分开来,前者属于破产费用,由破产财产支付;后者为非破产费用,不能从破产财产中支付。严格按照这一原则,才能真正实现效益性和破产损失最低的目标,维护全体债权人和其他破产参与主体的合法利益。

(四)财务报表要素的变动

破产清算过程中,资金运动顺次经过财产接管、变现、清偿和分配,从各种财产资金形态转化为货币资金,清偿债务后最终停止。可见,破产清算资金运动是不具有继起性和循环性的单向运动,这一特点决定了在持续经营下以资金循环运动为基础的财务报表要素分类,在破产清算中需要进行一定的调整。根据破产清算资金运动的特点,将破产企业财务报表要素划分破产清算资产、破产清算负债、破产清算净资产和破产清算损益。

1.破产清算资产

按照归属权限,破产清算资产可分为担保资产、抵消资产、受托资产、破产资产、其他非破产资产和应追索资产。

(1)担保资产。是指根据法律或有关协议规定,对企业的债务提供担保,使债权人享有物质保证的资产。如果债务人不能履行偿债义务,债权人有权以担保物用于优先抵偿债款。因此,担保资产实质上是在一定条件下,支配权和处置权属于债权人而非债务人的资产,对于享有担保权的债权人来说具有排他性,相对于其他债权人具有优先受偿性。根据法律上对担保的分类,担保资产又可分为抵押担保资产、质押担保资产和留置担保资产。其中,抵押担保资产不为债权人占有,但在债务人不履行债务时,债权人有权将其折价、变卖或拍卖以抵偿债款;质押担保资产由债务人或第三方移交债权人占有,以担保债务履行的资产;留置担保资产则是按合同规定由债权人占有以担保债务履行的资产。

(2)抵消资产。是指破产企业与债权人互为债权、债务人时,可以直接抵消债务的那部分资产。

(3)受托资产。是指破产企业在破产前接受其他企业委托,为其加工、代销等,所有权属于其他企业的资产。

(4)破产资产。是指根据破产法可以用来偿付破产债务的资产。是破产企业担保资产、抵消资产、受托资产以外的资产,以及上述资产可变现净值高于相关债务的部分。具体又包括:①破产宣告时破产企业经营的全部财产;②破产企业在破产宣告后至破产清算终结前依法取得的财产;③超额担保财产,即担保财产变现价值超过担保额而剩余的那部分财产;④未到期的财产请求权,指应由破产企业在未来行使的财产请求权,如在途的购入货物的所有权等。另外,破产资产的确认还需满足以下标准:①必须是具有一定价值、能够清偿债务的资产或权利;②必须是破产企业可以独立支配的资产,即能够对有关资产进行处分;③必须是依照破产程序可以强制清偿的资产;④必须符合法律规定的时限,即破产程序终结前取得。

(5)其他非破产资产。是指根据有关法律法规的规定,属于国家专有、个人或社团组织所有的资产,以及为满足社会保障而限定的资产。也称其他资产。

(6)应追索资产。是指所有权属于破产企业,但由其他企业、个人非法占有,或因破产企业发生破产法所特指的无效行为或欺诈行为而转移的资产。这些资产应予以追回,并归入破产资产。

2.破产清算负债

按照对资产要求权的不同,破产清算负债又可分为担保债务、抵消债务、受托债务、优先受偿债务、破产债务和其他债务。

(1)担保债务。是指债务人以一定资产提供担保而形成的债务。与担保资产相对应,担保债务也可进一步分为抵押担保债务、质押担保债务和留置担保债务。

(2)抵消债务。是指与抵消资产相对应的债务。

(3)受托债务。是指与受托资产相对应的债务。

(4)优先受偿债务。是指根据破产法规定,在破产债务之前从破产资产中优先偿付的债务。包括应付清算费用、职工工资、劳动保险费和应交税费等。

(5)破产债务。是指按破产法规定由破产企业以破产资产清偿的普通债务。是破产企业除担保债务、抵消债务、受托债务和优先受偿债务以外的债务,以及上述债务高于相对应资产的可变现净值的部分。具体又包括:①无财产担保的债务;②放弃优先受偿权的债务;③担保差额债务,即担保财产价值低于担保债务额而未清偿的部分;④保证债务,指为破产企业提供债务担保的保证人在代破产企业偿债后形成的代为清偿债务;⑤抵消差额债务,指破产企业的债务数额大于债权数额而未清偿的差额;⑥赔偿债务,指破产企业由于解除未履行合同而给其他当事人造成损害的赔偿。破产债务的确认需满足以下标准:①必须是在破产宣告前成立的普通债务;②必须按破产程序申报、经法院和债权人会议确认和清算组核实;③必须是债权人对债务人整体财产的请求权,不包括对债务人特定财产的请求权,如有财产担保债务;④必须按破产清算程序强制执行。

(6)其他债务。是指根据有关法律法规的规定,为满足社会保障等需要而发生的债务。如应付破产安置费用等。

3.破产清算净资产

破产清算净资产是指破产企业的所有者权益净额,表现为破产企业资产可变现净值总额与确定的债务总额的差额。如资产可变现净值总额大于确定的债务总额,即为可供投资人分配的剩余净资产;如资产可变现净值总额小于确定的债务总额,则为负的净资产,或不足清偿的清算净亏损额。

4.破产清算损益

破产清算损益是指破产企业破产清算过程中发生的净损益。包括清算收益、清算损失和清算费用。

(1)清算收益。是指在按可变现净值计价和重新确认债务过程中以及其他原因而发生的资产价值增加或负债金额的减少。

(2)清算损失。是指在按可变现净值计价和重新确认债务过程中以及其他原因而发生的资产价值减少或负债金额的增加。

(3)清算费用。是指破产企业合理预计并将要支付的各项清算管理费用、诉讼费用和其他共益费用。

需要注意的是,破产企业已不符合持续经营假设,因此不应再保有所有权不能确定的资产、按法律规定不能进行清算分配的资产以及不具备清偿债务或变现能力的资产,如待摊费用、递延所得税资产等;也不应保留不能确定为破产企业的债务和不会导致经济利益流出企业的负债,如预提费用、递延所得税负债等。类似账户如有期末余额,应全部转入破产清算损益账户。

清算收益扣除清算费用和清算损失后的清算净损益最终归入清算净资产。清算结束后,企业全部资产用于清偿债务,如有余额即用于向投资人分配,也就是破产资产抵减破产债务后的余额,与破产清算净资产余额(或清算净收益)相抵;如全部资产不足清偿债务,差额即为负的清算净资产(或清算净损失),与无法清偿的负债余额相抵。不论哪种情况,全部清算工作完成后,企业所有的财务报表要素余额全部为零。

(五)财务报告的变化

破产清算会计的报告目标不再像传统财务会计那样着眼于反映企业的财务状况、经营成果和现金流量,而是集中于破产财产的处理和债务的清偿。

正常经营情况下,企业财务报告的使用者非常广泛,包括企业外部和内部的投资人、债权人、政府、公众、管理者和员工等,但以外部信息需求者为主。在破产清算条件下,财务报告使用者有较大变化,主要是债权人、法院和投资人,以及企业主管部门和国有资产管理部门等。

在正常经营状况下财务报告的种类主要包括资产负债表、利润表、所有者权益变动表和现金流量表等。但在破产清算情况下,由于财务报告目标和使用者的改变,财务报告的种类也发生了变化,主要包括清算资产负债表、清算财产明细表、清算损益表和债务清偿明细表等。

破产清算财务报告的格式和基本内容也与传统财务会计报告有较为明显的差异,是一种以破产清算会计要素为基本内容,以可变现价值为计量基础的报告体系,在有关项目的设置和排列上也与传统财务报告有所不同。

二、破产清算会计的主要内容和程序

(一)破产清算的主要程序

破产清算会计是反映和监督破产清算业务的一种特殊会计方法,其基本内容和程序主要由破产清算的程序和特点决定。在本章第一节中已介绍过,破产清算是整个破产程序的最后一个环节。在这个环节中,破产企业自破产宣告日起便丧失了法人资格,并停止生产经营活动。此后由债权人会议接管企业的控制权,并在法院组织下设立由专业人员组成的清算组,由其接管破产企业的财产、账册和数据、印鉴等,依法进行必要的民事活动,和进行具体的清算工作。破产清算的一般程序大致包括:

(1)成立清算组,由其代表企业行使民事权利和执行清算事务;

(2)清查企业债务,由清算组通知或公告债权人申报债权,并逐笔审核、登记,和

编制债务明细表；

(3)清查企业的债权和其他财产，确定清算财产的范围及作价，同时清理和收回企业的债权及其他资产；

(4)支付清算工作费用和清偿债务，包括清偿欠付的职工工资，补缴欠缴的税款，和偿付担保债务以及其他债务等；

(5)在投资者之间分配清偿债务后的剩余财产；

(6)编制清算报告和办理企业注销手续。

(二)破产清算会计的主要内容和程序

根据破产清算程序的特点和要求，相关的会计工作及步骤主要是：

(1)清查破产企业财产和债权债务；

(2)进行决算，编制财产目录和破产宣告日账户余额表、资产负债表以及自年初至破产日的利润表；

(3)保管各种会计文书、档案，与清算组办理移交手续；

(4)接管破产企业资产和债务以及相关会计资料，全面清查破产企业的财产物资和债权债务，结束旧账，设置清算会计账户体系，确认、计量破产资产和破产债务及有关账户余额，编制科目余额表、清查后财产目录和接管日资产负债表；

(5)反映和监督破产企业财产处置、费用发生和债务清偿，以及剩余财产分配；

(6)核算清算损益，冲销清算净资产，结束有关账户，编制清算会计报告。

上述会计工作分别由破产企业和清算组进行。其中破产企业主要工作是上述程序中的前三项，此后企业控制权转移到债权人会议，并由清算组取代企业进行民事活动和清算工作，破产清算的核心会计处理也主要是反映清算组的活动。

三、破产清算会计处理

(一)破产清算会计账户设置

清算组接管破产企业后，需要反映清算过程中发生的有关事项。而由于破产清算导致会计要素的内容和分类发生变化，企业原有的账户设置体系已不完全适用，难以满足破产清算会计核算的需要。为此，需要在传统账户设置的基础上，分别增加、删减某些账户，或对某些账户进行合并。进行上述调整后，破产清算企业的主要账户包括：

1.资产类账户

主要包括“库存现金”“银行存款”“应收票据”“应收款”“材料”“半成品”“产成品”

"投资""固定资产""在建工程""无形资产""担保资产""抵消资产""受托资产""应追索资产"和"其他非破产资产"等。

2.负债类账户

主要包括"借款""应付票据""应付账款""其他应付款""应付职工薪酬""应缴税费""应付股利"或"应付利润""应付债券""担保负债""抵消负债""受托负债"和"其他非破产负债"等。

3."清算净资产"账户

4.清算损益类账户

主要包括"清算费用""土地转让收益""清算损益"等。

以上账户中增设的主要有:

(1)"担保资产""抵消资产""受托资产""应追索资产"和"其他非破产资产"账户,用来反映与普通破产资产相对的非破产资产。

(2)"担保负债""抵消负债""受托负债"和"其他非破产负债"账户,用来反映与破产债务相对的非破产债务。

(3)"清算净资产"账户。核算破产企业的所有者权益净额,即有关资产可变现净值总额与确定的债务总额的差额。如果企业不设该账户,有关净额通过"清算损益"账户反映。

(4)"清算损益"账户。核算在清算期间发生的损益。在清算组接管企业并结束旧账、开立新账时,清算企业的"待摊费用""递延所得税资产"等无法变现的资产账户的余额,结转到本账户借方;"预提费用""递延所得税负债"等不会引起经济利益流出的负债账户的余额,结转到本账户贷方。破产清算结束时,将"清算费用""土地转让收益"账户的余额也结转入本账户。如果不单设"清算净资产"账户,则清算企业资产可实现净值总额与确定的债务总额之间的净差额也通过本账户反映。

(5)"清算费用"账户。核算在破产清算期间发生的各项清算费用,如支付的破产费用如职工工资、设备维修费、财产保管费等。

(6)"土地转让收益"账户。核算清算期间转让土地使用权所取得的收入和发生的相关成本、税费等。

取消的账户主要是"待摊费用""长期待摊费用"等无法变现、不具有清偿能力或不能进行分配的资产,和"预提费用""递延所得税负债"等不会引起经济利益流出的负债。因其余额均结转到"清算损益"账户,这些账户都不再保留。清算企业原有的所有者权益类账户余额结转入"清算净资产"或"清算损益"账户之后,"股本"或"实收资本""盈余公积"和"未分配利润"等所有者权益类账户也不再保留。

在原有账户基础上进行合并的账户,主要包括两种类型:(1)性质相近的账户汇总合并。如“交易性金融资产”与“长期股权投资”“持有至到期投资”等账户合并为“投资”账户；“应收账款”“预收账款”与“其他应收款”等账户合并为“应收款”账户；“原材料”“物资采购”“周转材料”与“材料成本差异”等账户合并为“材料”账户；“短期借款”与“长期借款”账户合并为“借款”账户。(2)调整类账户与被其调整的账户进行合并，仅保留被调整账户，在其中按净额反映。如“应收账款”与“坏账准备”账户合并；“固定资产”与“累计折旧”和“固定资产减值准备”账户合并；“在建工程”与“在建工程减值准备”合并；“无形资产”与“无形资产减值准备”合并。

(二)破产清算会计核算

前已述及，破产清算会计工作分别由破产企业和清算组进行。其中破产企业在清算程序中的会计处理，包括财产清查、结转损益账户、利润分配和编制有关报表等，与正常经营下并无本质区别。真正的清算工作是在清算组接管企业后由清算组进行的。破产清算会计真正有别于持续经营会计主要也是在这一阶段中。因此，以下主要介绍这部分业务的会计处理。

1.清算组接管破产企业，结转有关账户期初余额并编制接管日资产负债表

清算组接管破产企业资产、债务及相关会计资料，清查财产和清理债务。设置清算会计账户，根据破产企业账户记录和资产负债表等资料结转有关新设账户余额，借记有关资产账户，贷记有关负债账户，借方与贷方的差额作为“清算净资产”或“清算损益”。之后，确认破产资产、非破产资产和破产债务、非破产债务，并编制接管日科目余额表和资产负债表。

2.破产财产处理和清算损益的会计处理

破产财产的范围已在前文中做过介绍，以下主要说明破产财产的处置方式及有关的账务处理。

(1)收回债权的核算。收回应收账款等，应按实际收回的金额借记“银行存款”等账户，按应收金额贷记“应收款”“应收票据”等账户。按应收金额和实收金额的差额借记“清算损益”账户。如果是以实物方式抵偿债权时，按实物资产预计可变现金额借记“材料”“产成品”等账户，按应收金额贷记“应收款”“应收票据”等账户，按应收金额和预计可变现金额的差额，借记或贷记“清算损益”账户。对于不能收回的应收款项，按核销金额借记“清算损益”账户，贷记“应收款”等账户。

(2)变卖存货的核算。变卖材料、产成品等存货时，按实际取得收入和收取的增值税额，借记“银行存款”等账户，按账面价值，贷记“材料”“产成品”等账户，按收取的增值税额贷记“应缴税费——应交增值税(销项税额)”账户，按其账面价值和变卖收入的差额，借记或贷记“清算损益”账户。处置、销售产品等存货时如应缴纳消费税等

税金,借记"清算损益"账户,贷记"应交税费"账户。应交的城市维护建设税、教育费附加等,借记"清算损益"账户,贷记"应缴税费——应交城市维护建设税"等账户。

(3)转让对外投资的核算。转让企业原有的对外投资时,按实际取得的转让收入借记"银行存款"等账户,按投资的账面价值贷记"投资"等账户,按投资的账面价值与转让收入的差额,借记或贷记"清算损益"等账户。对于清算期间分得的投资收益,按实际取得的款项,借记"银行存款"等账户,贷记"清算损益"账户;若属原已记入"投资收益"账户的,在实际分回投资收益时,应冲减投资,借记"银行存款"等账户,贷记"投资"账户。

(4)处置固定资产以及在建工程的核算。变卖房屋建筑、机器设备等固定资产及在建工程时,应按实际收入借记"银行存款"等账户,按账面价值贷记"固定资产""在建工程"等账户,按其账面价值和变卖收入的差额,借记或贷记"清算损益"账户。转让资产应交纳的相关税费,借记"清算损益"账户,贷记"应交税费"等账户。

(5)转让无形资产的核算。转让商标权、专利权等无形资产时,按其实际转让收入借记"银行存款"等账户,按资产的账面价值贷记"无形资产"账户,按实际转让收入与账面价值的差额,借记或贷记"清算损益"账户,转让资产应缴纳的相关税费,借记"清算损益"账户,贷记"应缴税费"等账户。

(6)取得其他收入的核算。清算期间取得的其他收入,应按实际收入金额借记"银行存款"等账户,贷记"清算损益"账户;发生的税金等支出,借记"清算损益"账户,贷记"应缴税费"等账户。

(7)转让土地使用权和支付职工有关费用的核算。对于有偿取得土地使用权,在取得时已计入了"无形资产"账户,因此转让时,按实际转让收入借记"银行存款"等账户,按其账面价值贷记"无形资产"账户,按实际转让收入与账面价值的差额借记或贷记"土地转让收益"账户。对于无偿划拨取得的未入账的土地,在转让土地使用权时,按实际转让收入借记"银行存款"账户,贷记"土地转让收益"账户;对于原来已作价入账记入"无形资产"账户的土地,在转让时按其实际转让收入借记"银行存款"账户,按其账面价值贷记"无形资产"账户,按实际转让收入与账面价值的差额,借记或贷记"土地转让收益"账户。

按国家有关规定,企业在转让土地使用权时还应缴纳营业税等税费,按应缴纳的税费,借记"土地转让收益"账户,贷记"应缴税费"等账户。

取得土地使用权转让收入后,应从转让所得中支付未参加养老、医疗社会保险的离退休职工的离退休费和医疗保险费,向有关部门划转职工安置费时,应按实际支付金额借记"土地转让收益"账户,贷记"库存现金""银行存款"或"其他非破产负债"等账户。土地使用权转让所得不足支付职工安置费,以其他破产财产支付职工安置费时,按实际支付金额,借记"清算损益"账户,贷记"库存现金""银行存款"等账户。

(8)破产清算费用的核算。清算期间支付各项破产清算费用时,按实际发生额借记"清算费用"账户,贷记"库存现金""银行存款"等账户。

(9)结转清算损益。清算终结时,将需要核销的各项资产转入清算损益,借记"清算损益"账户,贷记"材料""产成品""无形资产""投资"等账户。将清算费用转入清算损益,借记"清算损益"账户,贷记"清算费用"账户。将转让土地收益转入清算损益,借记"土地转让收益"账户,贷记"清算损益"账户。清算结束,将"清算损益"账户的余额转入"清算净资产"账户。

3.债务清偿与剩余财产分配的核算

(1)根据民法通则和破产法的有关规定,破产企业债务的清偿应按如下顺序进行:

①破产费用和共益债务;

②破产企业所欠职工的工资和医疗、伤残补助、抚恤费用,应当划入职工个人账户的基本养老保险、基本医疗保险费用,以及法律、行政法规规定应当支付给职工的补偿金;

③破产企业欠缴的除前项规定以外的社会保险费用和所欠税款;

④有担保债权;

⑤普通破产债权。

在前一顺序的债务未得到全额清偿以前,后一顺序的债务不予清偿。破产财产不足以满足同一顺序的清偿要求时,应根据剩余破产财产和破产债务的数额计算破产债务受偿率,按照同一比例向债权人清偿。

(2)清偿债务的会计处理主要包括:

①支付所欠职工工资和社会保险费等。按照实际支付金额,借记"应付职工薪酬"等账户,贷记"库存现金"、"银行存款"账户。在清算过程中发生的因职工为破产清算提供服务而支付的各种费用,直接计入清算费用,不通过"应付职工薪酬"账户核算。

②缴纳所欠的税费。按实际缴纳的金额,借记"应交税费"账户,贷记"银行存款"等账户。

③清偿其它破产债务。按实际清偿各种债务的金额,借记"应付票据""其他应付款""借款"等有关账户,贷记"库存现金""银行存款"等账户。

清算终结时,破产财产按照法定顺序清偿后的剩余部分,按规定应上缴主管财政机关或同级国有资产管理部门或向股东进行分配,分配剩余财产时,借记"清算净资产"或"清算损益"账户,贷记"银行存款"等账户。如果破产财产不足以清偿债务,按照有关规定，尚欠的债务不再清偿，应予注销，借记“应付票据”“其他应付款”“借款”等账户，贷记“清算净资产”或“清算损益”账户。

［例 9－4］BL 公司因经营不善，亏损严重，不能清偿到期债务，经法院宣告破产之后组织债权人委员会和清算组接管 BL 公司。该公司破产宣告日资产负债表见表 9－8。

表 9－8　BL 公司资产负债表

200×年×月×日　　　　金额：元

资　产	年初数	期末数	负债和所有者权益	年初数	期末数
现 金		1 500	短期借款		170 800
银行存款		67 200	应付票据		202 000
交易性金融资产		24 000	应付账款		558 000
应收票据		19 800	代销商品款		20 000
应收账款		452 000	应付职工薪酬		265 100
减：坏账准备		90 000	应缴税费		342 300
应收账款净额		362 000	其他应付款		13 600
预付账款		15 000	应付利润		21 000
其他应收款		4 500			
应收股利		6 000			
存 货①		528 700			
待处理流动资产损失		12 000			
流动资产合计		1 040 700	流动负债合计		1 592 800
长期股权投资		86 600	长期借款		1 089 700
持有至到期投资		39 200	应付债券		620 600
固定资产		1 253 000	负债合计		3 303 100
减：累计折旧		685 000			
固定资产净值		568 000	实收资本		1 000 000
在建工程		212 000	资本公积		
无形资产		112 800	盈余公积		74 500
减：无形资产减值准备		32 000	未分配利润		(2 350 300)
无形资产净值		80 800	所有者权益合计		(1 275 800)
资产合计		2 027 300	负债和所有者权益合计		2 027 300

说明①：存货中具体项目包括：原材料 108 500 元；自制半成品 153 200 元；库存商品 213 000 元；周转材料 34 000 元；受托代销商品 20 000 元。

1.清算组设置新账，并结转确认有关账户的期初余额

清算组接管破产企业后，设置新的账户体系，根据破产企业提供的资产负债表和财产清查表、科目余额表等资料，在清查财产和有关债权债务的基础上，确认有关账户的期初余额。会计分录如下：

借：库存现金　1 500
　　银行存款　67 200
　　应收票据　19 800
　　应收款　381 500
　　材料　142 500
　　半成品　153 200
　　产成品　213 000
　　受托代销商品　20 000
　　待处理流动资产损失　12 000
　　投资　155 800
　　固定资产　568 000
　　在建工程　212 000
　　无形资产　80 800
　　清算净资产　1 275 800
　贷：借款　1 260 500
　　　应付票据　202 000
　　　应付账款　558 000
　　　其他应付款　13 600
　　　代销商品款　20 000
　　　应付职工薪酬　265 100
　　　应交税费　327 800
　　　应付利润　21 000
　　　应付债券　620 600

说明：①“应收款”系合并“应收账款”“预收账款”和“其他应收款”等账户余额，减去“坏账准备”账户余额后得到。

②“材料”由“原材料”“周转材料”等账户余额合并得到。

③“投资”由“交易性金融资产”“长期股权投资”“应收股利”和“持有至到期投资”等账户余额合并得到。

④“固定资产”“在建工程”和“无形资产”，均为资产账面余额减去“累计折旧”和

相关的资产减值准备后得到。

⑤“借款”由“短期借款”和“长期借款”账户余额合并得到。

上述分录中,1 275 800 元的“清算净资产”是破产企业全部负债与全部资产的差额,也是亏损额(未分配利润)与实收资本和盈余公积的差额。如果不单独设置“清算净资产”账户,则全部清算资产和负债之间的差额记入“清算损益”账户。

在清算组接管企业并将有关账户金额结转完毕后,企业原有账户余额即可注销。即借记有关负债账户,贷记有关资产账户,同时借记“实收资本”等账户,贷记“未分配利润”账户。将有关账户余额对冲后,破产企业原有账户余额全部结平。

2.确认破产资产、非破产资产和破产债务、非破产债务,在此基础上编制接管日科目余额表和资产负债表。

接管破产企业后,并不意味着清算组接受的全部资产都属于破产财产,其中有些属于托管财产,有些属于优先受偿权的担保,还有些属于法律规定具有特殊用途或所有权限的资产,另外可能还有一些本应属于破产企业的资产却并未反映在账面上,需要清算组进行追索。同样,全部负债也不一定就等于破产债务。因此,在新设账户中结转破产企业的全部资产和负债后,还需确认其中属于破产资产和破产债务的部分,并且将不属于破产范围的资产和负债区别出来反映。

(1)担保资产与担保负债。

假设 BL 公司固定资产中,有原值 300 000 元、已提折旧 60 000 元的房屋一座,已为一项 150 000 元的长期借款提供担保。清算组分别确认担保资产和担保债务,做会计分录如下:

借:担保资产——房屋　　240 000
　　贷:固定资产　　240 000

同时:

借:长期借款　　150 000
　　贷:担保负债　　150 000

(2)抵消资产与抵消负债。

假设 BL 公司应收账款中有 30 000 元为应收 A 公司货款,应付账款中有 50 000 元为应付 A 公司货款。经与 A 公司协商并经清算组批准,同意以该应收账款抵消部分应付账款。会计分录如下:

借:抵消资产——应收 A 公司货款　　30 000
　　贷:应收账款——A 公司　　30 000

同时:

借:应付账款——A 公司　　30 000

贷:抵消负债——应付A公司货款　　30 000

(3)受托资产与受托负债。

存货中"受托代销商品"20 000元系接受甲企业委托为其代销的商品,同时债务中有对应的"代销商品款"20 000元。分别转入受托资产和受托负债。会计分录如下:

借:受托资产　　20 000

贷:受托代销商品　　20 000

同时:

借:代销商品款　　20 000

贷:受托负债　　20 000

(4)应追索资产。

BL公司待处理流动资产损失12 000元中,有8 000元应由保险公司赔偿;另有2 000元由保管员赔偿;其余部分作为损失处理。会计分录如下:

借:应追索资产——保险公司　　8 000

——保管员　　2 000

清算损益　　2 000

贷:待处理财产损益　　12 000

在区分了破产与非破产资产及破产与非破产债务的基础上,编制清算组接管日科目余额表(略)和资产负债表如表9-9。

表9-9　BL公司清算日资产负债表

200×年×月×日　　金额:元

资　产	账面金额	预计可实现净值	负债和清算净资产	账面金额	确认数
担保资产	240 000	200 000	担保债务	150 000	150 000
抵消资产	30 000	30 000	抵消负债	30 000	30 000
受托资产	20 000	20 000	受托负债	20 000	20 000
合 计	290 000	250 000	合 计	200 000	200 000
应追索资产	10 000	10 000			
普通资产:			普通负债:		
库存现金	1 500	1 500	借 款	1 110 500	1 110 500
银行存款	67 200	67 200	应付账款	528 000	528 000
应收票据	19 800	19 800	应付票据	202 000	202 000
应收款	351 500	351 500	其他应付款	13 600	13 600

（续表）

资　产	账面金额	预计可实现净值	负债和清算净资产	账面金额	确认数
材 料	142 500	120 000	应付职工薪酬	265 100	265 100
半成品	153 200	125 000	应交税费	342 300	342 300
产成品	213 000	180 000	应付利润	21 000	21 000
投资	155 800	160 000	应付债券	620 600	620 600
固定资产	328 000	340 000			
在建工程	212 000	180 000	负债合计	3 303 100	3 303 100
无形资产	80 800	100 000			
			清算净资产	(1 275 800)	(1 275 800)
			未转清算损益	(2 000)①	(122 300)②
资产合计	2 025 300	1 905 000	负债和清算净资产	2 025 300	1 905 000

说明：

①由“待处理财产损益”确认转入“清算损益”，尚未结转到“清算净资产”账户。

②由资产预计可变现净值(1 905 000) - 负债确认数(3 303 100) - 清算净资产(- 1 275 800)计算得到。

3.处理破产财产和确认清算损益

(1)收回债权。

全部应收款项中，除 15 000 元的应收款外，其余全部收回。

借：银行存款　　366 300
　　清算损益　　15 000
　　贷：应收款　　351 500
　　　　应收票据　　19 800
　　　　应追索资产——保险公司　　8 000
　　　　　　　　　——保管员　　2 000

(2)变卖存货。

变卖材料收入 130 000 元；半成品 120 000 元；产成品 170 000 元。增值税率为 17%。

借：银行存款　　491 400
　　清算损益　　88 700
　　贷：材料　　142 500
　　　　半成品　　153 200

产成品　　213 000

应缴税费——应缴增值税（销项税额）　　71 400

（3）转让对外投资。

将交易性金融资产、长期投资全部出售，共得价款 160 500 元。

借：银行存款　　160 500

　贷：投资　　155 800

　　清算损益　　4 700

（4）处置固定资产以及在建工程。

BL 公司全部固定资产和在建工程中，除了用于担保的房屋外，其余全部处置，共获得收入 529 000 元。

借：银行存款　　529 000

　清算损益　　11 000

　贷：固定资产　　328 000

　　在建工程　　212 000

（5）转让无形资产。

出售无形资产获得收入 100 000 元。

借：银行存款　　100 000

　贷：无形资产　　80 800

　　清算损益　　19 200

（6）转让无偿划拨取得的土地使用权和支付有关破产安置费用。

转让无偿划拨取得的未入账的土地，获得价款 550 000 元，按税法规定应缴纳营业税 27 500 元。

借：银行存款　　550 000

　贷：土地转让收益　　550 000

借：土地转让收益　　27 500

　贷：应缴税费——应缴营业税　　27 500

向有关部门划转职工破产安置费、离退休职工养老保险费等共计 400 000 元。

借：土地转让收益　　400 000

　贷：银行存款　　400 000

（7）支付破产清算费用。

清算期间支付清算组及企业留守人员工资 55 000 元，债权人会议费 15 000 元，律师费、公证费 30 000 元，审计评估费 50 000 元，破产拍卖广告费 40 000 元，清算组差旅费、办公及其他费用共 12 000 元。

借:清算费用　　172 000
　　贷:银行存款　　172 000

(8)结转清算损益。

将土地转让收益122 500元(550 000－27 500－400 000)转入清算损益。

借:土地转让收益　　122 500
　　贷:清算损益　　122 500

将清算费用转入清算损益。

借:清算损益　　172 000
　　贷:清算费用　　172 000

4.债务清偿与剩余财产分配。

(1)清偿担保债务。将抵押给银行的房屋出售获得收入210 000元,所得款项用于清偿担保债务150 000元,剩余部分留作破产资产,用于清偿其他债务。会计分录如下:

借:银行存款　　210 000
　　清算损益　　30 000
　　贷:担保资产——房屋　　240 000

借:担保负债　　150 000
　　贷:银行存款　　150 000

(2)清偿抵消债务。将应收A公司货款30 000元用于抵偿所欠A公司部分应付账款。

借:抵消负债——应付A公司货款　　30 000
　　贷:抵消资产——应收A公司货款　　30 000

(3)清偿受托债务。将为甲企业代销的商品退还,同时冲减受托债务。

借:受托负债　　20 000
　　贷:受托资产　　20 000

(4)支付破产企业所欠职工工资、福利费等。

借:应付职工薪酬　　265 100
　　贷:银行存款　　265 100

(5)支付所欠税费441 200元(342 300＋71 400＋27 500)。

借:应缴税费　　441 200
　　贷:银行存款　　441 200

(6)清偿普通破产债务。

处置破产资产并清偿优先受偿权债务后,可供用于清偿普通破产债务的剩余破产资产还有 1 047 600 元(1 500 + 67 200 + 366 300 + 491 400 + 160 500 + 529 000 + 100 000 + 550 000 + 210 000 - 400 000 - 172 000 - 150 000 - 265 100 - 441 200),未清偿债务余额为 2 495 700 元(1 110 500 + 528 000 + 202 000 + 13 600 + 21 000 + 620 600),剩余资产不足清偿剩余债务,按规定计算清偿比率并在债权人之间按比例偿付剩余债务。

清偿比率 = 剩余破产资产 ÷ 剩余破产债务 × 100%

　　= 1 146 500 ÷ 2 495 700 × 100%

　　= 45.94%

按照清偿比例偿还剩余债务,不足清偿的部分作为清算损益。会计分录如下:

借:借款　1 110 500

　应付票据　202 000

　应付账款　528 000

　其他应付款　13 600

　应付利润　21 000

　应付债券　620 600

　贷:库存现金　1 500

　　银行存款　1 046 100

　　清算损益　1 448 100

到目前为止,各资产、负债账户全部结平,"清算损益"账户贷方余额为 1 275 800 元(见表 9 - 10),与"清算净资产"账户借方余额相等,方向相反,相抵后余额为零。最后,将清算损益余额转入净资产账户,与清算净资产抵消。

借:清算损益　1 275 800

　贷:清算净资产　1 275 800

至此,所有清算账户全部结平,清算账务处理结束。

表 9 - 10　清 算 损 益

金额:元

借方发生额	贷方发生额
2 000	4 700
15 000	19 200
88 700	122 500
11 000	1 448 100
172 000	
300 00	
借方发生额合计　318 700	贷方发生额合计　1 594 500
	期末余额　1 275 800

如果不单设“清算净资产”账户，破产资产与破产债务之间的差额直接作为“清算损益”，不再结转。即在以全部破产资产偿付债务后，按照不足清偿的金额，借记“借款”“应付账款”等账户，贷记“清算损益”账户。以该贷方金额与“清算损益”账户前借方金额自动相抵，之后“清算损益”账户余额为零。

如果破产财产清偿债务后仍有余额，向投资人分配时，借记“清算净资产”或“清算损益”账户，贷记“银行存款”等账户。

四、破产清算会计报表

企业进入破产清算后，正常的生产经营活动已经停止，以持续经营假设为基础编制的会计报表也失去了存在的前提。此时，清理财产和清偿债务成为企业主要的经济活动，为了真实、完整地反映破产企业清算活动过程及结果，向有关各方提供所需的会计信息，应在终止经营的前提下，以破产清算会计要素为主体，以可变现价值为计量基础，编制破产清算会计报表。破产清算会计报表主要包括破产清算资产负债表、破产清算损益表、净资产变动表、债务清偿和剩余财产分配表等。

（一）破产清算资产负债表

破产清算资产负债表是反映破产企业在清算日和清算结束日资产、负债和清算净资产或净损益的会计报表。包括清算日资产负债表和和清算终结日资产负债表。如果清算期间跨年度，还应于年度终了时编制年末资产负债表。

相对于持续经营状态下的资产负债表，破产清算资产负债表对主要项目分类及其排列格式进行了重新界定。其中，担保资产与担保负债、抵消资产与抵消负债、受托资产与受托负债、破产资产与破产债务和清算净资产分别对应。表中“账面金额”栏反映破产企业资产、负债和清算净资产的账面价值，根据清算组接管破产企业的会计资料，在全面清理有关资产和债权债务的基础上，结转有关担保资产、抵消资产、受托资产和破产资产，以及有关担保债务、抵消债务、受托债务和破产债务的账户余额，并据以填列。“预计可实现净值”栏反映破产企业各类资产可实现的售价或可抵偿债务的金额，需要专业资产评估机构运用专门方法分析计算确定。“确认数”是对清理债务结果的确认，在原有负债的基础上，扣除清理过程中发现的因债务人原因而无法偿付的债务，加上依法增加的债务后计算得到。

有关清算日资产负债表的格式见表9－9，此处不再举例。在破产清算结束日，破产企业的全部资产偿付负债后余额为零，全部负债或者得到全额清偿，或者不足清偿的部分成为法定免责债务，因此余额也为零。清算净资产与清算净损益相抵，或者（在资产清偿全部负债后仍有余额并对投资人分配的情况下）与剩余资产相抵，最终余额为零。仍以例[11-4]资料为基础,编制清算终结日资产负债表格式见表9-11。

表9-11 清算终结日资产负债表

编制单位:BL公司　　200×年×月×日　　金额:元

资　产	金　额	负债和清算净资产	金　额
担保资产	0	担保负债	0
抵消资产	0	抵消负债	0
受托资产	0	受托负债	0
合 计	0	合 计	0
破产资产	0	破产负债	0
		负债合计	0
		清算净资产	(1 275 800)
		清算净损益	1 275 800
资产总计	0	负债和清算净资产总计	0

(二)破产清算损益表

破产清算损益表是反映破产企业清算期间损益发生及最终结果的会计报表。一般在破产清算结束时编制,其主要项目包括破产清算收益、破产清算损失、破产清算费用和破产清算净损益等。仍以例[11-4]中资料说明破产清算损益表基本格式,见表9-12。

表9-12 破产清算损益表

编制单位:BL公司　　200×年×月×日　　金额:元

项　目	金　额
破产清算收益	1 994 500①
减:破产清算费用	172 000
破产清算损失	146 700②
破产安置费用	400 000
破产清算净损益	1 275 800

说明:

①其中土地转让收益为扣除了营业税,但未扣除400 000元破产安置费用的总额,共计522 500元(550 000-27 500)。

②2 000+15 000+88 700+11 000+30 000=146 700(元)。

除以上报表外,破产清算会计报表还包括净资产变动表、债务清偿和剩余财产分配表。此外,还可以根据需要编制破产清算财产表、货币资金收支表等。

【复习思考题】

1.什么是企业重组,企业重组主要有哪些常见的形式?

2.破产、清算和重组之间是何关系?

3.企业重整会计的主要内容有哪些方面?

4.什么是改组和准改组,准改组会计处理的程序和重点是什么?

5.破产清算会计的基本前提与持续经营状态下有何本质不同?

6.清算的基本程序和清算会计的主要内容是什么?

CHAPTER 10　第十章

关联方交易及其信息披露

【学习目标】

1.了解关联方的定义。

2.理解关联方交易的含义。

3.掌握关联方交易的类型与披露要求。

第一节　关联方披露概述

一、关联方关系的含义及特征

关联方一般是指有关联的各方。关联方关系是指有关联的各方之间存在的内在联系。《企业会计准则第36号——关联方披露》规定:一方控制、共同控制另一方或对另一方施加重大影响,以及两方或两方以上同受一方控制、共同控制或重大影响的,构成关联方。因此,关联方关系往往存在于控制或被控制、共同控制或被共同控制、施加重大影响或被施加重大影响的各方之间。

关联方具有以下特征:

一是关联方涉及两方或多方。关联方关系是有关联的双方或多方之间的相互关系。关联方关系必须存在于两方或多方之间,任何单独的个体不能构成关联方关系。例如,一个企业不能构成关联方关系。

二是关联方以各方之间的影响为前提。这种影响包括控制或被控制、共同控制或被共同控制、施加重大影响或被施加重大影响的各方之间。即建立控制、共同控制和施加重大影响是关联方存在的主要特征。

二、关联方交易对会计信息的影响

企业在日常的经营活动中,必然涉及诸多方面,如供应商、代理商等。在不存在关联方关系的情况下,企业之间发生的交易往往是建立在公平基础上的交易。但在存在关联方关系时,关联方之间的交易就可能不是建立在公平交易基础上进行的。有时候,关联方之间可能通过虚假交易来达到粉饰财务报告、欺骗报表使用者的目的。即使关联方交易是在公平交易基础上进行的,重要关联方交易的披露也是有用的。因为它提供了未来可能再发生,而且很可能以不同形式的交易类型的信息。因此,关联方关系及其交易是财务报表附注中需要披露的重要内容。对关联方关系及其交易的披露,有助于会计信息使用者了解企业真实的财务状况和经营成果,对保证企业会计信息的充分披露、加强证券市场和税务监管等具有重要意义。

三、关联方关系的认定

关联方关系的存在是以控制、共同控制或重大影响为前提条件的。在判断是否存在关联方关系时,尤其应当遵守实质重于形式的原则。

在判断关联方关系是否存在的时候,包括横向关系和纵向关系两种。从纵向上看,控制、共同控制和重大影响的企业之间都是关联方,企业和其主要的投资者和关键的管理人员以及这些人的家庭成员之间也构成关联方。从横向上讲,我国会计准则只把同受一个企业控制的企业之间的关系认定为关联关系,而同受共同控制和同受重大影响的企业不作为关联方。同样,共同控制者之间,能施加重大影响的各方也不作为关联方。但是,把该企业主要投资者个人、关键管理人员或与其关系密切的家庭成员控制、共同控制或可施加重大影响的其他企业与该企业作为关联企业。

目前在我国,关联方关系存在于:

(1)该企业的母公司,不仅包括直接或间接地控制该企业的其他企业,也包括能够对该企业实施直接或间接控制的单位等。

①某一个企业直接控制一个或多个企业。例如,母公司控制一个或若干个子公司,则母公司与子公司之间即为关联方关系。

②某一个企业通过一个或若干个中间企业间接控制一个或多个企业。例如,母公司通过其子公司,间接控制子公司的子公司,表明母公司与其子公司的子公司存在关联方关系。

③一个企业直接地和通过一个或若干中间企业间接地控制一个或多个企业。例如,母公司对某一企业的投资虽然没有达到控股的程度,但由于其子公司也拥有该企

业的股份或权益，如果母公司与其子公司对该企业的投资之和达到拥有该企业一半以上表决权资本的控制权，则母公司直接和间接地控制该企业，表明母公司与该企业之间存在关联方关系。

(2)该企业的子公司，包括直接或间接地被该企业控制的其他企业，也包括直接或间接地被该企业控制的单位、信托基金等。

(3)与该企业受同一母公司控制的其他企业。因为两个或多个企业有相同的母公司，对它们都具有控制能力，即两个或多个企业如果有相同的母公司，它们的财务和经营政策都由相同的母公司决定，各个被投资企业之间由于受相同母公司的控制，可能为自身利益而进行的交易受到某种限制。因此，关联方披露准则规定与该企业受同一母公司控制的两个或多个企业之间构成关联方关系。例如，该企业与受其母公司控制的其他公司之间构成关联方关系。

(4)对该企业实施共同控制的投资方。这里的共同控制包括直接的共同控制和间接的共同控制。需要强调的是，对企业实施直接或间接共同控制的投资方与该企业之间是关联方关系，但这些投资方之间并不能仅仅因为共同控制了同一家企业而视为存在关联方关系。

[例 10－1] A、B、C 三个企业共同控制 D 企业，从而 A 和 D、B 和 D 以及 C 和 D 成为关联方关系。如果不存在其他关联方关系，A 和 B、A 和 C 以及 B 和 C 之间不构成关联方关系。

(5)对该企业施加重大影响的投资方。这里的重大影响包括直接的重大影响和间接的重大影响。对企业实施重大影响的投资方与该企业之间是关联方关系，但这些投资方之间并不能仅仅因为对同一家企业具有重大影响而视为存在关联方关系。

[例 10－2] A 企业和 C 企业均能够对 B 企业施加重大影响，如果 A 和 C 不存在其他关联方关系，则 A 和 C 不构成关联方关系。

(6)该企业的合营企业。合营企业，指按照合同规定经营活动由投资双方或若干方共同控制的企业。合营企业的主要特点在于投资各方均不能对被投资企业的财务和经营政策单独做出决策，必须由投资各方共同做出决策。因此，合营企业是以共同控制为前提的，两方或多方共同控制某一企业时，该企业则为投资者的合营企业。

[例 10－3] A、B、C、D 企业各占 F 企业表决权资本的 25%，按照合同规定，投资各方按照出资比例控制 F 企业，由于出资比例相同，F 企业由 A、B、C、D 企业共同控制，在这种情况下，A 和 F、B 和 F、C 和 F 以及 D 和 F 之间构成关联方关系。

需要注意的是，在合营企业中的共同控制通常仅指直接共同控制，不包括间接共同控制；联营企业中的重大影响通常仅指直接重大影响，不包括间接重大影响。

[例 10－4] 企业 A、B、C、D、E，A 和 B 共同控制 C 和 D，C 和 D 又共同控制 E，在这

种情况下,我们将A和C、A和D、B和C、B和D、C和E、D和E视为关联方,A和E、B和E不视为关联方。

(7)该企业的联营企业。联营企业,指投资方对其具有重大影响,但不是投资者的子公司或合营企业的企业。联营企业和重大影响是相联系的,如果投资者能对被投资企业施加重大影响,则该被投资企业视为投资者的联营企业。

(8)该企业的主要投资者个人及与其关系密切的家庭成员。主要投资者个人,是指能够控制、共同控制一个企业或者对一个企业施加重大影响的个人投资者。

①某一企业与其主要投资者个人之间的关系。

[例10-5]张三是A企业的主要投资者,则A企业与张三构成关联方关系。

②某一企业与其主要投资者个人关系密切的家庭成员之间的关系。

[例10-6]A企业的主要投资者张三的儿子张小三与A企业构成关联方关系。

(9)该企业或其母公司的关键管理人员及与其关系密切的家庭成员。关键管理人员,指有权力并负责计划、指挥和控制企业活动的人员。通常情况下,企业关键管理人员负责管理企业的日常经营活动,并且负责制订经营计划、战略目标、指挥调度生产经营活动等,主要包括董事长、董事、董事会秘书、总经理、总会计师、财务总监、主管各项事务的副总经理以及行使类似职能的人员等。

①某一企业与其关键管理人员之间的关系。

[例10-7]B企业的总经理与B企业构成关联方关系。

②某一企业与其关键管理人员关系密切的家庭成员之间的关系。

[例10-8]A企业的总经理张三的儿子张小三与A企业构成关联方关系。

(10)该企业主要投资者个人、关键管理人员或与其关系密切的家庭成员控制、共同控制或施加重大影响的其他企业。与主要投资者个人或关键管理人员关系密切的家庭成员,是指在处理与企业的交易时可能影响该个人或受该个人影响的家庭成员,例如父母、配偶、兄弟、姐妹和子女等。判断与主要投资者个人或关键管理人员关系密切的家庭成员是否为一个企业的关联方,应当视他们在处理与企业交易时的互相影响程度而定。对于这类关联方,应当根据主要投资者个人、关键管理人员或与其关系密切的家庭成员对两家企业的实际影响力具体分析判断。

①某一企业与受该企业主要投资者个人控制、共同控制或施加重大影响的其他企业之间的关系。

[例10-9]A企业的主要投资者H拥有B企业60%的表决权资本,则A和B存在关联方关系。

②某一企业与受该企业主要投资者个人关系密切的家庭成员控制、共同控制或施加重大影响的其他企业之间的关系。

[例 10-10] A 企业的主要投资者 Y 的妻子拥有 B 企业 60%的表决权资本,则 A 和 B 存在关联方关系。

③某一企业与受该企业关键管理人员控制、共同控制或施加重大影响的其他企业之间的关系。

[例 10-11] 甲企业的关键管理人员 H 控制了 B 企业,则甲企业和 B 企业存在关联方关系。

④某一企业与受该企业关键管理人员关系密切的家庭成员控制、共同控制或施加重大影响的其他企业之间的关系。

[例 10-12] A 企业的财务总监 Y 的妻子是 B 企业的董事长,则 A 和 B 存在关联方关系。

企业设立的企业年金基金也构成企业的关联方。

关联方关系界定的例外情况:如上所述,控制、共同控制和重大影响是判断关联方关系的基本标准,因此不符合标准的应当排除在外,具体包括:

(1)与该企业发生日常往来的资金提供者、公用事业部门、政府部门和机构,以及与该企业发生大量交易而存在经济依存关系的单个客户、供应商、特许商、经销商和代理商之间,不构成关联方关系。因为企业在日常经营活动中,往往与资金提供者、公用事业部门,与企业发生大量交易的供应商、代理商、购买者等往来比较密切,特别是国有企业与政府部门和机构也有较多的联系,如果他们之间不存在控制和被控制、共同控制和被共同控制、施加重大影响和被施加重大影响,通常情况下不构成关联方关系。

(2)与该企业共同控制合营企业的合营者之间,通常不构成关联方关系。因为如果两个企业按照合同分享一个合营企业的控制权,某个企业单方面无法做出合营企业的经营和财务的决策,而合营企业是一个独立的法人,合营方各自对合营企业有重大影响,但各合营者无法影响其他合营者。在没有其他关联关系的情况下,仅因为某一合营企业的共同合营者,不能认定各合营者之间是关联方。

但这也带来一些潜在的问题,虽然合营企业中的任一方都不拥有对合营企业的独自控制权,但投资双方或多方之间也形成了一个经济利益共同体,它们之间或多或少也就存在一定的经济联系。它们之间经济联系的隐蔽性,使得人们往往忽略其作为关联方的必要性,使一些合营企业钻了法律的漏洞。

[例 10-13] A 企业和 B 企业共同控制 C 企业,A 企业出于一定的目的计划进行一项非公允的关联方交易,为了掩人耳目,A 企业向 B 企业寻求帮助,并承诺在以后对 C 企业的共同控制中给予 B 企业更多的好处,B 企业考虑到自身的经济利益,答应进行此项交易。不难看出,这实质就是一笔非公允的关联方交易,目前却不被法律约

束,对这方面的规范还有待完善。

(3)仅仅同受国家控制而不存在控制、共同控制或重大影响关系的企业,不构成关联方关系。因为在我国国有经济规模大,国有企业仍然占有相当的比重,包括上市公司,国有企业之间的交易数量往往占重要部分。如果我们把这一部分国有企业都视为关联方,这些企业之间的交易都作为关联交易来处理,在现实当中是无法操作的。特别是我们的国有商业银行,由于涉及的面更广,如果把它们都作为关联方,就扭曲了关联方及其交易的本质,掩盖了真正的关联方及其交易。所以,如果将同受国家控制的企业之间视为关联方,在不存在控制、共同控制和重大影响时,则所有的国有企业由于其拥有共同的所有者而都成为关联方,这就扩大了关联方的范围,对国家控制的企业之间的交易予以披露,既无必要,又增加了企业的信息披露成本。

(4)受同一方重大影响的企业之间不构成关联方。例如,通体个投资者的两家联营企业之间不构成关联方;仅拥有同一位关键管理人员的两家企业之间不构成关联方,某人既是一家企业的关键管理人员,同时又能对另一家企业实施重大影响,在不存在其他关联方关系的情况下,这两家企业不构成关联方。

第二节　关联方交易的披露

一、关联方交易的概念及特征

(一)关联方交易的概念

关联方交易,是指关联方之间转移资源、劳务或义务的行为,而不论是否收取价款。按照关联方定义,构成关联方关系的企业之间、企业与个人之间的交易,即通常是在关联方关系已经存在的情况下,关联各方之间的交易。关联方之间资源或义务的转移价格,是了解关联方交易的关键。

(二)关联方交易的特征

资源或义务的转移是关联方交易的主要特征,通常情况下,在资源或义务转移的同时,风险和报酬也相应转移。判断是否属于关联方交易,应以交易是否发生为依据,而不是以是否收取价款为前提。

(三)关联方交易的类型

关联方交易的类型主要有:

(1)购买或销售商品。购买或销售商品是关联方交易较常见的交易事项。例如，企业集团成员之间互相购买或销售商品，从而形成了关联方交易。

(2)购买或销售除商品以外的其他资产。例如，母公司出售给其子公司设备或建筑物等。

(3)提供或接受劳务。例如，A 企业是 B 企业的联营企业，A 企业专门从事设备维修服务，B 企业的所有设备均由 A 企业负责维修，B 企业每年支付设备维修费用 500 万元。

(4)担保。担保包括在借贷、买卖、货物运输、加工承揽等经济活动中，为了保障其债权实现而实行的担保等。当存在关联方关系时，一方往往为另一方提供为取得借款、买卖等经济活动中所需要的担保。

(5)提供资金(贷款或股权投资)。例如，企业从其关联方取得资金，或权益性资金在关联方之间的增减变动等。

(6)租赁。租赁通常包括经营租赁和融资租赁等，关联方之间的租赁合同也是主要的交易事项。

(7)代理。代理主要是依据合同条款，一方可为另一方代理某些事务，如代理销售货物，或代理签订合同等。

(8)研究与开发项目的转移。在存在关联方关系时，有时某一企业所研究与开发的项目会由于一方的要求而放弃或转移给其他企业。例如，B 公司是 A 公司的子公司，A 公司要求 B 公司停止对某一新产品的研究和试制，并将 B 公司研究的现有成果转给 A 公司最近购买的、研究与开发能力超过 B 公司的 C 公司继续研制，从而形成关联方交易。

(9)许可协议。当存在关联方关系时，关联方之间可能达成某项协议，允许一方使用另一方商标等，从而形成了关联方之间的交易。

(10)代表企业或由企业代表另一方进行债务结算。

(11)关键管理人员薪酬。企业支付给关键管理人员的报酬，也是一项主要的关联方交易。

关联方交易还包括就某特定事项在未来发生或不发生时所作出的采取相应行动的任何承诺，例如(已确认及未确认的)待执行合同。

二、关联方交易的披露原则

(1)企业无论是否发生关联方交易，均应当在附注中披露与母公司和子公司有关的下列信息：

①母公司和子公司的名称。母公司不是该企业最终控制方的，还应当披露最终

控制方名称。母公司和最终控制方均不对外提供财务报表的,还应当披露母公司之上与其最相近的对外提供财务报表的母公司名称。

②母公司和子公司的业务性质、注册地、注册资本(或实收资本、股本)及其变化。

③母公司对该企业或者该企业对子公司的持股比例和表决权比例。

(2)企业与关联方发生关联方交易的,应当在附注中披露该关联方关系的性质、交易类型及交易要素。交易要素至少应当包括:

①交易的金额。

②未结算项目的金额、条款和条件,以及有关提供或取得担保的信息。

③未结算应收项目的坏账准备金额。

④定价政策。

(3)关联方交易应当分别关联方以及交易类型予以披露。

类型相似的关联方交易,在不影响财务报表阅读者正确理解关联方交易对财务报表影响的情况下,可以合并披露。

(4)企业只有在提供确凿证据的情况下,才能披露关联方交易是公平交易。

【复习思考题】

1.关联方交易的类型有哪些?

2.甲公司拥有乙公司和丙公司各60%的股权,乙公司和丙公司分别拥有丁公司35%的股权。分析:甲公司能够控制丁公司吗?

3.A公司持有B公司80%的股份,B公司持有C公司90%的股份,持有D公司60%的股份,假定不存在其他影响控制的因素。分析:B公司与哪些企业构成关联方关系?

CHAPTER 11 第十一章 分支机构会计

【学习目标】

1.了解分支机构的概念与常见类型。

2.理解分支机构会计的主要内容和基本特点。

3.掌握分支机构会计处理的程序和方法、联合报表的主要内容,以及分部报告的类型和披露要点。

第一节　分支机构会计概述

一、分支机构的概念与特点

分支机构(Branches)是指企业根据业务发展的需要设立的下属机构,根据企业的计划或指令从事经营活动,以企业名义完成特定的任务。一般是指企业设立的销售单位和办事机构,如分公司、分店等,或者是生产型的下属部门如分厂。对于跨地区经营的企业,可以通过在各地设立分支机构或销售代理处的方式拓展经营的区域范围。

分支机构本身并不是一个独立的法律实体,而是企业的一个组成部分,它没有独立的资本,经营所需资金完全由企业总部拨给,在业务类型、范围和经营方针等各方面都要受到总部的控制,同时,分支机构的一切业务活动都以总部或总公司的名义进行。但在多数情况下,为了反映信息的方便,分支机构仍被视为是一个相对独立的会计个体,需要单独核算本身的资金运动、财务状况和经营成果。不过,视总部与分支机构权限的划分情况，某些分支机构也可以不单独设账核算，而是由总部集中进行会计处理。

很多企业为了在异地经营的方便，经常设立销售代理处（agency），或者称为代办处、办事处等，这种销售代理处也是企业的下属机构，并且从事与企业经营有关的业务或提供相关服务，但并不属于分支机构的范畴，与分支机构的性质有所不同。分支机构与销售代理处的主要区别，体现在业务独立性和经营自主权上。销售代理处通常不直接经销商品，没有独立开展经营的权限，无法与客户谈判或签约，也不能单独开具发票或办理收款，而是主要按照总部要求，开展商品展示、推介、业务联系等为总部经营服务的活动，代办的是企业总部的业务，不具有独立性，并且一切听从总部安排，没有经营自主权，也不需要单独核算收支和盈亏。而分支机构可以独立从事商品购销或劳务提供业务，比销售代理处有更多的经营自主权，同时也需要独立核算。但如果分支机构只核算现金收支业务，而将销售、购货、收款等业务归于总部统一核算时，它与销售代理处就没有实质差别。分支机构与销售代理处的具体区别主要表现在以下几个方面：

1. 商品库存和购销权限不同

销售代理处通常只陈列样品以供客户挑选，其本身没有商品存货，也不经营商品购销业务，也不可以自行向其他厂商购进商品。分支机构通常拥有完备的商品存货，除了向公司总部进货之外，也可以自行向其他厂商购进商品。

2. 具体业务范围、权限和性质不同

销售代理处在客户看样订货后，即将购货订单转交公司总部，由公司总部决定客户享受的赊销条件及赊销额度，并由公司总部直接向客户交货，由销售引起的应收账款和收入也由公司总部登记入账，并由总部负责款项的催收。与此相反，分支机构在客户订货后，由分支机构自行决定客户享受的赊销条件及其赊销额度，并由分支机构直接向客户交货，赊销商品引起的应收账款和销售收入也由分支机构登记入账，并自行负责款项的催收。

3. 资金管理和使用方面不同

销售代理处内需设置定额备用金，由公司总部拨款以应付日常开支，经费用完时向公司总部报销补足，除此之外，代理处不经办其他现金收支业务。而分支机构可以自己的名义在银行开户，收到的销货款项存入银行，发生的营业费用也由分支机构开具支票直接支付。

二、分支机构的类型及核算制度的划分

分支机构往往开设在公司总部以外的地区或城市，也可以开设在与公司总部同

一城市的不同城区。企业设立分支机构，应由企业法人向工商行政管理部门申请登记，经登记主管机关核准，领取营业执照，并在核准登记的经营范围内从事经营活动。

分支机构可以有不同的形式和名称。在多数企业中一般称为分公司，例如中国保险公司山东分公司；在有些商业企业中称为分店，例如上海第一百货商店淮海路分店；在银行系统一般称为分行或支行，如中国银行山东省分行；在证券公司则称为营业部，例如君安证券公司济南营业部；在有些工业企业中称为分厂，等等。本章主要以分公司为例加以说明。

对于分支机构的会计核算，既可以采用集中核算制度，也可以采用分级核算制度。集中核算制度是将分支机构的业务纳入总部核算，作为企业整体业务的一部分，而不将分支机构视为一个独立的会计主体。分级核算制度则是将分支机构视作独立的会计主体，由其自行开立有关账户并核算分支机构发生的经济业务，总部与各分支机构之间按照层级划分不同的核算范围。严格说来，集中核算制度下将分支机构作为总部的一种延伸，并未将分支机构业务从总部的会计核算中独立出来，而是混合在总部核算之中，在核算内容和方法上都没有与企业的一般业务进行区分，所以称不上真正意义上的分支机构会计。因此，本章主要从分级核算角度介绍分支机构会计。

三、分支机构会计的内容和特点

分支机构会计是记录和报告企业分支机构经济活动和财务状况及经营成果的一整套会计程序和方法。其内容包括分支机构各种交易和事项的会计处理，其中既有根据总部指令从事的对外业务，也有与总部之间发生的各种往来，范围涉及分支机构的资产、负债、收入和费用等。

作为一个会计主体存在的分支机构，需要设置一套账簿，用来记录从公司总部收到的营运资金和商品存货，以及对外发生的购货、销货、应付与应收款项、销售费用等等，并定期编制会计报表，向公司总部报告。会计科目的名称与编号、会计报表的内容与格式，以及内部控制制度和会计政策选择，一般由公司总部事先规定。

需要强调的是，分支机构应予入账的会计事项，应是分支机构能够控制因而可以负责的各种资产、负债、收入和费用，比如应收账款和销售费用等；至于分支机构不能控制的各种会计事项，比如固定资产计价和折旧费用的计提等，往往由公司总部集中进行核算和管理。但是，总部或分支机构各自所发生的费用，有些是应由总部与分支机构共同负担的，需要在总部与分支机构之间进行分摊，如由总部统一支付的广告费，分支机构也要适当负担。与之类似，由总部统一核算的某些固定资产所产生的折旧费用，也可能将相应部分分摊给分支机构。

与普通企业相比，分支机构会计核算有以下几个特点：

(1)分支机构不是独立的企业,与总部之间也不是投资关系,因此一般不需要设置权益类账户核算资本,只反映有关的资产、负债和收入、费用。

(2)无论总部还是分支机构,在与企业外部的第三方进行交易时,都按照通常程序和方法进行会计处理,所以分支机构会计处理的主要问题,是与总部之间的交易和事项。总部与分支机构之间的交易和事项,总部通常通过“分支机构往来”账户记录,分支机构通常采用“总部往来”账户记录。

(3)总部与分支机构同属一个企业,同时分支机构受总部控制,因此,总部与分支机构之间的交易,与企业外部交易的会计处理方法有所不同。在交易的计价方面,视不同交易类型,可分别采用成本法、成本加成法或售价法等。

(4)如果分支机构单独进行会计核算,则总部与分支机构是通过各自独立的会计系统记录并单独提供会计报表的,但总部及分支机构单独的会计报表一般仅供企业内部使用。整个企业的会计报表是根据总部与分支机构各自单独的会计报表及其他相关资料编制而成的联合会计报表(或称汇编会计报表,Combined Financial Statements)。联合会计报表将总部与分支机构视为一个联结在一起的企业整体,总部与分支机构之间的交易在编制过程中抵消。

上述特点决定了分支机构会计不但不同于单一企业会计,也不同于母子公司会计。单一会计主体是单一核算、单一报告的,而分支机构会计是总部与分支机构分别核算、集中报告的。母子公司之间不但有商品购销、劳务提供等一般的业务往来,还有投资、融资、股利分配等多种交易和事项,相比之下,分支机构会计无论在内容、范围还是方法上都简单很多,而且母子公司之间是独立核算、独立编报的,但在个别报表基础上,还要编制合并报表。分支机构不需要单独编报,至多只是向企业总部提供部分会计信息,而且这些信息无论在内容的完整性还是格式的规范性方面,都不需要与正式会计报告完全一致,在这一点上与单一主体会计相似;但在纳入联合报表的汇编过程中,对总部与分支机构之间的业务往来需要抵消调整,这一点又类似于合并报表。

另外,由于分支机构与销售代理处在组织上和管理上的不同特点,决定了它们在会计核算上也存在明显的差异。总体上,销售代理处会计比分支机构会计明显简单,一般只需设置现金账簿,用以记载由公司总部拨付或报销补足的备用金,以及用于日常开支的备用金支出,而不需要设置其他反映资产、负债和收入、费用的账户。这是因为代理处的业务是代理总部活动,而且这些业务也是由总部进行核算的,代理处没有自己的独立业务和资产,也不具备对外从事经营和承担义务的资格及能力。至于公司总部账面上如何记录销售代理处的有关业务,需视代理处的净收益是否要单独反映而定。如果不需要单独反映和考核代理处经营业绩,总部只需通过“备用金”账户反映与代理处业务有关的资金活动；如果需要单独核算代理处经营损益，则总部需要为代理处单独设置收入和费用账户，或在有关账户中为代理处开设相应的明细账。

第二节　分支机构会计账务处理

一、分支机构核算的账户设置

如前所述，分支机构在设置账户时，一般不需要设置权益类账户，而只需设置资产、负债和相关的收入、费用类账户。

对于总部与分支机构之间的交易和事项，总部通常通过“分支机构往来”账户记录，分支机构通常采用“总部往来”账户记录（在我国现行会计准则体系之下，类似账户也可设在“其他应收款”和“其他应付款”科目之下）。“分支机构往来”与“总部往来”账户为总部与分支机构的两个对应账户，其记载内容相同，都是总部与分支机构之间的资金往来和内部债权债务关系。这两个账户都具有混合性质，也就是将债权和债务同时反映在一个账户内，借方表示债权（资产），贷方表示债务（负债），期末则应根据余额方向判断其性质。比如，分公司收到总公司发来的商品时，一方面借记“库存商品”等反映存货资产增加，另一方面则贷记“总部往来”以反映对总部负债的增加，当分公司将销售款汇往总公司时，则借记“总部往来”，表示对总部负债的减少，而当总公司因经营需要挪借分公司款项时，分公司也应借记“总部往来”，表示的是对总部债权的增加，期末“总部往来”如为借方余额，代表分支机构对总部的债权，反之，贷方余额代表分支机构对总部的债务。

除反映总部与分支机构之间往来事项之外的其他账户，如资产、负债、收入和费用等，分支机构的设置和登记方法与总部基本一致。

二、分支机构主要账务处理事项

企业分支机构会计主要处理分支机构的各种交易和事项，包括根据总部指令从事的对外业务，也包括与总部之间的各种往来，范围涉及资产、负债、收入和费用的确认、计量和记录等。其中最重要和基本的内容是分支机构销售收入与相关费用的核算，以及与总部之间的资产划拨、款项收付和内部债权债务结算。对于投资和长期资产的管理与核算，包括折旧费用的计提等，一般由公司总部集中进行。但是，如果总部发生的某些费用需要由分支机构共同负担的，则分支机构也要反映相关总部费用的分摊。

当企业拨付资金设立分支机构时，在总部和分支机构的账面上都应加以记录。在分支机构方面，收到总部拨付的款项和存货、固定资产等资产时，应通过借记有关资产，贷记“总部往来”账户，反映收到总部拨来的货币资金、商品存货或其他资产；凡向总部拨回现金、商品存货或其他资产时，则借记“总部往来”账户，贷记相关资产账户。每次结账时，分支机构所获得的净收益或净损失都转入该账户的贷方或借方。在公司总部方面，则要通过对应账户即“分支机构往来”账户的借方，记载所有拨付给分支机构的现金、商品存货或其他资产，由分支机构拨回的现金、商品存货和其他资产，记入该账户贷方。每次结账时，公司总部根据分支机构报来的财务报表，将其净收益或净损失记入该账户的借方或贷方。如果一个企业有许多分支机构，公司总部可以设置一个总的控制账户，在控制账户下再按不同分支机构设置明细账户。这两个账户的核算内容可列示如表 11－1。

表 11－1　公司总部账户与分支机构账号的比较

公司总部账户		分支机构账户	
分支机构往来		总部往来	
借方	贷方	借方	贷方
转移给分支机构的资产，或应向其收取的债权	从分支机构收到的资产，或应向其偿付的债务	转移给公司总部的资产，或应向其收取的债权	从公司总部收到的资产 ，或应向其偿付的债务
分支机构的净收益	分支机构的净损失	分支机构的净损失	分支机构的净收益

可以看到，上述两个账户记录的内容其实是相同的，只是方向相反。从总部立场看，“分支机构往来”既可看做长期投资账户，也可看做应收项目账户；从分支机构立场看，“总部往来”既可看做所有者权益账户，也可看做负债账户。如果两个账户同时记录有关业务，其余额应是一致的。总部在编制财务报表时，将分支机构会计报表与自身的会计报表进行合并汇编，在汇编过程中，相互对应的“总部往来”与“分支机构往来”账户应相互抵消。

在大多数情况下，分支机构的商品存货往往由公司总部集中购买，再交付给分支机构。但有些情况下，公司总部也可授权分支机构对外采购部分存货。这时，其账务处理程序与总部的一般商品购销业务会计处理相同。当公司总部购买商品存货再交付分支机构出售时，发出的存货可以按成本计价，也可以按高于成本即成本加成或零售价计价。计价方法的不同，既影响到交付给分支机构存货的入账金额，同时也会影响到汇编联合报表的编制程序。

公司总部与分支机构对商品存货的核算既可采用定期盘存制，也可采用永续盘存制。如果采用定期盘存制，在公司总部账上可在“发出商品”账户下设置“发交分支机构存货"账户,该账户是存货的备抵账户;在分支机构方面则应设置"总部发来存货"账户,该账户实质上相当于核算分支机构向公司总部购货的账户。由于这两个账户具有相互对应性,在编制汇总财务报表时应加以抵消。如果采用永续盘存制,对于公司总部与分支机构间转移商品存货的交易,可直接记录有关存货账户,不需再设上述对应账户。

三、分支机构核算举例

(一)销售代理处会计

相对于分支机构会计而言,销售代理处会计比较简单,一般只需设置一本现金登记簿,用以记载由公司总部拨付或报销补足的备用金收入,以及应付日常开支的备用金支出。至于公司总部账上有关销售代理处业务的记录,需视代理处的净收益是否要单独反映而定。

1.不单独确认代理处的净收益

如果不需要销售代理处的详细资料,则公司总部不单独确认代理处的净收益。

[例 11-1] 20×8 年 5 月,甲公司设立代理处 A,负责对外销售部分商品。

(1)20×8 年 5 月 6 日,公司总部拨付 A 代理处现金 5 000 元,建立定额备用金:

借:备用金——A 代理处　　5 000

　贷:库存现金　　5 000

(2)20×8 年 6 月 2 日,发给 A 代理处样品一批,成本 8 000 元:

借:发出商品——A 代理处　　8 000

　贷:库存商品　　8 000

(3)20×8 年 6 月 10 日,A 代理处销售商品一批,报请总部发货,售价 120 000 元,成本 95 000 元,假设不考虑相关税费:

借:应收账款　　120 000

　贷:主营业务收入　　120 000

借:主营业务成本　　95 000

　贷:库存商品　　95 000

(4)20×8 年 6 月 30 日,A 代理处报销费用 3 500 元,总部补足其备用金:

借:销售费用　　3 500

　贷:库存现金　　3 500

(5)20×8 年 7 月 1 日,总部代为 A 代理处支付产品展览费用 16 000 元:

借:销售费用　　16 000

贷:银行存款 16 000

(6)20×8年12月31日,按照成本与可变现净值孰低法,将A代理处的样品存货调整为可变现净值6 000元:

借:资产减值损失 2 000

贷:发出商品——A代理处 2 000

2.单独确认代理处的净收益

如果销售代理处的净收益需单独反映,代理处的有关营业收入和费用在记账时,就应同公司总部和其他代理处的收入和费用划分清楚。

[例11-2] 20×8年5月,甲公司设立代理处A,负责对外销售部分商品。

(1)20×8年5月6日,公司总部拨付A代理处现金5 000元,建立定额备用金:

借:备用金——A代理处 5 000

贷:库存现金 5 000

(2)20×8年6月2日,发给A代理处样品一批,成本8 000元:

借:发出商品——A代理处 8 000

贷:库存商品 8 000

(3)20×8年6月10日,A代理处销售商品一批,报请总部发货,售价120 000元,成本95 000元,假设不考虑相关税费:

借:应收账款 120 000

贷:主营业务收入——A代理处 120 000

借:主营业务成本——A代理处 95 000

贷:发出商品——A代理处 95 000

(4)20×8年6月30日,A代理处报销费用3 500元,总部补足其备用金:

借:销售费用——A代理处 3 500

贷:库存现金 3 500

(5)20×8年7月1日,总部代为A代理处支付产品展览费用16 000元:

借:销售费用——A代理处 16 000

贷:银行存款 16 000

(6)20×8年12月31日,按照成本与可变现净值孰低法,将A代理处的样品存货调整为可变现净值6 000元:

借:资产减值损失——A代理处 2 000

贷:发出商品——A代理处 2 000

(7)期末,结计出A代理处的销售利润,并结转至总部:

借:主营业务收入——A代理处 120 000

贷:主营业务成本——A 代理处　　95 000
　销售费用——A 代理处　　19 500
　资产减值损失——A 代理处　　2 000
　本年利润——A 代理处　　3 500

借:本年利润——A 代理处　　3 500
　贷:本年利润　　3 500

由以上两例可见,无论是否单独反映代理处的净收益,代理处本身都不设账核算,有关分支机构的账务处理都是由企业总部统一进行,主要区别只是代理处的收入和费用是否在有关账户中(一般通过明细科目)单独加以反映。

(二)分支机构会计

对于单独设立并与总部分级核算的分支机构,需要单独设账反映分支机构的资产、负债、收入和费用等,其中与总部之间的业务往来又是核算的重点,而总分机构之间往来事项的关键在于有关往来业务的计价。一般说来,总部对分支机构常见的计价标准有按成本计价、按转账价格计价和按售价计价三种。

1. 按成本计价

在成本计价模式下,由公司总部转到分支机构的商品按照总部取得成本为标准计价,不需按市场价格或加成率进行调整,也不需要总部成本资料以外的信息来源。公司总部在发出商品时不能在账面上确认收益,只有在转回分支机构取得的收入时才能确认本期实现的净收益。另外,这种方式之下,分支机构的收益取决于总部在价格上的让步,而不是真正的经营能力的体现。所以,在公司总部编制会计报表时,不能将分支机构账面盈利直接合并到总公司经营业绩中,而需对这类事项进行调整。总体看来,在成本计价方式之下,有关分支机构的日常账务处理相对简单,但期末损益计算和调整相对复杂。

[例 11-3] 某企业设立了一家分公司,专门为其销售产品。

(1)在分公司设立当日,由总公司拨付经营所需资金 3 万元。假定不考虑相关税费。

总公司账务处理:

借:分支机构往来　　30 000
　贷:银行存款　　30 000

分公司账务处理:

借:银行存款　　30 000
　贷:总部往来　　30 000

(2)总公司将自产商品 1 000 件发送给分公司,由其代为销售。每件产品单位成本 120 元,单位售价 150 元。假定没有运杂费等相关税费。

总公司账务处理:

借:分支机构往来　　120 000

　贷:库存商品　　120 000

分公司账务处理:

借:库存商品　　120 000

　贷:总部往来　　120 000

(3)分公司从其他企业购买商品 100 件,单位成本 180 元,单位售价 240 元。商品已验收入库,价款尚未支付。假定未发生其他相关税费。

总公司不需进行账务处理。

分公司账务处理:

借:库存商品　　18 000

　贷:应付账款　　18 000

(4)分公司以现款支付营业费用 3 000 元。

总公司不需进行账务处理。

分公司账务处理:

借:销售费用　　3 000

　贷:银行存款　　3 000

(5)分公司将总公司发来的商品出售 60%,其中 60%已收到货款,其余款项两个月后收取;同时将从其他企业购入的商品全部出售,并收取了全部款项。

总公司不需进行账务处理。

分公司账务处理:

借:银行存款(150 000×60%×60%+240×100)　　78 000

　应收账款(150 000×60%×40%)　　36 000

　贷:主营业务收入(150 000×60%+240×100)　　114 000

借:主营业务成本(120 000×60%+180×100)　　90 000

　贷:库存商品　　90 000

(6)总公司为分公司垫付了广告费、保险费、固定资产维修费等共计 7 000 元,以现款支付,并分摊给分公司折旧费 6 000 元。

借:分支机构往来　　13 000

　贷:银行存款　　7 000

　　累计折旧　　6 000

分公司账务处理：

借：销售费用　　13 000

　贷：总部往来　　13 000

(7)分公司偿付从其他企业购货所欠货款 18 000 元。

总公司不需进行账务处理。

分公司账务处理：

借：应付账款　　18 000

　贷：银行存款　　18 000

(8)月末，分公司结存款项扣除下月留用部分 30 000 元，将剩余款项 57 000 元交付总公司。

总公司账务处理：

借：银行存款　　57 000

　贷：分支机构往来　　57 000

分公司账务处理：

借：总部往来　　57 000

　贷：银行存款　　57 000

至此，通过以上处理，总公司和分公司分别反映了涉及分支机构的各项交易和事项。汇总以上分录可以发现：总公司"分支机构往来"账户借方累计发生额 163 000 元，贷方发生额 57 000 元，调整前期末余额为借方 106 000 元；分公司本期"总部往来"账户贷方累计发生额 163 000 元，借方发生额 57 000 元，调整前期末余额为贷方 106 000元。二者数额刚好相互对应。同时，总公司从分公司收回现金 57 000 元，为分公司垫付购货款和各项费用共计 133 000 元(120×1 000＋13 000)，另拨付经营用现金 30 000 元；分公司期末结余存货成本 48 000 元，售价 60 000 元。

(9)期末，总公司与分公司进行账项调整和结转，确定本期净收益，并据以编制总公司联合报表。

分公司账务处理：

借：主营业务收入　　114 000

　贷：主营业务成本　　90 000

　　销售费用　　16 000

　　总部往来　　8 000

总公司账务处理：

借：分支机构往来　　8 000

　贷：本年利润　　8 000

经过以上调整,分支机构确定本期经营的净损益为 8 000 元(114 000 - 90 000 - 3 000 - 13 000),全数结转到总公司账户,"总部往来"账户余额为 114 000 元,对应的内容包括总公司拨付的经营用资金 30 000 元,期末未销售存货(由总公司拨付)成本 48 000元,和已经计入当期损益、但尚未收回的应收款项 36 000 元。按照上述调整所得到的有关账户期末余额,可以直接用作编制总公司联合会计报表的依据。

2.按转账价格或售价计价

总公司发送到分支机构的商品按照转账价格或售价计价,一般都高于成本计价,二者的区别只在于超过成本的幅度,所以在账务处理上基本相同。在总公司将商品发送到分支机构时,按照成本加成或市场售价进行计价,而价格高于成本的部分可计入"备抵存货溢价"账户;分支机构则按照总公司计价记录收到的存货成本。期末,总公司将存货计价高于成本部分与分支机构的相关记录相互抵消,并最终确定本期的净收益。

[例 11 - 4] 沿用[例 11 - 3]资料,假定总公司按照每件商品加成 20%计价,即按照每件 144 元作为发给分公司商品的成本,其他条件完全相同。

总公司在向分支机构发送商品时,应按加成方式计量有关商品:

总公司账务处理:

借:分支机构往来	144 000	
贷:库存商品		120 000
备抵存货溢价		24 000

分公司账务处理:

借:库存商品	144 000	
贷:总部往来		144 000

分公司销售由总公司发来的商品时,也按加成方式确定发出商品成本,即:

借:主营业务成本(144 000 × 60% + 180 × 100)	104 400	
贷:库存商品		104 400

除此以外,其他事项的会计处理与前例相同。

期末调整和结转时,需要在前例结算分公司盈亏并向总部结转的基础上,同时冲减有关存货溢价金额:

分公司账务处理:

借:主营业务收入	114 000	
总部往来	6 400	
贷:主营业务成本		104 400
销售费用		16 000

总公司账务处理：

借：本年利润　　　6 400

　　贷：分支机构往来　　　6 400

借：备抵存货溢价（24 000×60%）　　　14 400

　　贷：本年利润　　　14 400

经过以上调整，分支机构本年经营净损益为 14 400－6 400＝8 000（元），与成本计价方式下结果一致。这说明单纯计价方式的不同并不影响分支机构最终的损益结果。另外，“总部往来”账户余额为 123 600 元，对应的内容分别为总公司拨付的经营用资金 30 000 元，和已经记入当期损益、但尚未收回的应收款项 36 000 元，以及期末未销售存货（由总公司拨付）成本 57 600 元（其中包含未抵消的存货成本加成 24 000×40%＝9 600 元）。按照上述调整所得到的有关账户期末余额，可以用来作为编制总公司联合会计报表的依据。

3. 分支机构其他事项的会计处理

除了前面介绍的存货收发、款项拨付和债权债务结算等常见业务之外，企业的分支机构业务还涉及其他方面，如固定资产的调拨、无形资产的划转、各分支机构之间发生的交易等。

分支机构的固定资产与无形资产业务比较类似，都涉及有关资产在账面上的记录，折旧或摊销额的计提，以及后续支出的处理等。此处以固定资产为主进行分析。分支机构的固定资产业务有两种常见类型：其一是分支机构在得到总部批准后，自行购置部分固定资产，或由总部将有关资产划拨给分支机构，由分支机构自行使用和管理，并计提折旧和支付有关费用，这种情形下固定资产的有关业务实际上是分支机构内部的独立事项，在分支机构账面上采用与企业一般固定资产相同的方法进行会计处理，不需通过内部往来账户反映，也不需要在总部账面上反映；其二则是由企业总部将固定资产划拨给分支机构使用，或虽然批准分支机构自行购买固定资产，但仍然在总部账面上记录有关资产，而不将该资产记录在分支机构账面上，只是将与资产有关的如后续支出、折旧等事项，通过往来账户反映到分支机构并计入损益。严格说来，第一种类型与一般企业日常固定资产会计处理并无实质差异，第二种类型才是真正意义上的分支机构业务。但有些时候，企业对分支机构的固定资产管理未必完全按照以上方式划分，而可能是比较灵活的。比如，总部将有关固定资产拨付给分支机构各自使用和管理，但不由分支机构核算其折旧或负担修理费用，而是由总部统一计提并核算有关费用；再如，固定资产在总部账面上统一核算，同时折旧也由总部计提，但分支机构按一定标准分摊总部分来的部分折旧，或是与总部分别负担部分固定资产的后续支出。总之，分支机构固定资产如何反映，需要根据企业总部与分支机构之间对有关事项的具体划分和规定，按“实质重于形式”原则进行判断。

[例 11－5] 某企业的一家分厂提出增加固定资产以扩充生产规模的要求，总部同意并购买了相关资产，之后交付该分厂使用。购买资产成本为 20 万元，款项已支付。资产预计使用寿命 10 年，预计净残值为 0，由分厂按直线法计提折旧。该资产每年发生日常修理费用 2 000 元，由分厂自己负担，使用第 5 年中发生大修理支出 4 万元，由总部支付。

(1)购入资产并交付分厂时：

总部账务处理：

借：固定资产　　200 000

　　贷：银行存款　　200 000

借：分支机构往来　　200 000

　　贷：固定资产　　200 000

分厂账务处理：

借：固定资产　　200 000

　　贷：总部往来　　200 000

注：如果由企业总部统一进行固定资产核算，则固定资产仅反映在总部账面上，而不反映在分公司账面上。此时，只要由总部作出上述购置资产的第一笔会计处理，而不需要编制后面两笔分录。

(2)每年计提折旧时：

总部不需要做账务处理。

分厂账务处理：

借：制造费用　　20 000

　　贷：累计折旧　　20 000

(3)每年发生日常修理费用时：

总部不需做账务处理。

分厂账务处理：

借：制造费用　　2 000

　　贷：银行存款　　2 000

(4)发生大修理支出时：

总部账务处理：

借：分支机构往来　　40 000

　　贷：银行存款　　40 000

分厂账务处理：

借:长期待摊费用　　40 000
　　贷:总部往来　　40 000

摊销大修理费用时,不需要再通过往来账户,只需在分厂账面上将长期待摊费用转入当期损益。

当企业设有多个分支机构时,对于企业内部各个分支机构相互之间发生的交易,一般都是通过企业总部进行衔接。也就是说,各分支机构之间不设相互往来账户,而只设对总部的往来账户,各分支机构之间产生商品转移、资产调拨或款项划转时,视同分支机构分别与总部之间发生业务往来。比如,两家分支机构之间的商品转移,视作转出商品的分支机构将商品发送到总部,再由总部发送到接受商品的另一分支机构,两家分支机构分别通过其“总部往来”反映,总部也通过其“分支机构往来”分别反映与两家分支机构之间的交易和事项。这样的做法,主要是为了使企业内部各项业务均经过总部进行记录,这不仅可以使有关分支机构的业务在企业总部得到整体性的全面反映,也有利于总部加强对各分支机构的协调与控制,从而提高整个企业的管理效率。

[例 11-6]某公司下设两家分公司 A 和 B,其中 A 公司所生产的产品转交给 B 公司对外出售。某月,A 公司转交给 B 公司的产品成本为 20 万元,发生运杂费 2 000 元,由 A 分公司支付。

分公司 A 账务处理:

借:总部往来　　205 000
　　贷:库存商品　　200 000
　　　　银行存款　　5 000

总部账务处理:

借:库存商品　　205 000
　　贷:分支机构往来——A　　205 000
借:分支机构往来——B　　205 000
　　贷:库存商品　　205 000

分公司 B 账务处理:

借:库存商品　　205 000
　　贷:总部往来　　205 000

B 公司销售商品、结转损益等处理与前例相同,不再赘述。

第三节　联合报表与分部报告

一、联合报表的意义

虽然分支机构是一个相对独立的会计主体，也可以单独编制自己的会计报表，但由于分支机构本身并不具有真正意义上的企业法人资格，并不需要对外公开提供其会计报表，而只是对企业总部报送，而且主要是为了满足企业汇编联合报表的需要。另外，比起真正的企业主体，分支机构的业务种类比较有限，所以在内容、范围等方面，分支机构的会计报表都相对简化，格式方面也不像企业正式报表那样规范。因此，分支机构的会计信息，主要是由企业总部以联合报表的形式，纳入企业整体财务报告体系之内并对外报告。

联合报表，是在包含所有分支机构的企业整体基础上，将企业总部日常核算基础上形成的会计资料，与分支机构会计核算形成的有关资料，进行汇总、抵消调整后，以企业整体为报告主体编制的会计报表。

二、联合报表的基本内容、格式与编制方法

由于联合报表是以包含所有分支机构的整个企业为反映主体，所以在编报内容上与一般企业会计报表体系基本相同，主要包括联合资产负债表、联合利润表和联合现金流量表，以及会计报表附注等补充资料，并且采用与一般企业会计报表相一致的报表格式，主要的报表项目和列示方法也是相同的。

同样是因为联合报表以包含所有分支机构的企业整体为报告主体，所以对分支机构与总部之间的账项记录中重复的项目应进行抵减，并且将从整个企业角度看并不成立的内部交易和往来事项也相互抵消。比如，公司总部的“分支机构往来”和分支机构的“总部往来”账户，作为内部往来账户，可以相互抵消；又比如，采用高于成本计价方式计量的商品所包含的存货溢价，也应进行抵减。

概括起来，联合报表的编制程序主要是通过设立“联合报表工作底稿”，利用这一工具进行有关汇总和调整，并得到联合报表中的相关数据。具体步骤如下：

(1)将企业总部和分支机构各自会计报表数字或相关信息登记在工作底稿中，分别列示在适当项目之下；

(2)将分支机构会计报表中有关数据与总部适当项目的金额进行合计；

(3)对企业总部与分支机构之间的往来交易事项进行抵消，编制调整分录；

(4)根据调整分录调整工作底稿中各有关项目；

(5)根据汇总、调整后各项目金额，填列联合报表。

联合报表编制的具体方法与合并报表相类似，都是在有关个别报表的基础上进行汇总，并通过内部交易的抵消而编制的。有关内容可以参照合并报表部分，此处不再赘述。

三、分部报告的编报

(一)分部报告的意义与类型

对于分支机构较多的企业，存在多种经营或跨地区经营的，为了能够同时从整体和局部清晰地反映完整而具体的会计信息，除了编制联合报表，有时还需要编制分部报告以披露分部信息。

需要提供分部报告的一般分为业务分部和地区分部。

业务分部，是指企业内可区分的、能够提供单项或一组相关产品或劳务的组成部分，该组成部分承担了不同于企业其他组成部分的风险和报酬。对于某些企业而言，某一业务部门可能是一个业务分部，也可能由若干个业务部门组成一个业务分部；企业可能将生产某一种产品或提供某种劳务的部门作为一个业务分部，也可能将生产若干种(一组)相关产品或提供一组劳务的部门作为一个业务分部。在确定业务分部时，应当结合企业内部管理要求，并考虑下列因素：①各单项产品或劳务的性质，包括产品或劳务的规格、型号、最终用途等；②生产过程的性质，包括采用劳动密集或资本密集方式组织生产、使用相同或者相似设备和原材料、采用委托生产或加工方式等；③产品或劳务的客户类型，包括大宗客户、零散客户等；④销售产品或提供劳务的方式，包括批发、零售、自产自销、委托销售、承包等；⑤生产产品或提供劳务受法律、行政法规的影响，包括经营范围或交易定价限制等。比如，企业的内部管理按照垂直一体化经营的不同层次来划分的，即使其大部分收入不通过对外交易取得，仍可将垂直一体化经营的不同层次确定为独立的报告业务分部；又比如，企业的内部组织结构、管理结构以及向董事会或类似机构进行内部报告的制度安排，通常会考虑或结合企业风险和报酬的主要来源和性质等相关因素，也就成为判断业务分部的重要依据之一。

地区分部，是指企业内可区分的、能够在一个特定的经济环境内提供产品或劳务的组成部分，该组成部分承担了不同于在其他经济环境内提供产品或劳务的组成部分的风险和报酬。企业在确定地区分部时，主要是看作为某一分部的组成部分是否承担了不同于其他组成部分的风险和报酬，而不单纯是以某个行政区域作为划分依据，同时也应当结合内部管理要求，并考虑下列因素：①所处经济、政治环境的相似性，包括境外经营所在地区经济和政治的稳定程度等；②在不同地区经营之间的关系，包括在某地区进行产品生产，而在其他地区进行销售等；③经营的接近程度大小，包括在某地区生产的产品是否需在其他地区进一步加工生产等；④与某一特定地区经营相关的特别风险，包括气候异常变化等；⑤外汇管理规定，即境外经营所在地区是否实行外汇管制；⑥外汇风险。企业的风险和报酬，既可能受到其资产（经营）的地理位置的极大影响，也可能受到客户（市场）的地理位置的极大影响。在实务中，风险和报酬可能来自于前者也可能来自于后者。然而，企业的组织形式和内部报告结构通常会提供证据，用于判断企业的地区风险究竟是来自资产所在地还是客户所在地。例如，某企业主要生产机床，其总公司设在山东省，但在上海、浙江、内蒙古等地均设有制造厂，其生产的产品主要销售到国内各省（市），但也出口到韩国、瑞典、南非和阿联酋等国家。该企业就应当根据风险和报酬主要来自于资产所在地还是客户所在地，从而选择确定地区分部。

（二）分部信息的披露

两个或两个以上的业务分部或地区分部同时满足下列条件的，可以予以合并：①具有相近的长期财务业绩，包括具有相近的长期平均毛利率、资金回报率、未来现金流量等；②确定业务分部或地区分部所考虑的因素类似。

符合业务分部或地区分部的定义，按规定应予披露的业务分部或地区分部称为报告分部。报告分部的确定应当以业务分部或地区分部为基础，并且适当考虑重要性原则。业务分部或地区分部的大部分收入是对外交易收入，且满足下列条件之一的，应当将其确定为报告分部：①该分部的分部收入占所有分部收入合计的10%或者以上；②该分部的分部利润（亏损）的绝对额，占所有盈利分部利润合计额或者所有亏损分部亏损合计额的绝对额两者中较大者的10%或者以上；③该分部的分部资产占所有分部资产合计额的10%或者以上。

业务分部或地区分部未满足上述规定条件，也就是不满足重要性判断标准的，可以按照下列方式披露有关信息：(1)不考虑该分部的规模，直接将其指定为报告分部；(2)不将该分部直接指定为报告分部的，可将该分部与一个或一个以上类似的、未满足上述条件的其他分部合并为一个报告分部；(3)不将该分部指定为报告分部且不与其他分部合并的，应当在披露分部信息时，将其作为其他项目单独披露。

企业应当区分主要报告形式和次要报告形式披露分部信息。风险和报酬主要受企业的产品和劳务差异影响的，披露分部信息的主要形式应当是业务分部，次要形式是地区分部；风险和报酬主要受企业在不同的国家或地区经营活动影响的，披露分部信息的主要形式应当是地区分部，次要形式是业务分部；风险和报酬同时较大地受企业产品和劳务的差异以及经营活动所在国家或地区差异影响的，披露分部信息的主要形式应当是业务分部，次要形式是地区分部。比如，采用“矩阵式”组织结构的企业，即在向董事会或类似机构作内部报告时，既使用业务分部信息又使用地区分部信息的企业，就应当以业务分部为主要报告形式，而以地区分部为次要报告形式。

对于主要报告形式，企业应当在附注中披露分部收入、分部费用、分部利润（亏损）、分部资产总额和分部负债总额等。分部收入，是指可归属于分部的对外交易收入和对其他分部交易收入，二者应当分别披露。分部收入主要由可归属于分部的对外交易收入构成，通常为营业收入，一般不包括利息收入和股利收入，也不包括营业外收入，如处置固定资产、无形资产等产生的净收益。分部费用，是指可归属于分部的对外交易费用和对其他分部交易费用。分部费用主要由可归属于分部的对外交易费用构成，通常包括营业成本、营业税金及附加、销售费用等，但下列项目一般不包括在分部费用内：利息费用，采用权益法核算的长期股权投资的净损失，营业外支出如处置固定资产、无形资产等发生的净损失，所得税费用，以及与企业整体相关的管理费用和其他费用等。但是，有些在企业层次上发生的费用是由企业代某个所属分部支付的，这些费用并非与企业整体、而主要与分部的经营活动相关、且能直接归属于或能按合理的基础分配给该分部时，则属于分部费用。例如，某公司有 A、B 两个分公司，A 公司发生了一笔金额为 10 000 元的管理费用，该笔费用可直接归属于 A 公司，因此应作为 A 公司的分部费用；而总公司发生了的管理费用，是作为整个企业集团发生的，不符合分部费用的定义及确定条件，因此不属于分部费用，不能分配到 A 公司和 B 公司。分部的折旧费用、摊销费用以及其他重大的非现金费用，应当分别披露。分部利润（亏损），是指分部收入减去分部费用后的余额。分部资产，是指分部经营活动使用的可归属于该分部的资产，不包括递延所得税资产。分部资产的披露金额应当按照扣除相关累计折旧或摊销额以及累计减值准备后的金额确定。披露分部资产总额时，当期发生的在建工程成本总额、购置的固定资产和无形资产的成本总额，应当单独披露。分部负债，是指分部经营活动形成的可归属于该分部的负债，不包括递延所得税负债。一般情况下，企业发生的借款或发行的债券通常是以整个企业为基础而发生或发行的，不可能直接归属于某个分部。但是，如果某个分部的分部费用包括利息支出，那么其分部负债中就应包含该项借款或应付债券。对于不属于任何一个分部的负债，应当作为其他项目单独披露。

通常，分部资产与分部利润（亏损）、分部费用等之间存在一定的对应关系，即：如果分部利润（亏损）包括利息或股利收入，则分部资产中就应当包括相应的应收账款、投资或其他金融资产；如果分部费用包括某项固定资产的折旧费用，则分部资产中就应当包括该固定资产；如果分部费用包括某项无形资产或商誉的摊销额或减值额，则分部资产中就应当包括该无形资产或商誉。

企业披露的分部信息,应当与企业财务报表中的总额信息相衔接。

分部信息的主要报告形式是业务分部的,应当就次要报告形式披露下列信息:①对外交易收入占企业对外交易收入总额10%或者以上的地区分部,以外部客户所在地为基础披露对外交易收入;②分部资产占所有地区分部资产总额10%或者以上的地区分部,以资产所在地为基础披露分部资产总额。

分部信息的主要报告形式是地区分部的,应当就次要报告形式披露下列信息:①对外交易收入占企业对外交易收入总额10%或者以上的业务分部,应当披露对外交易收入;②分部资产占所有业务分部资产总额10%或者以上的业务分部,应当披露分部资产总额。

企业在编制分部报告时,除对上述信息进行披露以外,还应当对下列内容进行披露:

(1)分部间转移价格的确定及其变更。一般情况下,分部之间的交易定价不同于市场公允交易价格,为准确计量分部间转移交易,企业在确定分部间交易收入时,应当以实际交易价格为基础计量。转移价格的确定基础应当在附注中予以披露。同时,因企业不同期间生产的产品的成本等不同,可能会导致不同期间分部间转移价格的确定产生差异,对于转移交易价格的变更情况,也应当在附注中进行披露。

(2)披露分部会计政策。分部会计政策,是指编制合并财务报表或企业财务报表时采用的会计政策,以及与分部报告特别相关的会计政策。按照相关规定,企业应当披露分部会计政策;但分部会计政策与合并财务报表或企业财务报表一致的除外。分部会计政策变更影响重大的,应当进行披露,并提供相关比较数据。提供比较数据不切实可行的,应当说明原因。

特别需要说明的是,虽然存在分支机构的企业经常需要披露分部信息,但并不是只有分支机构信息才需要通过分部报告来披露。对于母子公司所组成的企业集团,其不同地区或经营性质的子公司一样也可以成为分部报告的对象。

【复习思考题】

1.分支机构的常见类型有哪些?与销售代理处有何区别?

2.分支机构会计核算的主要内容是什么?与一般企业和子公司相比,分支机构会计有哪些特点?

3.分支机构会计按成本计价和高于成本计价,在核算上有哪些异同?

4.联合报表与合并会计报表相比,有哪些相同点和差异?

5.分部报告有哪些类型?如何划分不同的分部并进行适当的披露?

6.分部报告的范围和分支机构信息披露的范围是何关系?

参考文献

1. 财政部.企业会计准则[M].北京:经济科学出版社,2006.

2. 财政部.企业会计准则——应用指南[M].北京:中国时代经济出版社,2007.

3. 财政部会计司.企业会计准则讲解:2010[M].北京:人民出版社,2010.

4. 财政部会计资格评价中心.中级会计实务[M].北京:经济科学出版社,2007.

5. 张文贤,高建兵.高级财务会计:理论·实务·案例·习题[M].北京:首都经济贸易出版社,2003.

6. 常勋.高级财务会计[M].沈阳:辽宁人民出版社,1996.

7. 余国杰.高级财务会计[M].武汉:武汉大学出版社,2002.

8. 汤云为.高级财务会计[M].上海:上海三联书店,1995.

9. 余恕莲.高级财务会计[M].北京:对外经济贸易大学出版社,2002.

10. 中国注册会计师教育教材编审委员会.高级财务会计[M].大连:东北财经大学出版社,1996.

11. 中国注册会计师协会.2013 年度注册会计师全国统一考试辅导教材:会计[M].北京:中国财政经济出版社,2013.

图书在版编目（CIP）数据

高级财务会计/王爱国，郑伟主编．—2 版．—济南：山东人民出版社，2009.1(2014.3 重印)
ISBN 978-7-209-04510-0

Ⅰ．高…　Ⅱ．①王…②郑…　Ⅲ．财务会计
Ⅳ．F234.4

中国版本图书馆 CIP 数据核字（2008）第 209464 号

责任编辑：袁丽娟
装帧设计：武　斌

高级财务会计
王爱国　郑　伟　主编

山东出版传媒股份有限公司
山东人民出版社出版发行
社　址：济南市经九路胜利大街 39 号　　邮　编：250001
网　址：http://www.sd-book.com.cn
发行部：(0531)82098027 82098028
新华书店经销
青岛星球印刷有限公司印装

规　格　16 开(184mm×260mm)
印　张　20
字　数　400 千字　插　页　2
版　次　2014 年 3 月第 2 版
印　次　2014 年 3 月第 6 次
ISBN 978－7－209－04510－0
定　价　38.00 元

如有质量问题，请与印刷厂调换。电话：(0532)88194567